武汉纺织大学学术著作出版基金资助

# 扶贫成效考核、企业精准扶贫与企业绩效

黄玉菁　著

中国商务出版社

·北京·

**图书在版编目（CIP）数据**

扶贫成效考核、企业精准扶贫与企业绩效 = Poverty
Alleviation Effectiveness Assessment, Enterprise
Targeted Poverty Alleviation and Enterprise
Performance / 黄玉菁著. -- 北京：中国商务出版社，
2024. 11. -- ISBN 978-7-5103-5334-5

Ⅰ. F279.23

中国国家版本馆CIP数据核字第20240C3Y41号

# 扶贫成效考核、企业精准扶贫与企业绩效

黄玉菁　著

出版发行：中国商务出版社有限公司

地　　址：北京市东城区安定门外大街东后巷 28 号　　邮　编：100710

网　　址：http://www.cctpress.com

联系电话：010-64515150（发行部）　010-64212247（总编室）

　　　　　010-64243016（事业部）　010-64248236（印制部）

责任编辑：韩冰

排　　版：德州华朔广告有限公司

印　　刷：北京明达祥瑞文化传媒有限责任公司

开　　本：710 毫米 × 1000 毫米　1/16

印　　张：14.25　　　　　　　　　　　字　　数：205 千字

版　　次：2024 年 11 月第 1 版　　　　印　　次：2024 年 11 月第 1 次印刷

书　　号：ISBN 978-7-5103-5334-5

定　　价：88.00 元

# 内容摘要

　　2020年年底，我国脱贫攻坚战已取得了全面胜利，以习近平同志为核心的党中央持续关注"三农"问题，全面实施乡村振兴战略。本书基于中国精准扶贫战略背景，从扶贫成效考核的角度，研究地方政府如何推动企业参与精准扶贫，以及企业精准扶贫如何实现政府与企业间的互惠互利。本书以2016—2020年A股上市公司为研究样本，经实证研究方法检验发现：扶贫成效考核机制促使地方政府推动企业参与精准扶贫，特别是国有企业和具有政商关系的民营企业。企业精准扶贫会增加企业绩效，会获得更多合规的政府补助、政府采购合同这类显性资源支持，以及获得更多债务融资这类隐性资源支持。本书的研究结论不仅对完善政府官员的考核评估工作具有借鉴意义，也为全面推进乡村振兴提供理论依据和政策参考。

# 目 录
## CONTENTS

# 1 绪 论

# 1.1　研究背景与意义

## 1.1.1　研究背景

党的二十大报告明确指出："全面建设社会主义现代化国家，最艰巨、最繁重的任务仍然在农村。"为解决"不平衡不充分发展"的问题，党的十八大以来以习近平同志为核心的党中央把脱贫攻坚工作作为决胜全面建成小康社会的三大攻坚战之一。自2013年习近平总书记首次提出精准扶贫概念以来，习近平总书记对推进国家精准扶贫战略始终保持着密切的关注。精准扶贫战略在2020年实现所有贫困地区和贫困人口全部脱贫、在共同富裕的道路上成功走出关键一步，也为进一步全面推进乡村振兴打下坚实基础。此外，中国是最早实现减贫目标的发展中国家，为全球减贫事业作出了重大贡献。中国扶贫开发的成功经验，其核心在于坚持党对扶贫开发的领导，坚持政府主导与社会帮扶相结合（李培林和魏后凯，2016）。这些经验基于中国特色的制度背景，同时也包含了贫困治理的一般规律与方法原则，对于其他国家减贫发展同样具有重要的借鉴作用。因此，本书研究的扶贫开发过程中政府与企业的互动，对全球减贫治理有着重大意义。

在举全党、全国之力实施精准扶贫的大形势下，各级政府广泛宣传动员合力助推脱贫，形成社会全员参与扶贫的新格局，其中企业是扶贫开发的重要主力军。国务院于2016年11月发布的《"十三五"脱贫攻坚规划》强调，鼓励并引导企业积极参与扶贫开发。相较于以往仅以捐赠的方式间接扶贫，如今企业除了直接提供公益捐赠，还在政府的引导和支持下利用自身的资源，以多种形式直接参与扶贫工作。企业帮扶不仅能直接提供项目资金支持，还带动了相关资源和上下游企业的加入。从"输血"式扶贫提升为"造血"式扶贫，由一次性扶贫向可持续扶贫转移。因此，相较于政府单一主体的扶贫模式，政企合力更能提高政府扶贫工作的效率和效果。而精准扶贫作为一种特殊的企业社会责任形式，其行为动机是什么，亟须深入研究。这也是为充分发挥企业力量助力乡村振兴提供理论依据，具有深入探讨的迫切性。

现有文献研究的企业社会责任主要涉及慈善捐赠、环保和员工保护等形式。其中，捐赠是上市公司因地震（山立威等，2008；徐莉萍等，2011；祝继高等，2017；Balakrishnan et al.，2011）、台风（潘越等，2017）等自然灾害而进行的一次性、偶发性的行为。环保、员工保护等社会责任形式仅出现在重污染行业和部分企业中（周浩和汤丽荣，2015；Cho et al.，2012）。而精准扶贫相较于上述企业社会责任形式，其特殊性主要表现在以下三个方面：

第一，企业的精准扶贫体现了国家意志。精准扶贫是新时期促进经济发展和国家治理的有效途径，能有效地推进全面建成小康社会。精准扶贫自上而下层层推进，企业踊跃参与，充分贯彻人民群众根本利益至上的国家意志。

第二，企业的精准扶贫关乎官员考核。国家在鼓励引导企业参与扶贫开发的同时，为了全面落实脱贫攻坚责任制，中共中央办公厅和国务院办公厅于2016年2月联合发布《省级党委和政府扶贫开发工作成效考核办法》（以下简称《考核办法》）对各省级党委和政府官员进行监督考核，考核结果作为综合考核评价的重要依据。因此，考核机制的制定使官员政绩与企业精准扶贫息息相关。

第三，企业的精准扶贫是长期性、持续性的行为，存在资金、物资、人力等多种投入形式，覆盖面更广、投入金额更大。慈善捐赠通常是企业进行的一次性、偶发性的行为。汶川地震后仅有543家上市公司参与捐赠，平均捐赠金额为359.43万元（徐莉萍等，2011）。相比之下，据本书描述性统计，现阶段参与扶贫的上市公司从2016年的681家增至2020年的1 403家，其中有525家上市公司连续5年参与扶贫。此外，上市公司的精准扶贫投入平均金额高达10.77亿元[①]。因此，精准扶贫相较于捐赠，是长期性、持续性的行为，且覆盖

---

① 该均值与表4.3结果不一致，是因为这里包含了所有金融行业和ST的上市公司样本，并且是没有经过缩尾处理的原始数据。

面更广、投入金额更大。

　　精准扶贫作为一种特殊的企业社会责任形式，其行为动机有所不同。为了强化脱贫攻坚责任制，中央政府定期对省级党委和政府的扶贫工作成效进行考核，该考核结果作为省级政府官员综合考核评价的重要依据。相较于以往扶贫工作考核，该考核机制的内容更加聚焦扶贫工作成效，结果导向更为清晰。因此，地方政府官员在发挥扶贫主导作用的同时，有动机通过其强大的社会动员能力，充分引导企业参与扶贫，形成政企合力，共同完成考核目标。此外，企业有意与地方政府共同实施精准扶贫，从而通过精准扶贫与地方政府形成良好的互动。

　　然而，无论在学术层面还是在实践层面，鲜有文献从政府官员扶贫成效考核和政企互动的角度，针对企业精准扶贫行为形成系统性的理论分析和实证检验。因此，本书研究的总体问题和研究对象是以资源依赖理论、利益相关者理论和政治锦标赛理论等为理论基础，研究企业精准扶贫的行为动机和经济后果。基于此，本书主要检验以下三个问题：第一，地方政府官员的扶贫考核与晋升激励是否影响企业精准扶贫。第二，企业产权性质与政商关系是否影响企业精准扶贫。第三，企业精准扶贫是否增加未来的企业绩效，其影响机制是什么。

　　本书的总体研究框架如图1.1所示。

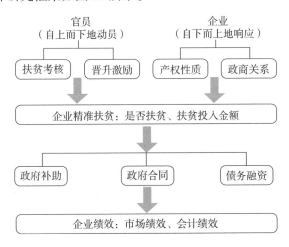

图1.1　总体研究框架

### 1.1.2　研究意义

#### 1.1.2.1　理论意义

第一，有助于从精准扶贫的角度丰富和拓展政府官员晋升激励的相关研究，并且从扶贫考核和官员特征的角度厘清地方政府的事前官员晋升激励机制。现有关于政府官员晋升激励的相关文献，主要从经济增长、投资周期、房价、银行贷款、地方债发行等（周黎安，2007；王贤彬和徐现祥，2008；徐现祥和王贤彬，2010；蒋德权等，2015；Li & Zhou，2005；Jiang，2018）角度研究政府官员晋升激励对地区经济的影响，以及从投资、并购、产能过剩、研发投入等（曹春方等，2014；Zheng，2017；Yan & Chang，2018）角度研究政府官员晋升激励对企业经营的影响。但鲜有文献研究晋升激励机制对企业社会公益活动的影响。本书研究的企业精准扶贫行为包含经营活动和社会活动的双重属性，并且成为地方政府官员考核的重要内容。本书研究发现，政府官员的扶贫考核机制可以促进企业参与精准扶贫，这说明官员考核不仅能激励官员的经济决策，也能激励其非经济决策。因此，本书从精准扶贫的视角丰富和拓展了政府官员晋升的相关研究。此外，现有文献将国有企业高管的晋升结果作为高管事前激励的衡量（陈仕华等，2015），导致国有高管晋升激励与企业决策之间互为因果内生性问题。本书将官员晋升和考核区分开来，分别界定扶贫考核的重要性和晋升激励的强度，有效厘清事前晋升激励的概念。

第二，有助于从政府官员扶贫考核的视角，重新诠释履行社会责任过程中的政企互动。关于政企互动的相关文献，现有文献主要通过国有企业的政府干预来识别企业社会责任的政策性负担属性（薛云奎和白云霞，2008；Lim et al.，2018），以及研究拥有政商关系的民营企业捐赠行为来识别企业社会责任的政治动机，即民营企业会通过捐赠来构建或维系政商关系，从而获取政府资源（李四海，2010；薛爽和肖星，2011；杜勇和陈建英，2016）。本书诠释的政企互动是以地方政府官员考核为逻辑分析起点，认为地方政府官员受严格的扶贫成效考核，并且考核结果关乎个人综合考评和政治仕途。因此，地方政府官员有意动员企业参与精准扶贫形成政企合力,并且国有企业、有政商关系的民营企业成为地方政府官员的首选对象。这比以往文献所诠释的企业履行社会责任的政企互动更加明确地方政府官员的引导作用。因此,本书从政府官员考核的角度,为政企互动的相关文献提供新的证据。

第三,有助于从精准扶贫的视角丰富和拓展企业社会责任的相关研究。现有关于企业社会责任行为方面的文献主要从企业社会责任综合绩效(Kim et al.,2012;Hoi et al.,2013;Di Giuli & Kostovetsky,2014)、环境保护(Cho et al.,2012)、员工(周浩和汤丽荣,2015)、捐赠(唐跃军等,2014;李增福等,2016;祝继高等,2017;Petrovits,2006;Balakrishnan et al.,2011)等角度研究企业社会责任的影响因素,以及从企业绩效(李正,2006;温素彬和方苑,2008;Byun & Oh,2018)、资本市场(李敬强和刘凤军,2010;Flammer,2015)、产品市场(周祖城和张漪杰,2007;田敏等,2014)和劳动力市场(王新等2015;Flammer & Luo,2017)等角度研究企业社会责任的经济后果。但鲜有文献直接研究精准扶贫这一特殊性质的社会责任行为。因此,本书研究上市公司的精准扶贫行为动机和经济后果,可以丰富和拓展企业社会责任相关研究。此外,企业是否应该履行社会责任的争议,关键在于区分企业是否能决定社会利益,以及企业社会责任的投资是否有回报。精准扶贫是由政府作为规划者发起的,并且明晰了社会利益的社会责任形式。各级政府向精准扶贫的企业提供资源支持,从而可能为企业带来一定收益。因此,本书为企业社会责任的争议提供新的证据。

第四,有助于从企业帮扶的视角丰富和拓展扶贫相关研究。现有文献主要从扶贫政策的顶层设计(宫留记,2016;吕方和梅琳,2017;燕继荣,2020)、贫困人口识别(朱梦冰和李实,2017)、扶贫作用机制(毕娅和陶君成,2016;贾俊雪等,2017;尹志超等,2020)、扶贫政策效果(王立剑等,2018;汪德华等,2019;尹志超和郭沛瑶,2021)等角度研究中国的扶贫问题。其中,少数研究企业精准扶贫的文献,主要关注其影响因素及其对企业信心、风险和绩效的影响。但鲜有文献从官员考核的视角研究企业精准扶贫的影响因素,以及鲜有文献系统地分析精准扶贫对企业绩效的影响机制。因此，本书从地方官员考核的角度研究企业精准扶贫的内在激励机制，可以从微观层面丰富和拓展扶贫的相关研究。

### 1.1.2.2 实践意义

第一，本书研究可以为进一步巩固精准扶贫成果，全面推进乡村振兴、加快农业农村现代化提供理论依据和政策参考。消除贫困、改善民生、逐步实现共同富裕，是社会主义的本质要求。本书研究结果表明，企业可以继续发挥市场、技术、资本等综合优势，用商业力量助力推进农业农村现代化。在政府、市场和社会力量合作参与公共管理的格局下，政府已经不再是绩效的唯一"生产者"，而是一个"合作生产"过程中的其中一个"生产者"。实现精准扶贫需要充足的多渠道资源投入作为保障，除了政府自身对精准扶贫的投入，企业帮扶在精准扶贫的实践中也十分重要。企业以多种形式加入扶贫工作，引入市场机制，将"输血"式扶贫提升为"造血"式扶贫，从而提升扶贫效率，减少返贫可能性。因此，本书研究结果可为如何充分发挥企业力量助力乡村振兴提供依据。

第二，本书研究对完善政府官员的考核评估工作具有借鉴意义。考核评估体系不是一成不变的，应该充分体现特定时期内的国家战略导向，以及党和政府的施政重心。随着精准扶贫在治国理政中的位置日益突出，中央政府对精准扶贫的重视程度决定了扶贫成效考核在地方政府官员晋升激励机制设计中的"相对"重要地位。本书研究结果发现，企业参与精准扶贫主要是为了帮助地方政府官员完成扶贫成效考核。这说明，这种机制设计提高了地方政府官员对企业的动员效果，有效地推动了多维度的社会扶贫，实现社会福利最大化。

# 1.2 研究思路、方法与结构

## 1.2.1 研究思路

本书基于各级政府广泛宣传动员合力助推脱贫，形成社会全员参与精准扶贫新格局的大背景下，聚焦于企业精准扶贫方式，通过梳理精准扶贫相关政策，结合政府官员晋升激励和企业社会责任相关的理论基础，研究企业精准扶贫的行为动机和经济后果。具体的研究思路如下：

（1）提出问题。精准扶贫作为一种特殊的企业社会责任形式，其行为动机可能与其他企业社会责任不同。笔者通过梳理精准扶贫相关政策发现，中央政府为了强化脱贫攻坚责任制，对省级党委和政府的扶贫工作成效进行考核。该考核结果作为省级政府官员综合考核评价的重要依据。鉴于《考核办法》对地方政府官员晋升极其重要，笔者提出研究问题，即企业精准扶贫的背后是否有地方政府官员自上而下的推动，以及面临地方政府官员的扶贫动员时，企业产权性质与政商关系是否会促进企业自下而上地响应而参与精准扶贫。

此外，关于企业是否应该履行企业社会责任，学术界一直存在争论。以Friedman（1970）为代表的反对派认为，企业唯一的社会责任是利用其资源参与能提高利润的活动，那些自愿履行社会责任的企业反而会损害股东利益。与此同时，以Freeman（1984）为代表的支持派认为，企业应该考虑所有利益相关者的利益，从而增加他们支持企业运营的意愿，创造经济效益。鉴于这方面的研究一直存在争议，而且精准扶贫作为特殊的社会责任形式具有政府发起的特点，可以在一定程度上调和上述争议。因此，笔者进一步提出问题，即企业精准扶贫是否有利于提升企业绩效，以及影响机制是什么。

（2）文献和理论基础梳理。针对研究问题，本书从政府官员晋升激励、政企互动、企业社会责任和扶贫四个方面回顾相关文献，并针对现有文献的研究不足和本书的学术贡献进行文献评述。此外，本书针对研究问题涉及的资源依赖理论、利益相关者理论和政治锦标赛理论进行详细阐述。

（3）制度背景介绍。本书梳理了官员扶贫成效考核体系和企业精准扶贫方式等制度背景的内容，为寻找研究的切入点和构建研究假设提供现实依据。

（4）构建研究假设。针对地方政府官员扶贫成效考核与企业精准扶贫的研究问题，从理论上分析，在中国式分权体制下，官员考核激励机制成为中央对地方政府治理的关键（张军等，2007）。精准扶贫作为国家治理体系的重要内容，扶贫成效在官员绩效考核中逐渐突出（王刚和白浩然，2018），地方政府官员很可能会围绕脱贫指标开展横向竞争。因此，地方政府官员很有可能利用政商关系和强大的社会动员能力，驱动企业参与扶贫。基于以上分析，本书提出假设，即官员扶贫考核重要性越大的地区，企业越有可能参与精准扶贫，并且投入水平可能会越高。此外，地方政府官员有动机通过参与精准扶贫来增加实现晋升的概率，其前提条件是，地方政府官员存在潜在的晋升激励，即有一定的动力去实现晋升。因此，本书提出假设，即官员晋升激励越大的地区，企业越有可能参与精准扶贫，并且投入水平可能会越高。

针对政企关系与企业精准扶贫的研究问题，从产权性质的角度进行理论分析，一方面，相对于民营企业来说，国有企业承担了政府大量的行政和社会责任，更可能承担国家战略任务（周黎安，2008）。另一方面，国有企业高管的晋升激励使国有企业高管通过参与扶贫满足自身激励任务。基于以上分析，本书提出假设，即国有企业比民营企业更有可能参与精准扶贫，并且投入水平可能会更高。此外，从政商关系的角度进行理论分析，一方面，企业一旦获得政商关系，会有很强的内在经济利益来驱动其维护政商关系（潘克勤，2009），而精准扶贫是企业维护政商关系的优选方式。另一方面，有政商关系的企业会因受政府干预及政府对其有更高的预期，而响应政府动员。基于以上分析，本书提出假设，即具有政商关系的企业相较于没有政商关系的企业更有可能参与精准扶贫，并且投入水平可能会更高。

针对企业精准扶贫与企业绩效的研究问题，一方面，企业精准扶贫行为作为一种企业社会责任，虽然对利益相关者提供价值，但对企业来说是一种财务成本。而且企业精准扶贫行为受政府干预和强制信息披露的影响，促使企业以股东利益为代价而参与精准扶贫，也可能产生股东与高管之间的代理问题。另一方面，根据利益相关者观点，企业社会责任可以通过提供获得有价值资源的更优途径（Cochran & Wood，1984）保持或增加企业绩效。而且参与社会责任的企业往往会因履行与利益相关者的承诺而建立声誉资本（Menon & Kahn，2003；Edmans，2011）。基于以上分析，本书提出对立假设，即企业精准扶贫可能改善企业绩效，也可能损害企业绩效。

（5）实证检验分析。本书选取中国2016—2020年沪深两市A股上市公司作为研究样本，分别从官员扶贫成效考核、政企关系和企业绩效三个角度，设计实证检验模型，为企业精准扶贫的行为动机和经济后果提供全面、系统的经验证据。此外，本书通过改变关键变量的衡量方法、倾向得分匹配、工具变量两阶段回归等方法加强实证结果的稳健性，解决潜在的内生性问题。

（6）研究结论总结和提出政策建议。基于官员扶贫成效考核、政企关系对上市公司精准扶贫行为的影响结果，企业精准扶贫行为对政府补助、政府采购合同和债务融资的影响结果，以及进一步对企业绩效的影响结果，得出本书研究结论。本书亦提出关于如何全面推进乡村振兴、加快农业农村现代化和如何设计地方官员考核评估机制的政策建议。

本书的总体研究思路如图1.2所示。

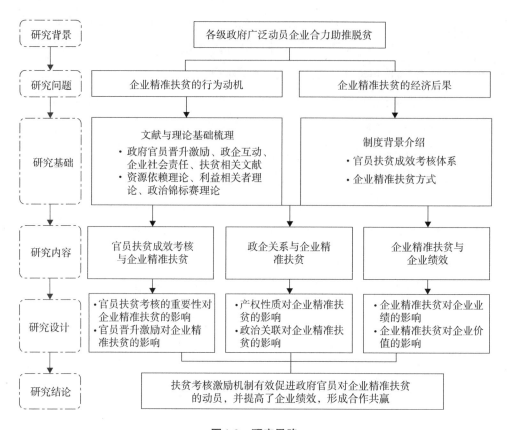

图1.2　研究思路

## 1.2.2　研究方法

本书首先对研究问题进行理论分析并且提出假设，然后以中国2016—2020年沪深两市A股上市公司作为研究样本，运用实证分析方法对相关假设进行检验，得出本书的研究结论，最终提出对应的政策建议。具体研究方法如下：

（1）理论分析方法。根据本书的研究思路，本书对政府官员晋升激励、政企互动、企业社会责任和扶贫四个方面的相关文献进行了归纳梳理，发现由于我国精准扶贫战略近几年才大规模实施，并且以往缺乏系统而详细的相关数据，因此国内外还缺乏对其全面和系统的理论和实证研究。进一步地，本书以资源依赖理论、利益相关者理论和政治锦标赛理论为基础，规范分析了政府官员扶贫成效考核对企业精准扶贫行为的影响，以及企业精准扶贫行为与经济后果的内在逻辑。

（2）实证分析方法。本书人工收集上市公司年报中披露的精准扶贫数据，衡量企业是否参与精准扶贫及精准扶贫的投入情况。由于被解释变量涉及虚拟变量和受限变量，因此本书主要采用Probit模型、Tobit模型和OLS模型回归分析企业精准扶贫的行为动机和经济后果。此外，本书通过改变关键变量的衡量方法、倾向得分匹配、工具变量两阶段回归等方法加强实证结果的稳健性，解决潜在的内生性问题。

### 1.2.3  研究结构

总体来说，本书共有七章，具体安排如下：

第一章为绪论，该部分主要介绍本书的研究背景和研究意义，提出本书的主要研究问题，并且归纳总结本书的研究思路、研究方法、研究内容、主要概念定义、创新点与研究不足。

第二章为文献综述，本章主要涉及的文献领域包括政府官员晋升激励、政企互动、企业社会责任、扶贫等方面。其中，本书从地方政府官员晋升激励、国有企业高管晋升激励两个方面综合论述政府官员晋升激励的相关文献，从政府干预、政商关系和其他政企互动三个方面综合论述政企互动的相关文献，从企业社会责任的影响因素、经济后果和信息披露三个方面综合论述企业社会责任的相关文献，以及从扶贫体系框架、扶贫作用机制、扶贫政策效果三个方面综合论述扶贫的相关文献。

第三章为理论基础。本章通过梳理理论的核心内容、理论发展脉络和理论的应用，主要介绍与本书研究密切相关的资源依赖理论、利益相关者理论和政治锦标赛理论。具体地，由于理论涉及的内容较广，本章仅聚焦企业与政府间的资源依赖理论，强调企业社会责任必要性的利益相关者理论，以及政府官员晋升激励相关的政治锦标赛理论。

第四章至第六章为三个子研究的具体内容。

第四章为官员扶贫成效考核与企业精准扶贫。该章节主要检验官员的扶贫成效考核的重要性对企业精准扶贫的影响。然后，结合官员年龄和官员任期分析官员晋升激励程度对企业精准扶贫的影响。

第五章为政企关系与企业精准扶贫。该章节主要检验国有企业相较于民营企业，是否更可能参与扶贫且扶贫投入更多，以及从企业高管在政府机构履职经历角度检验政商关系对企业精准扶贫的影响。此外，本章尝试检验是否还存在其他政企关系影响企业精准扶贫决策，如企业高管与政府官员的同乡关系。

第六章为企业精准扶贫与企业绩效。该章节首先分析企业精准扶贫对企业市场绩效的影响，其次从毛利率、净资产收益率、资产周转率等方面分析企业精准扶贫对企业会计绩效的影响，最后从政府补助、政府采购合同、债务融资规模等方面分析企业精准扶贫改善企业绩效的具体影响机制。

第七章为研究结论和政策建议。总结第四至第六章的实证结论，并提出关于巩固脱贫成果、进一步全面推进乡村振兴，以及地方政府官员考评激励机制的相关政策建议。

## 1.3　研究内容

本书研究的总体问题和研究对象是以资源依赖理论、利益相关者理论和政治锦标赛理论等为理论基础，研究企业精准扶贫的行为动机和经济后果。基于此，本书主要检验以下三个问题：第一，地方政府官员的扶贫成效考核与晋升激励是否影响企业精准扶贫。第二，企业产权性质与政商关系是否影响企业精准扶贫。第三，企业精准扶贫是否增加未来的企业绩效，其影响机制是什么。根据上述三个研究问题，本书拟通过理论分析和实证检验，开展下面三个子研究。

### 1.3.1　官员扶贫成效考核与企业精准扶贫

基于制度经济学的理论框架，地方政府官员有较强的晋升需求，并且当精准扶贫作为激励目标后，会竭尽全力地动员其能够控制的人力、物力和财力完成考核指标。因此，本书认为地方政府官员很有可能利用政商关系和强大的社会动员能力，驱动企业参与扶贫。具体地，本书回答以下两个问题：

第一，官员的扶贫成效考核在综合考评结果中越重要时，企业是否越有可能参与扶贫且扶贫投入越多。由于考核办法仅针对中西部地区省份，因此中西部省份相较于东部省份的官员，其扶贫考核更重要。此外，贫困县数量越多的省份，当地脱贫任务越受中央政府重视，官员的扶贫考核更重要。笔者预期，企业所在省份为中西部省份、贫困县数量越多时，企业越可能参与扶贫并且扶贫投入越多。

第二，官员晋升激励越大时，企业是否越有可能参与扶贫且扶贫投入越多。官员超过一定年龄界线后其晋升概率会下降，并且官员任期也直接影响官员晋升（郭峰和胡军，2014；曹春方和傅超，2015；Chen et al.，2018a）。而官员任期和年龄密切相关，不宜分开单独考虑（卢盛峰等，2017）。因此，本书利用官员年龄和任期的交乘项来衡量官员的晋升激励程度。笔者预期，企业所在省份的官员晋升激励程度越大时，企业越可能参与扶贫并且扶贫投入越大。

### 1.3.2　政企关系与企业精准扶贫

面对地方政府的积极动员，企业也很有可能以参与扶贫的方式与政府维系良好的关系。那么，什么类型的企业更可能迎合政府官员的考核需求呢？本书从产权性质、政商关系方面，回答以下两个问题：

第一，相较于民营企业，国有企业是否更可能参与扶贫并且扶贫投入更多。一方面，相对于民营企业，国有企业承担了政府发包的大量的行政和社会责任，导致国有企业存在更大的迎合倾向（周黎安，2008）。另一方面，国有企业高管的晋升激励使国有企业相较于民营企业更可能主动承担国家战略导向的任务。因此笔者预期，国有企业比民营企业也更有可能参与扶贫，并且扶贫投入更多。

第二，相较于没有政商关系的企业，有政商关系的企业是否更可能参与扶贫并且扶贫投入更多。一方面，企业一旦获得政商关系，会有很强的内在经济利益来驱动其维护政商关系（潘克勤，2009），而精准扶贫是企业维护政商关系的优选方式。另一方面，有政商关系的企业会因受政府干预及政府对其有更高的预期，而承担政府动员的任务。此外，有过政府工作经验的高管与地方政府官员有更高的群体认同感和忠诚度，有助于地方政府官员进行说服和协商（Du et al.，2012）。因此，本书拟从企业高管在政府机构履职经历来衡量政商关系，预期拥有政商关系的企业更有可能被地方政府官员动员而参与精准扶贫。

### 1.3.3　企业精准扶贫与企业绩效

作为一种政府发起的、特殊的企业社会责任形式，企业参与精准扶贫会对企业造成怎样的经济后果。本书从企业市场业绩、企业会计绩效两个方面分析精准扶贫的经济后果，并从政府补助、政府采购合同、债务融资等方面进一步分析影响机制。具体地，本书拟回答以下两个问题：

第一，企业精准扶贫是否会提高企业未来绩效。一方面，政府发起的企业社会责任可能会干预企业自身的企业社会责任战略，削弱企业在企业社会责任战略中的自主权，因此可能对股东造成伤害（Chen et al.，2018b）。另一方面，政府发起的社会责任活动可能有助于企业获得政府的经济资源、建立声誉资本、节省生产要素成本，从而提高企业绩效。对此，笔者提出竞争性假说，并加以实证检验。本书主要用 Tobin Q 衡量企业市场绩效，并从毛利率、净资产收益率、资产周转率等多个方面分析企业会计绩效。

第二，企业精准扶贫是否会获得更多的政府补助、政府采购合同和债务融资。正如前文所述，笔者预期精准扶贫是一个企业和政府共赢的事情，企业会接收到政府的资源倾斜，这里包括政府补助这类显性扶持和债务融资这类隐性扶持。

# 1.4 概念界定

## 1.4.1 官员扶贫成效考核

官员激励机制的核心在于晋升考评体系如何有效地使地方政府行为与中央政府战略目标一致，以及官员是否有意愿参与竞争而获得晋升机会。因此，官员扶贫成效考核机制是否能有效运行受扶贫成效考核的重要性和官员晋升激励程度两个方面的影响。

首先，建立科学、有效的绩效考核体系是治理地方官员的关键。在多维政治任务下，官员考核标准反映了党和政府特定时期内的战略重心（皮建才，2012；姜雅婷和柴国荣，2017）。基于Holmstrom & Milgrom（1991）提出的代理人在多任务下对考核力度大的任务反应更加敏感，地方政府的行为偏好取决于绩效考核中多维度指标的相对重要程度（许敬轩等，2019）。精准扶贫作为国家治理体系的重要内容，不仅体现了"给予型国家"技术治国取向，而且兼具"精准治理""复杂政策"属性（王刚和白浩然，2018）。为了提高政府官员的执政效率，上级政府往往同时强化监督控制与奖惩激励力度。在监督控制方面，省级党委、政府与中央签订脱贫责任书，贫困县的退出须经中央专项检查后由省级批准"摘帽"。在激励力度上，精准扶贫融合了政治晋升、辖区相对业绩排序方法、专项奖励资金竞争性分配等形式。因此，在"强监控—强激励"治理情境下，地方政府同样会围绕脱贫指标开展横向竞争。

因此，扶贫成效考核在综合晋升考评中的相对重要性，影响着官员驱动企业参与精准扶贫的动力。第一，此次《考核办法》仅适用于中西部22个省（自治区、直辖市）的政府官员。因此，相较于东部省份的地方政府官员，中西部地区地方政府官员的扶贫成效考核在综合晋升考评中更加重要。第二，基于扶贫对象规模，本书认为以国家级贫困县数量衡量地方政府官员的扶贫考核重要性存在一定的现实依据。国家级贫困县是国家为帮助贫困地区设立的一种标准。2016年，《"十三五"脱贫攻坚规划》确立了832个国家扶贫开发工作重点县、集中连片特困地区县为重点扶贫对象。因此，利用贫困县为统计口径来衡量地区的扶贫需求程度具有一定的有效性。国家级贫困县的数量越多，地方政府官员的扶贫考核重要性越大。

其次，地方政府官员的个人特征决定的潜在的晋升激励程度，是地方政府官员有动机通过参与精准扶贫行为来增加实现晋升的概率的前提条件。这意味着，只有当官员有一定程度的晋升激励时，才可能在晋升关键年份采取策略性的扶贫决策来增加获得晋升的概率。现有文献研究发现，地方政府官员任期和地方政府官员年龄之间密切相关，并且共同影响地方政府官员的晋升激励程度。因此，本书利用官员年龄和任期的交乘项来衡量官员的晋升激励程度（卢盛峰等，2017）。

### 1.4.2　精准扶贫

精准扶贫是一种全过程精准的、特殊的目标瞄准扶贫方式。2014年，中共中央办公厅、国务院办公厅印发了《关于创新机制扎实推进农村扶贫开发工作的意见》，确立了精准工作机制。后来习近平总书记明确了"六个精准"的扶贫要求，在此要求下，政府可以将扶贫资源精准传递给目标贫困人群，帮助他们改善生活条件和提高生存能力进而摆脱贫困。

"六个精准"的具体内容如下：第一，扶贫对象精准，指通过国家统计局抽样调查结果将贫困人口指标向下层层分配，再用收入估计和群众评议相结合的方法精准识别出具体的贫困户。第二，项目安排精准，即扶贫项目的安排要真正符合贫困户的需求，调动贫困户参与的积极性。第三，资金使用精准，指国家用于扶贫的各类资金要科学分配，并且强化扶贫资金的披露与监督考评机制。第四，措施到户精准，即根据不同的致贫原因，实施针对性的扶贫措施。第五，因村派人精准，即根据贫困村的具体情况、致贫原因、可用资源等因素，有针对性地选派好干部和单位。第六，脱贫成效精准，是指基于中央提出的"两不愁三保障"的脱贫标准，结合各地实际情况制定具体的脱贫认定方法。同时，由第三方开展独立评估，并由国家有关部门对脱贫指标审查。

按照《"十三五"脱贫攻坚规划》提出的扶贫形式，上市公司精准扶贫内容主要包括产业发展脱贫、转移就业脱贫、易地搬迁脱贫、教育扶贫、健康扶贫、生态保护扶贫、兜底保障、社会扶贫及其他形式扶贫。现阶段企业参与扶贫的主要模式包括国有企业、事业单位的定点扶贫模式，民营企业帮扶模式。其中，定点帮扶主要包括以项目扶持、产业开发、扶持贫困地区龙头企业发展、与贫困户结对帮扶等形式。民营企业帮扶主要包括以捐赠方式进行单向帮扶支援、利用现代技术与管理推动农业产业化发展、促进农户增收、提供公共服务、进行能力建设等形式。

本书在实证分析部分，主要依据人工收集的上市公司年报披露的精准扶贫数据，分别采用企业是否精准扶，以及年报所披露的总扶贫投入金额来衡量企业精准扶贫情况。此外，本书还描述性统计精准扶贫各类分项形式的参与情况和投入金额。

### 1.4.3 企业绩效

本书定义的企业绩效包含企业市场绩效和企业会计绩效两个方面。首先，企业市场绩效即企业价值，是反映分配给股东和债权人的整体价值的经济指标。在最简单的形式中，企业价值是通过公司普通股价值和净债务价值的相加来计算的。具体地，一种衡量股权价值的方法是账面净值或基于资产负债表报告的会计净值。然而，由于会计报告遵循的是历史成本法，不能反映公司当前和未来的潜力。另一种衡量股权价值的方法是所有流通股票的市场价值。尽管这种估值的假设对市场是有效的，但现有文献广泛接受以所有流通股的市场价值作为企业价值的代表。不同的方法用来衡量企业市场绩效，其目标都是通过反映企业过去的业绩，以及现在和未来的前景来确定企业的真实经济价值。本书采用Tobin Q值衡量企业市场绩效，即流通股市值、非流通股转让价值和负债账面价值之和除以总资产账面价值的比例（夏立军和方轶强，2005），反映企业市场价值与企业重置成本的比值。

其次，企业会计绩效的提高对企业价值有积极的影响。因此，企业会计绩效考虑了经营决策对企业经营业绩的长期影响，包括销售收入、利润、资产管理效率等。本书参考杜邦分析的思想，采用未来一期的净资产利润率、净利率、毛利率、资产周转率、扣除政府补助的资产回报率多维度衡量企业会计绩效。此外，从政府补助、政府采购合同和债务融资规模等方面分析业绩增长的来源。

# 1.5 创新与不足

## 1.5.1 研究主要创新点

第一，有助于从精准扶贫的角度丰富和拓展政府官员晋升激励的相关研究，并且从扶贫考核和官员特征的角度厘清地方政府的事前官员晋升激励机制。现有关于政府官员晋升激励的相关文献，主要从经济增长、投资周期、房价、银行贷款、地方债发行等（周黎安，2007；王贤彬和徐现祥，2008；徐现祥和王贤彬，2010；蒋德权等，2015；Li & Zhou，2005；Jiang，2018）角度研究政府官员晋升激励对地区经济的影响，以及从投资、并购、产能过剩、研发投入等（曹春方等，2014；Zheng，2017；Yan & Chang，2018）角度研究政府官员晋升激励对企业经营的影响。但鲜有文献研究晋升激励机制对企业社会公益活动的影响。本书研究的企业精准扶贫行为包含经营活动和社会活动的双重属性，并且成为地方政府官员考核的重要内容。本书研究发现，政府官员的扶贫考核机制可以促进企业参与精准扶贫，这说明官员考核不仅能激励官员的经济决策，也能激励其非经济决策。因此，本书从精准扶贫的视角丰富和拓展了政府官员晋升激励的相关研究。此外，现有文献将国有企业高管的晋升结果作为高管事前激励的衡量，导致国有高管晋升激励与企业决策之间的互为因果内生性问题。本书将官员晋升和考核区分开来，分别定义扶贫考核的重要性和晋升激励程度，有效地厘清事前晋升激励的概念。

第二，有助于从政府官员扶贫考核的视角，重新诠释履行社会责任过程中的政企互动。关于政企互动的相关文献，现有文献主要通过国有企业的政府干预来识别企业社会责任的政策性负担属性（薛云奎和白云霞，2008；Lim et al.，2018），以及通过研究政商关系的民营企业捐赠行为来识别企业社会责任的政治动机，即民营企业会通过捐赠来构建或维系政商关系，从而获取政府资源（李四海，2010；薛爽和肖星，2011；杜勇和陈建英，2016）。本书诠释的政企互动是以地方政府官员考核为逻辑分析起点，认为由于地方政府官员受严格的扶贫成效考核，并且考核结果关乎个人综合考评和政治仕途。因此，地方政府官员有意动员企业参与精准扶贫形成政企合力，并且国有企业、有政商关系的民营企业成为地方政府官员的首选对象。这比以往文献所诠释的企业履行社会责任的政企互动更加明确地方政府官员的引导作用。因此，本书从政府官员考核的角度，为政企互动的相关文献提供了新的证据。

第三，有助于从精准扶贫的视角丰富和拓展企业社会责任的相关研究。现有关于企业社会责任行为方面的文献主要从企业社会责任综合绩效（Kim et al.，2012；Hoi et al.，2013；Giuli et al.，2014）、环境保护（Cho et al.，2012）、员工（周浩和汤丽荣，2015）、捐赠（唐跃军等，2014；李增福等，2016；祝继高等，2017；Petrovits，2006；Balakrishnan et al.，2012）等角度研究企业社会责任的影响因素，以及从企业绩效（李正，2006；温素彬和方苑，2008；Byun & Oh，2018）、资本市场（李敬强和刘凤军，2010；Flammer，2015）、产品市场（周祖城和张漪杰，2007；田敏等，2014）和劳动力市场（王新等2015；Flammer & Luo，2017）等角度研究企业社会责任的经济后果。但鲜有文献直接研究精准扶贫这一特殊性质的社会责任行为。首先，精准扶贫是由作为规划者的政府发起的，并且阐明了社会利益的企业社会责任形式。其次，各级政府向精准扶贫的企业提供资源支持，从而可能为企业带来一定收益。因此，本书研究有助于调和企业是否应该履行社会责任的争议。

第四，有助于从企业帮扶的视角丰富和拓展扶贫相关研究。现有文献主要从扶贫政策的顶层设计（宫留记，2016；吕方和梅琳，2017；燕继荣，2020）、贫困人口识别（朱梦冰和李实，2017）、扶贫作用机制（毕娅和陶君成，2016；贾俊雪等，2017；尹志超等，2020）、扶贫政策效果（王立剑等，2018；汪德华等，2019；尹志超和郭沛瑶，2021）等角度研究中国的扶贫问题。其中，少数研究企业精准扶贫的文献，主要关注其影响因素，以及其对企业信心、风险和绩效的影响。由于企业层面的精准扶贫是脱贫攻坚战的重要环节，本书从地方官员考核的角度研究企业精准扶贫的内在激励机制，可以从微观层面丰富和拓展扶贫的相关研究。

### 1.5.2　研究不足

本书存在以下四个方面的不足：

第一，笔者深知扶贫考核重要性最直接的衡量是扶贫考核中的各项指标在综合晋升考评中的权重。但扶贫成效考核过程不对外公开，经多方努力没能获取内部考核数据。因此，本书尝试从扶贫对象规模角度来侧面反映官员的扶贫考核重要性。为了统一扶贫考核重要性变量的统计口径，本书还以中国统计出版社出版的《中国农村贫困监测报告：2020》中统计的各年度、各省份的贫困人口规模和贫困发生率替代国家级贫困县数量，来衡量地方政府官员的扶贫考核重要性，以保证检验结果的稳健性。

第二，自2013年以来，中央政府及各级地方政府逐渐开展精准扶贫工作，并出台多个政策文件完善精准扶贫体系。然而，由于数据的局限性，本书只能检验2016—2020年的样本。这存在两个方面的问题：首先，2016年12月，证券交易所要求上市公司进一步完善扶贫工作信息披露，但并非强制性披露。因此，2016年以后仍然有少量上市公司没有披露精准扶贫情况。其次，少量上市公司于2016年之前在年度财务报告或企业社会责任报告中自愿披露精准扶贫。因此，精准扶贫的信息披露可能导致样本自选择问题，以及影响经济后果的检验。对此，本书在样本筛选过程中剔除了年报未披露精准扶贫的样本，采用倾向评分匹配（PSM）的方法缓解样本自选择问题。此外，本书区分企业在2015年财务报告中是否披露扶贫信息，分组检验精准扶贫对企业绩效的影响，从而排除信息披露导致信息透明度增加而提高企业绩效的替代性机制。

第三，虽然本书在检验企业精准扶贫的经济后果时，采用工具变量两阶段回归的方法缓解内生性，但是没能完全解决内生性问题。本书尝试寻找外生冲击，利用双重差分法（DID）解决内生性问题。然而，多个外生政策均在样本区间之外或是没有事件前年份样本，满足不了 DID 检验的前提条件。

第四，本书无法穷尽企业精准扶贫改善企业业绩的影响机制。根据产业扶贫的相关政策，可以得知参与精准扶贫的企业可以进入当地要素市场，直接雇佣当地贫困县居民并且采购当地产品作为原材料。然而，由于农民工通常以劳务派遣方式被雇佣，笔者无法获得新增农民工员工数量，以及无法直接获得产品原材料成本和产品价格。所以，本书无法检验原材料成本和农民工雇佣的影响机制。

# 2　文献综述

本书的研究主要与政府官员晋升激励、政商关系、企业社会责任和扶贫四个方面的文献紧密相关。因此，笔者在本章主要根据上述四个方面文献的研究现状展开讨论。

# 2.1　政府官员晋升激励的相关研究

中国改革开放40多年以来保持着高速的经济增长，这与中央政府对地方政府官员的独特治理制度息息相关。为了解释中国式增长奇迹，诸多文献从政治经济学的视角对中国政府官员的治理展开深入的研究。而国有企业高管作为"准官员"，同样受到党和政府的考核任命。因此，本书主要从地方政府官员晋升激励和国有企业高管晋升激励的相关角度对中国政府官员的选拔机制进行综述。

## 2.1.1　地方政府官员晋升激励

中国的市场保护联邦制和政治集权在经济发展中发挥着重要作用（Blanchard & Shleifer，2001）。在委托代理的框架下，中国的经济发展可类比公司运营，而地方政府官员则是中层管理者。因此，中央政府需要通过与绩效挂钩的考核和奖惩对地方政府官员进行严格管理，从而降低代理成本（Li & Zhou，2005）。关于地方政府官员的晋升激励机制，以往文献主要以政治锦标赛理论为核心，研究官员晋升激励与经济发展、官员晋升激励的影响因素、官员政绩考核转型（徐现祥等，2007；钱先航等，2011；谭之博和周黎安，2015；蒋德权等，2015；卢盛峰等，2017；姚洋等，2020；Kahn et al.，2015；Yu et al.，2016）。与此同时，少数文献对政治锦标赛理论提出了质疑和挑战（陶然等，2010），或是从政权合法性和可视性的角度丰富了理论框架（罗党论等，2015）。

### 2.1.1.1 官员晋升激励与经济发展

现有文献从官员晋升激励与经济增长的关系、官员晋升激励对经济增长的影响机制，以及官员晋升激励对其他经济指标的影响三个方面，研究了官员晋升激励如何影响经济发展。

3.1.1.1.1 官员晋升激励与经济增长的关系

周黎安（2007）在行政分权和财政分权以外，给出了中国经济增长的另一重要解释，即地方政府官员的政治锦标赛的激励治理模式。政治锦标赛理论的核心在于中央政府将GDP增长目标作为地方政府官员晋升的重要考评内容。因此，地方政府官员在强大的激励下会参与一场GDP增长的激烈竞争，为获得晋升胜利而促进当地经济发展。对此，大量文献研究了官员晋升激励与经济增长的关系。Li和Zhou（2005）利用省级政府官员的更替数据，实证研究发现省级政府官员的晋升概率与当地经济增长呈正相关关系，其降职概率与当地经济增长呈负相关关系。这表明地方政府官员的晋升激励有效促进了当地经济发展。党政领导干部相关规定明确指出干部的交流与培养应该相结合，徐现祥等（2007）利用1978—2005年的长区间面板数据，证实了省级政府官员的晋升激励会促进正向的领导交流，从而促进流入地的经济增长。然而，张军和高远（2007）的研究结论与其不同，他们认为领导异地交流会造成短视行为，不利于经济发展。

基于官员特征的区域横向对比，现有文献发现不同地区禀赋和官员执政能力，会导致官员有不同的经济行为。徐现祥和王贤彬（2010）认为当中央给予政策有利、官员能力较强时，官员晋升激励更强，因此地方政府官员会偏向于招商引资和基础设施建设活动。而当中央给予政策不利并且官员能力较弱时，官员晋升激励较弱，因此会偏向于提高自身福利的在职消费活动。周黎安和陶婧（2011）从区域空间的角度，为政治晋升锦标赛理论提供了新的证据。研究发现，省界线的县级经济增长低于非省界线的县级经济增长。原因在于地方官员为了在政治晋升的竞争中获胜，尽可能地减少经济发展的外溢效应。

基于中国政府的多层级纵向结构特点，现有文献证实了政治锦标赛中的经济绩效目标存在层层加码的现象。周黎安等（2015）首次发现中央政府提出的目标会随着地方政府层级逐渐变高，产生更大的激励效应。Li 等（2019）构建 Tullock 竞赛模型，研究中国多层级政府晋升锦标赛中的最优目标设置。在模型中，上级官员设定 GDP 增长目标，通过影响下级官员的竞赛结果来激励下级官员行为，并且目标层层加码。这使上级官员的利益与下属的利益保持一致。

与此同时，少数文献对政治锦标赛理论提出了质疑和挑战。陶然等（2010）认为晋升锦标赛的理论前提在于经济增长的绩效能提高官员晋升的概率。但笔者通过实证分析发现，经济指标并未与考核直接挂钩，也不会影响政治提拔。该结论对晋升锦标赛提出了挑战，也提出了晋升机制与经济增长之间存在内生性问题。罗党论等（2015）在政治锦标赛的基础上，从政权合法性和权威性的角度，进一步加强了激励机制的理论解读。其文章认为经济绩效是对官员能力的衡量，该指标比其他能力指标的可见性更高，可以降低中央政府与地方政府官员之间的信息不对称程度。同时，经济绩效也受公众信任，提高了政权合法性。因此，这解释了以经济绩效作为激励的合理性。

2.1.1.1.2 官员晋升激励对经济增长的影响机制

关于官员晋升激励如何影响经济增长，现有文献从投资、房地产市场、土地出让、银行贷款和基础设施建设等方面展开讨论。

首先，为了实现经济增长，地方政府官员会将财政资源投资到生产性活动中。具体而言，政府官员通过国有企业扩张、银行贷款规模增加，以及引入外商投资等渠道促进当地投资（王贤彬等，2010；谭之博和周黎安，2015）。官员之间的竞争还会引发投资的空间效应。Yu 等（2016）以地级市作为样本，利用空间计量经济学研究方法，证实同省内的地级市存在投资的空间相关性，不同省的相邻地级市则不存在空间效应。由于土地出让是获得财政收入的重要渠道，地方政府官员会利用土地处置权去干预土地出让价格和规模（王贤彬等，2014；王媛和杨广亮，2016）。在党代会召开之后，地方政府官员会增加土地出让面积（余靖雯等，2015），为后续晋升铺路。然而，这一系列的影响可能会打乱收入分配格局。

其次，在地方官员的晋升激励机制作用下，地方官员会将银行贷款向房地产市场倾斜，从而促进房价的上涨，这有利于地方官员以良好的绩效实现晋升（朱英姿和许丹，2013；郭峰和胡军，2014）。在银行贷款方面，钱先航等（2011）通过晋升压力和官员任期分析官员的晋升激励程度，利用地级市数据实证分析，发现晋升压力不会引起信贷扩张，但会增加中长期贷款从而改变信贷结构。纪志宏等（2014）、Wang等（2019）研究发现官员晋升压力会促进银行贷款扩张，并且会加剧当地银行风险。

最后，地方政府官员晋升激励将会加强基础设施建设，从而促进经济增长。王世磊和张军（2008）在新古典增长模型中引入地方官员的政绩考核，发现官员晋升激励会促进当地基础设施的增加。但是，当基础设施建设投资的外溢性较大而削弱官员晋升优势时，官员对基础设施建设的投资就会较少。吴敏和周黎安（2018）进一步区分基础设施建设的可视化程度，发现中央政府在考核地方政府官员政绩时，会更在意可量化指标及可视性的表现，因此地方政府官员会将资源倾斜于可视性高的地面基础设施，以求更高的主观评分。

2.1.1.1.3 官员晋升激励对其他经济指标的影响

然而，健康的经济发展不能只着眼于GDP增长，还要注重经济结构、经济效率、经济质量和区域间的平衡发展。对此，现有文献发现了一些地方政府官员对经济发展存在负面影响的证据（周黎安，2004；柳庆刚和姚洋，2012；周黎安等，2013；卢盛峰等，2017）。周黎安（2004）通过构建博弈模型描述地方政府官员的晋升激励如何影响区域间的竞争合作。该模型表明地方政府官员间的政治晋升属于零和博弈，因此地方政府官员间的竞争导致区域间合作空间很小。柳庆刚和姚洋（2012）研究发现，地方政府官员为了在GDP的竞争中胜出，会将财政支出偏向于投资活动而忽略非生产性支出，最终逐渐形成高储蓄、低消费的经济结构失衡局面。周黎安等（2013）以地方党代会周期刻画地方政府官员晋升激励程度的变化，研究发现，党代会召开当年至后两年，地方政府官员晋升激励较强，这促使当地资源向国有企业、产业关联较强行业、资本密集度较高行业倾斜，从而导致资源错配。皮建才等（2014）通过构建税收竞争模型对地方政府官员的治理展开研究，发现当中央政府降低地方政府官员晋升激励程度时，地方发展性公共品的供给下降，官员在职消费水平上升。卢盛峰等（2017）以实际城市生产总值相较于城市夜间灯光亮度值的偏离程度来衡量GDP失真程度，发现官员会为了晋升而操纵GDP，使地区经济指标失真。

### 2.1.1.2 官员晋升激励的影响因素

虽然同级别的地方政府官员处于同一个政治锦标赛中，但地方政府官员特征影响地方政府官员晋升激励的程度，进而影响地方政府官员的行为。现有文献从任期、年龄、能力、经历、职业前景等方面来刻画地方政府官员晋升激励的程度，研究官员晋升激励如何影响经济发展（王贤彬和徐现祥，2008）。

我国建立的官员退休制度限制了政府官员的任期上限。因此，官员任期和年龄影响了地方政府晋升激励的强度，从而导致晋升激励对经济增长的作用存在差异（张军和高远，2007；徐现祥和王贤彬，2010）。这类文献研究表明，官员任期与地方政府晋升激励强度呈倒U形关系，因此官员任期对经济增长（张军和高远，2007）、银行贷款（钱先航等，2011）、房价（郭峰和胡军，2014）和固定资产投资（谭之博和周黎安，2015）的边际效应在第4—5年由正转负。而官员年龄与地方政府晋升激励强度以54岁为临界呈倒U形关系，影响银行贷款扩张（纪志宏等，2014）和环境规制（韩超等，2016）。

部分文献从职业经历和职业前景来表现地方政府官员晋升激励程度。王贤彬和徐现祥（2010）认为地区的禀赋水平会影响当地在位官员的职业晋升前景。当官员职业晋升前景较高时，官员更有动力提升当地经济水平。笔者利用省长和省委书记的面板数据，既从横向对比分析，又从时间跨度上分析，证实了上述假说。杜兴强等（2012）以官员中央、跨区、边远地区和企业的工作经历来定义官员历练，研究官员历练对政治晋升的影响。发现经过历练的官员，更有可能实现晋升，并且与经济增长呈正相关关系。

### 2.1.1.3 地方政府官员能力

一部分文献研究了官员执政能力在地方政府官员晋升中的重要程度。Jia 等（2015）、Landry 和 Lu（2018）基于中国政府官员个人履历的实证分析表明，在中国的官员选拔过程中，官员执政能力和官员与最高领导人关系是互补的。当下级官员与上级官员建立联系、体现忠诚时，上级官员才会注重考量官员的执政能力。然而，Fisman 等（2020）持不同意见，他们认为国家为了避免内部派系斗争，官员的同乡或同校关系会对晋升不利。Lee 和 Schuler（2020）将官员能力细分为技术能力和政治能力，基于对 9 个东南亚国家的研究，发现上级政府会提拔技术能力较强的官员且会惩罚政治能力较强的官员。

另一部分文献从官员能力的角度出发，研究了官员执政能力如何影响当地经济发展。张尔升（2010）、张尔升和胡国柳（2013）从官员的企业背景及专业来刻画地方政府官员的能力，研究发现，具有企业背景的官员更具备经济工作相关的经验和技术，有助于促进产业结构升级，进而促进经济发展。顾元媛和沈冲荣（2012）利用官员的企业背景、年龄和学历分析官员的创新精神，以此研究官员创新精神如何影响当地的创新水平。该研究表明，具有企业家背景、学历更高、更年轻的官员会更加注重创新活动，因此会提高地方的创新投入水平。

### 2.1.1.4 官员政绩考核转型

综观地方政府官员的政绩考核体系的变化，考核指标先是由最初的纯政治指标转变为以 GDP 增长为核心的经济绩效指标（周黎安，2004；2007），后来又打破唯 GDP 论而强调绿色环保概念（蒋德权等，2015；韩超等，2016；Kahn et al.，2015），再逐步把民生改善、教育、公共品供给等涉及民生福祉的指标考虑其中（宋冉和陈广汉，2016；王贤彬和董一军，2017）。现有文献针对官员政绩考核的转型，研究了在强大的晋升激励下，地方政府官员面对不同的考核指标会如何作出行为改变。

中央人民政府在 2006 年的"十一五"规划中将环境目标作为一项强制性

要求，对地方政府官员采取严格的奖惩制度。政策颁布之后，地方官员有动机按照特定的标准减少边界的河流污染，减少河流污染治理的"搭便车"现象（Kahn et al.，2015）。国务院2007年将节能减排指标纳入政绩考评，该政绩考核转型不仅缓解了晋升激励与经济效率的负相关关系（蒋德权等，2015），也促进了环保局官员对环境监管的力度（韩超等，2016）。宋冉和陈广汉（2016）的研究发现，晋升激励使地方政府官员更多地关注影响经济增长的生产性支出，而忽略了教育支出。因此，激励机制应该将人民福利最大化的目标考虑进去。王贤彬和董一军（2017）从环境污染、安全事故、煤矿事故等方面衡量社会和谐因素，研究了社会和谐是否影响官员的晋升概率。结果发现，省级政府官员的晋升不受社会和谐表现的影响，仅省委书记晋升会受环境污染和煤矿事故的负面影响。姚洋等（2020）利用国家核证自愿减排量（CCER）地级市官员特征数据，从选拔、培养和激励三个维度对官员的任命机制作了全景式的剖析。我国一直重视官员的选拔和培养，随着时间的推移，官员培养的重要性越来越突出。2012年之后，任命机制不再突出经济表现，而是根据党的执政重心综合考核。

### 2.1.2 国有企业高管晋升激励

国有企业高管作为准官员，其晋升激励机制同样适用于政府官员的治理框架。在政治经济学的理论框架下，诸多学者基于政治晋升激励机制对政府官员的动机和行为决策提供合理解释。国有企业高管授命于上级行政组织而工作于企业组织，因此，国有企业高管具有"经理人"和"政治人"的双重身份（王珺，2001；余明桂等，2016）。由于上级政府对国企的治理存在信息劣势，采用相对绩效竞争这种锦标赛模式大幅减少了政府的治理成本。对于国有企业高管而言，赢得锦标赛而获得晋升比获得薪酬奖励更加重要。在强晋升需求的驱动下，高管无论是为了保住现有职位还是实现晋升，都会努力服从任命者的指令，获得更高的考核评价（周权雄和朱卫平，2010；廖冠民和沈红波，2014；刘青松和肖星，2015；李维安和孙林，2017；Feng & Johansson，2017；

Bradshaw et al.，2019；Zhang et al.，2021）。因此，本章主要从高管变更与企业业绩、高管晋升的影响因素和高管晋升激励的经济后果三个方面梳理国有企业高管晋升激励的相关文献。

### 2.1.2.1　高管变更与企业业绩

国有企业在国民经济体系中占主导地位，大量文献从高管激励机制的角度尝试去解释国有企业如何支撑经济的高速发展（赵震宇等，2007；廖冠民和张广婷，2012；Cao et al.，2014）。高管的晋升激励作为一种替代机制可以弥补薪酬激励的不足（Meng & Zhou，2007；Cao et al.，2014；Feng & Johansson，2017），驱使高管努力提高企业业绩。

基于国有企业高管变更的数据，一些文献发现国有高管的非正常变更与企业业绩之间存在相关关系。赵震宇等（2007）的研究发现，滞后一期业绩与其晋升概率正相关，与降职概率负相关。丁友刚和宋献中（2011）采用1997—2008年国有企业样本的研究发现，董事长的晋升与企业业绩无关，但董事长的降职与企业业绩负相关。此外，部分文献进一步地细化企业业绩指标在高管晋升中的作用。刘青松和肖星（2015）认为国企高管考核的业绩指标存在门槛效应，即当企业业绩低于门槛值时，较差企业业绩会提高高管降职概率。但当企业业绩高于门槛值时，较好的企业业绩不会提高高管晋升概率，但企业社会责任有助于高管晋升。丁肇启和萧鸣政（2018）研究2007年颁布的《中央企业负责人经营业绩考核暂行办法》的执行效果时发现，该政策将业绩考核划分为年度业绩考核和任期业绩考核，并采用多指标考核办法，避免国有企业高管的短视行为，并发现只有企业利润对高管晋升有正向作用。

### 2.1.2.2　高管晋升的影响因素

上述文献大多侧重于研究高管晋升激励机制对企业业绩的影响，而较少关注国有企业高管的激励内容。关于国有企业高管晋升的影响因素，现有文献主要从企业绩效、税收、政策性负担、国资委主观考评等方面展开研究（Du et al.，2012；杨瑞龙等，2013；Liu & Zhang，2018）。

一些文献侧重于研究企业行为对高管晋升概率的影响。杨瑞龙等（2013）以央企高管为样本，系统性地研究高管晋升的影响因素。研究发现，央企高管晋升受企业绩效、高管政治背景和高管学历的影响。而央企高管的经济报酬对晋升没有显著影响。该结果再一次证明国有企业高管更像是政治家而不是经理人。廖冠民和沈红波（2014）以超额雇员度量政策性负担，发现国有企业超额雇员可以提高高管的晋升概率。在政府干预较强、失业率较高的地方，促进作用更显著。Bradshaw等（2019）的研究发现，国有企业税率越高，国有企业经理晋升的概率越高。这说明国企高管的晋升激励能有效地减少国有企业的避税行为。李维安和孙林（2017）匹配了省属国企高管与省委书记、组织部长的籍贯信息，识别同乡关系后发现，国有企业高管与上级政府官员具有同乡关系可以提高其晋升概率。因为同乡关系能降低高管与任命者之间的信息不对称，获得更高的认可度。

另一些文献侧重于研究上级政府组织如何考核评价国企高管。Du等（2012）利用中国政府对63家国有企业评分的独特数据，以及对6家国有企业的CFO（首席财务官）的采访资料研究后发现，国有企业高管有机会通过私下向国资委传递信息、与国资委官员共同参与社会活动等方式获得上级政府的偏袒，从而影响考评结果。该研究证实了国有企业高管的考核评估过程中的双向关系。进一步地，Du等（2018）研究了央企考核办法的改革对主观考评的影响，发现考核办法用经济增加值代替了净资产收益率作为新的业绩考核指标，并不会改变上级政府在主观考评中的个人偏好，仍会激励高管迎合上级政府需求。

还有一些文献侧重于研究国有企业高管晋升机制的执行效果。张霖琳等（2015）首次分析了国有企业晋升激励机制的执行效果和前提条件。其文章将国有企业按照行政级别分为央企、省属国企和市县属国企，发现央企高管晋升与业绩绩效挂钩，但地方国企的高管晋升与业绩绩效无关，而是受高管的政治关系和政策性负担的影响。此外，激励机制执行效率还受监管主体独立性的影响，因此市场化程度较高的地区，激励机制执行更有效。Liu和Zhang（2018）

认为国有企业高管激励方法与政府干预程度有关。在弱干预下的国有企业，高管考评更偏向于市场导向的评价方法，更重视企业绩效。相反，在强干预下的国有企业，偏好政府导向的评估方法，更注重政策性负担。

### 2.1.2.3 高管晋升激励的经济后果

在高管晋升激励机制下，上级政府干预和共同代理会扭曲高管行为，偏离业绩最优目标。这是我国制度环境对激励机制造成的影响（周权雄和朱卫平，2010）。由于国有企业有多任务的经营目标，这种偏离业绩最优目标的高管行为不一定是弊大于利。因此，现有文献从并购、薪酬、企业社会责任、创新、在职消费等多个方面研究了高管晋升激励的经济后果（郑志刚等，2012；陈仕华等，2015；张宏亮和王靖宇，2018；Chen et al.，2018a；Zhang et al.，2021）。

（1）非生产性支出。晋升激励使国有企业高管对上级政府更具迎合性，从而投入较多的非生产性支出（逯东等，2014）。郑志刚等（2012）用案例分析的方法揭示了国有企业高管因晋升激励而投入较多资源到形象工程中，如公益性捐赠、媒体报道、盈余管理和风险行为，从而不利于企业长期经营发展。Zhang等（2021）的研究发现，锦标赛能够激励企业高管提高企业社会责任绩效。张宏亮和王靖宇（2018）主要从社会捐赠和超额雇员的维度衡量了国有企业承担的政策性负担，研究发现，当薪酬管制降低了薪酬激励后，高管会因晋升激励而承担更多的政策性负担，而股权激励则会削弱该影响。

（2）投资。卢馨等（2016）认为国有企业高管会因政治晋升激励而进行过度投资和盈余管理行为，从而迎合上级政府要求。然而，金宇超等（2016）认为晋升激励对企业投资行为的影响取决于业绩的波动。当业绩的负向波动对高管晋升不利时，高管为了规避政治风险而引发企业投资不足；而正面的业绩波动会增加高管晋升筹码，因此引发企业过度投资。并购作为一种特殊的投资行为，可以提高企业成长速度。陈仕华等（2015）认为相较于企业业绩，企业成长速度是国有企业高管晋升的重要指标。因此，当国有企业高管面临晋升机会时，有动机促进更多的并购交易。而这种并购交易会支付较高的议价，并在长期表现出较差的并购绩效。此外，余明桂等（2016）、周铭山和张倩倩（2016）研究了高管激励对创新投资的影响。随着国资委对高管考核不断突出创新的重要性，实证结果表明，国有企业高管的晋升激励驱使企业生成更多的研发投入，以及后续更多的研发产出。

（3）资本市场。Hung等（2012）提出私人利益假设，即有政治关系的国有企业高管会利用海外上市来实现政治晋升。具体而言，本书发现在有政商关系的公司中，海外上市公司的经理比国内上市公司的经理更有可能获得政治媒体的认可或晋升到政府高级职位。Chen等（2018）认为国有企业高管处在金字塔式的封闭劳动力市场，并且行政级别越高的高管越难以离开体制。因此，国有企业高管为竭尽全力保住现有职位并获得晋升机会，在经营公司时谨慎小心、厌恶风险。本书研究表明，高管的行政级别与股票崩盘风险负相关，并且在高管具有更强晋升激励程度时及在晋升的关键时期，该抑制作用更显著。

（4）其他影响。国有企业高管晋升激励还会对企业造成不利的影响。例如，廖冠民和张广婷（2012）、张霁若（2017）的研究发现高管晋升激励会造成高管的盈余管理行为。因此，国有企业高管变更后的会计可比性较低。当公司规模较大、股权集中度较高时，政府有能力识别盈余管理行为，从而降低企业业绩与高管晋升的敏感度。政治晋升和在职消费是国企高管的两种相互替代的隐性激励机制，当政治晋升激励较高时会抑制高管的在职消费行为（王曾等，2014），以及避免违规性腐败行为，但会通过使用公款和跑官寻租的方式提高晋升希望（曹伟等，2016）。在"限薪令"的背景下，国企高管缩短与员工的薪酬差距可以树立较好的个人形象，有利于实现政治晋升（步丹璐等，2017）。此外，郝项超（2015）发现国有银行高管同样面临晋升锦标赛。由于银行高管任期有限并且面临激烈的竞争，银行高管可能作出激进和冒险的决策来提高银行绩效，但同时也会加大银行风险。

# 2.2　政企互动的相关研究

无论是在市场经济还是社会主义经济中，政府和企业的互动无处不在（Shleifer & Vishny，1994）。传统意义上，受政府控制的公共企业可以治愈市场失灵（Atkinson & Stiglitz，1982），然而大量的研究表明国有企业的低效率与政府施加的政治压力有关。此外，企业和政府官员之间存在利益交换的证据，暗示了双方之间有隐性协议（Kroszner & Stratmann，1998）。本书主要根据政府干预、政商关系和其他政企互动三个方面的相关文献，对政府和企业互动过程的研究进行综述。

## 2.2.1　政府干预

政府利用政治权利干预企业经济活动的行为，究竟是"掠夺之手"还是"支持之手"？诸多学者对政府干预的起因和经济后果展开了广泛的讨论。本书主要从官员晋升激励与政府干预、政府干预对国有企业的影响和政府干预的其他经济后果三个方面梳理政府干预的相关研究。

### 2.2.1.1　官员晋升激励与政府干预

在以GDP为考核的晋升锦标赛的激励下，地方政府官员不仅会改变政府职能机构的诸多决策，还会利用职权干预企业帮助其共同完成考核任务。因此，诸多文献从地方政府官员晋升激励的角度出发，分析政府干预背后的动机及其产生的经济后果（顾元媛和沈坤荣，2012；陈艳艳和罗党论，2012；曹春方等，2014；赵宇，2019；Piotroski & Zhang，2014；Leverty & Grace，2018；Kong et al.，2020）。

一部分文献以政府官员变更事件来捕捉政府官员晋升激励程度的变化。曹春方（2013）认为官员变更产生事实政治权力转移，此时政府干预程度较弱，国有企业会降低投资总量和过度投资行为，有利于改善企业价值。陈艳艳和罗党论（2012）发现地方政府官员频繁变更会诱发政府官员的短视化行为，具体表现为地方政府官员变更频繁的地区的企业，投资水平增加而投资效率降低。Liu 和 Ngo（2014）研究发现，在州长选举的前一年里，银行破产可能性会因政治干预而降低大约45%。由于IPO（首次公开发行股票）事件会对政府官员带来好处，Piotroski 和 Zhang（2014）的研究发现，在政府官员变更时期，无论是国有企业还是民营企业都会暂时性增加IPO的比例。Liu 等（2016）的研究发现，在地级市官员变更之前，当地投资规模增加，并且主要来源于政商关系的民营企业。Leverty 和 Grace（2018）研究了美国保险监管机构和州长的外生选举周期，发现政客选举之前会推迟对破产金融机构的监管行动。上述文献从不同的政府干预形式展开研究，均表明政府官员在面临变更（选举）之前，会抑制对自己晋升不利的企业行为，增加对自己晋升有利的企业行为。

另一部分文献从政府官员的任期、年龄、学历、晋升压力等个人特征的角度衡量了政府官员晋升激励程度的差异。曹春方等（2014）研究了地方政府官员面临的财政压力和晋升压力对国有企业投资的影响，可以很好地区分官员个体动机和群体动机的作用。研究发现，官员晋升压力会加剧地方国有企业过度投资，而财政压力会起到部分中介作用。干春晖等（2015）从官员任期的角度，解释了地方政府官员的晋升激励会让国有企业获得更多的土地和融资优惠，从而催生了国有企业的过度投资行为。张豪等（2017）从地方政府官员任期、学历、历练等方面分析了地方政府官员晋升激励，并研究了其对企业全要素生产率的影响。上述文献均证实地方官员晋升激励越强，越可能对企业进行干预，从而促进当地经济增长。

还有一部分文献重点关注了在地方政府官员晋升激励下，政府干预造成的经济后果。顾元媛和沈坤荣（2012）的研究发现，地方政府官员在以GDP为考核的晋升锦标赛的激励下，会忽视短期无法实现经济效益的创新活动，从而对企业的创新投入激励不足，最终体现为降低了企业研发补贴的数量和质量。潘孝挺和左翔（2012）发现地方政府官员的激励机制会加强企业产权保护。由于不同规模的企业创造的经济总量和经济增速不同，因此，晋升激励促使官员加强对较小规模企业的产权保护，而财税激励促使官员加强对较大规模企业的产权保护。龚强等（2015）认为地方政府官员为了追求当地经济发展，往往会庇护违规生产的企业，从而引发食品安全问题。Wang等（2021）利用中国城市空气质量指数构建了地方政府官员晋升激励的工具变量，研究发现，当地方政府官员倾向于保守和短期导向时，地方企业会避免冒险的长期创新投资。这种对创新投资的抑制作用主要存在于国有企业、有政商关系的民营企业和市场化程度较低地区的企业中。Gao等（2021）的研究发现，地方政府晋升激励会促使他们策略性地选择信贷违约。具体地，陷入困境的地方政府将选择拖欠商业银行贷款，但会避免拖欠政策性银行贷款，因为政策性银行贷款在战略上对地方政府官员的晋升更为重要。以上文献研究表明，地方政府官员晋升激励机制会降低资源配置效率，并对企业造成不利于长期发展的经济后果。

### 2.2.1.2　政府干预对国有企业的影响

在中国，国有企业受政府的直接控制，普遍承担了战略性政策负担和社会性政策负担。这不仅产生国有企业的预算软约束（林毅夫和李志赟，2004；龚强和徐朝阳，2008；Shleifer & Vishny，1994；Lin et al.，1998；Fan et al.，2013），而且对国有企业的投融资决策造成严重影响（程仲鸣等，2008；余明桂和潘红波，2008；孙晓华和李明珊，2016；Hao & Lu，2018；Ru，2018）。因此，诸多文献以国有企业为研究对象，研究了政府干预对国有企业带来的各方面影响。

2.2.1.2.1预算软约束

Shleifer和Vishny（1994）构建了Nash讨价还价模型，研究发现，政府让企业承担政治任务后会给予企业补助，从而造成企业预算软约束。在Shleifer和Vishny（1994）模型的基础上，林毅夫和李志赟（2004）以中国场景构建了动态博弈模型，研究政策性负担对国有企业预算软约束的影响，发现由于政府与企业间信息不对称，国有企业会因承担了政策性负担而产生道德风险，从而造成国有企业低效率，导致预算软约束。龚强和徐朝阳（2008）建立了一个三阶段的动态博弈模型，重新定义了预算软约束，研究发现企业会因承担政府的政治任务而造成亏损。政府会权衡政策性负担的利弊，并根据管理者扭曲行为的程度决定是否对亏损企业再融资，从而形成企业预算软约束。

在实证研究的文献中，薛云奎和白云霞（2008）、Lim等（2018）以冗余雇员衡量政策性负担，研究发现，高失业地区的国有企业会承担更多的冗余员工来帮助政府稳定就业，政府则会对冗余雇员多的国有企业给予更多的财政补贴。郭剑花（2012）以捐赠衡量政策性负担，研究发现，国有企业的捐赠行为主要受政府干预的影响，但该影响逐步减弱走向市场化。

部分文献重点刻画了国有企业的政府干预程度。Fan等（2013）认为，国有企业的金字塔结构虽然增加了代理成本，但会降低政府干预程度，从而降低企业的政治成本。在企业内设置党组织是政府干预的另一种渠道，马连福等（2013）的研究发现，国有企业党组织参与治理，会加剧企业的冗余雇员并缩小高管与员工的薪酬差距。刘行（2016）利用投资组合的思想构建了政府干预程度的新指标，即企业在同一最终控制人的投资组合中的重要程度。在该指标衡量下，企业在政府控制的投资组合中越重要，受政府干预的程度越强，承担的政策性负担越重。

### 2.2.1.2.2 投资

关于政府干预对国有企业过度投资的影响，文献研究表明地方政府为了让国有企业实现政治目标，导致国有企业过度投资。而金字塔结构可以缓解这种政府干预导致的低效率行为（程仲鸣等，2008；刘媛媛和马建利，2014；白俊和连立帅，2014）。而黄俊和李增泉（2014）认为过度投资的产生是因为政府干预下国有企业冗余雇员阻碍了劳动密集型行业的退出。进一步探究经济后果，发现政府干预下的国有企业过度投资行为虽然会给当地经济增长带来正向效应，但会降低企业生产效率（孙晓华和李明珊，2016），也会造成非周期性的产能过剩（王文甫等，2014）。2008年，金融危机后的"一揽子"计划激化了国有企业的过度投资行为，Hao和Lu（2018）细分了投资类型，发现政府倾向于促进国有企业对固定资产、其他国有企业股权和自然资源的投资，但减少了研发投资。

此外，并购作为特殊的投资行为同样受政府干预的影响。潘红波等

（2008）的研究发现，政府会因个人晋升动机和政策性负担而干预国有企业并购行为，降低并购绩效。而政商关系可作为法律保护的替代性机制，降低政府干预对并购绩效的负面影响。王凤荣和高飞（2012）研究了政府干预对不同生命周期阶段的国有企业并购有何影响，发现政府干预对成长期企业的并购绩效有负面影响，但对成熟企业的并购绩效有正面影响。曹春方等（2015）认为市场分割背后是政府的"掠夺之手"，研究发现地方国有企业会减少异地子公司的设立。

### 2.2.1.2.3 融资与税负

关于政府干预对国有企业银行贷款的影响，余明桂和潘红波（2008）将政府干预引入"法与金融"的研究框架，发现政府干预会破坏银行与企业间的契约。具体地，政府会让银行将信贷资源向国有企业倾斜，降低资源配置效率。沈红波等（2013）认为降低政府对国有企业的信贷干预，可以加强银行贷款对企业的监督治理作用。刘慧龙等（2014）认为政府为了弥补承担政策性负担的国有企业，会在其改制上市后给予更大的融资规模。王珏等（2015）利用信贷数量与信贷价格的反应系数衡量信贷配置效率，发现在政府干预下国有企业更容易获得银行贷款，但会降低信贷效率。Ru（2018）的研究发现，国开行对国有企业的工业贷款会挤出同行业的民营企业贷款，但促进了下游行业的民营企业贷款。

随着地方政府规模的扩张，财政支出会逐渐加剧。黄策和张书瑶（2018）研究了政府干预对国有企业税收的影响，发现地方政府会增加地方国有企业的税收负担，从而缓解总体财政压力。而金字塔结构可以减少政府干预对国有企业税收负担的负面影响（Zhang et al.，2016）。

### 2.2.1.3 政府干预的其他经济后果

少数文献研究了除国有企业以外的企业主体的政府干预问题。步丹璐和刘静（2017）利用案例分析发现，地方政府官员会干预当地规模较大的民营企业使其承担政策性负担。You等（2018）研究了政府干预如何影响媒体作为信息中介对企业监督的作用，发现非政府控制媒体的文章更具批判性、更准确、更全面、更及时，更能起到监督治理作用。Duchin 等（2020）利用政府与企业的距离衡量政府干预程度，研究发现，距离政府越远的企业，越有更好的经营业绩，更高的增长率和更高的进入率。Goldman（2020）研究了政府作为企业客户参与产品市场的有益作用，又通过2008年金融危机的外生冲击，证明了联邦采购合同使政府承包商的表现免受危机的影响。

### 2.2.2　政商关系

在"法与金融"研究框架下，国家法律的起源与法律执行力会影响投资者保护程度，进而影响金融市场的发展，最终影响经济增长（La Porta et al.，1997；La Porta et al.，1998）。然而，中国拥有尚不健全的法律和金融体系，却成为经济增长最快的国家之一。经济增长背后是非正式制度起到了重要作用。其中，私营企业增长很重要的原因是有可替代性的融资机制和治理机制，即政商关系。政商关系构建了二者的隐性合约，双方各司其职，为实现利益分享的共同目标努力。政府官员在其中分享利益，也会使其有动力支持企业发展。那么，构建政商关系是一种相对普遍的做法，还是一种局限于少数高度腐败国家的现象？企业为什么要与政府官员建立联系？政商关系是否给企业带来利益并且能抵消构建联系的成本。基于上述问题，本书从政商关系的正面经济后果、政商关系的负面经济后果、政商关系的构建与强化三个方面对政商关系的相关文献进行综述。

#### 2.2.2.1　政商关系的正面经济后果

由于制度约束阻碍着企业发展，政商关系作为非正式制度在转型经济体或发达国家盛行。企业与政府建立政商关系，有利于企业获得政府的资源倾斜，如优先获得政府补贴（余明桂等，2010；郭剑花和杜兴强，2011）、获得外部融资（余明桂和潘红波，2008；罗党论和刘璐，2010；张敦力和李四海，2012；李姝和谢晓嫣，2014）、减少税负（罗党论和杨玉萍，2013；Faccio，

2006)、优先获得政府合约（Schoenherr，2019）、降低市场进入壁垒（胡旭阳和史晋川，2008；邓新明，2011；夏立军等，2011），等等。本书从下述五个方面分别对政商关系的正面经济后果展开综述。

#### 2.2.2.1.1 政府补助、政府救助金与政府合同

政府对财政补贴、救助金和采购合同有直接的控制权，决定着给哪些企业优先发放。因此，企业通过政商关系向政府寻租更多的财政补贴，但该政府补助不会促进企业绩效，且扭曲了资源配置效率（余明桂等，2010）。政府会以政府补助的形式回馈建立政商关系的民营企业，是因为这些民营企业会承担政府的政策性负担（郭剑花和杜兴强，2011），从而造成企业的预算软约束。Faccio等（2006）的研究发现，国际货币基金组织或世界银行向企业所在国政府提供金融援助时，有政治背景的企业得到救助的可能性更大。在接受救助的企业中，那些有政治关系的公司在接受救助时和救助后的财务表现明显比没有政治关系的公司差。Schoenherr（2019）研究了一种政府资源分配给有政商关系企业的特殊机制。在赢得选举后，新总统任命其关系网中的成员担任国有企业的CEO（首席执行官），这些人在分配政府合同时充当中间人。本书发现国有企业将更多的合同分配给政商关系的私营企业，然而这些合同绩效更差。上述研究均发现这种资源的倾斜最终不会改善企业业绩反而造成资源配置低效率。

#### 2.2.2.1.2 外部融资

中国的制度环境对民营企业普遍存在融资歧视。因此，民营企业以政商关系的非正式制度来获得更多的外部融资机会。余明桂和潘红波（2008）首次以董事长或总经理是否有政府就职背景来定义民营企业的政商关系，研究发现具有政商关系的民营企业会获得更大规模的债务融资和更长的贷款期限。在此基础上，罗党论和刘璐（2010）进一步发现，相较于借壳上市，直接上市的民营企业拥有政商关系可以改善银行融资。连军等（2011）认为有政商关系的企业获得的债务融资有监督治理作用，促进企业价值提升。社会信任（张敦力和李四海，2012）或税收征管（潘越等，2013）与有政商关系对民营企业的债务融资起到替代性作用。杨星（2016）发现有政商关系的民营企业定向增发审批通

过率更高，但不会影响审批周期和融资规模。

### 2.2.2.1.3 投资与土地购买

胡旭阳和史晋川（2008）、罗党论和刘晓龙（2009）、邓新明（2011）的研究发现，拥有政治资源的民营企业家有助于企业进入政府管制行业，促进企业多元化投资，从而改善企业业绩。进一步地，夏立军等（2011）细化了政治管理界别，发现当企业的政商关系达到局、厅级以上领导人员参与程度时，政商关系才能帮助企业消除市场壁垒，实现异地投资。Chen和Kung（2019）发现，与政治圈有关系的企业相较于没有政商关系的企业，会获得更多的土地购买价格折扣，以及能购买更多的土地。作为回报，这些有政商关系的企业帮助省委书记实现晋升。反腐运动显著遏制了这种互惠行为。

### 2.2.2.1.4 税负

Faccio（2006）利用42个国家的19 884家公司样本进行研究，发现当企业的控股股东或高级管理人员是国家议会或与高层政治家或政党密切相关时，企业更容易获得债务融资、更低税收、更高市场份额。在高度腐败的国家，这种政商关系的作用尤其明显。罗党论和杨玉萍（2013）认为政商关系会减小企业的税收负担，外部治理环境的改善会削弱二者的关系。

### 2.2.2.1.5 企业绩效

政商关系对企业绩效的影响是模糊的。一方面，吴文锋等（2008）区分企业高管的政府背景，发现具有地方政府背景的企业高管对企业价值的正向作用要高于具有中央政府背景的企业高管。此外，政府干预越强的地方，政商关系对企业价值的正向作用越显著。罗党论和应千伟（2012）将官员视察视为构建民营企业政商关系的方式，研究发现官员视察能促进民营企业绩效。另一方面，贺小刚等（2013）认为有政商关系的民营企业更倾向于从事破坏性生产活动而不是创造性生产活动，这有助于民营企业提高短期绩效，但对长期发展没有帮助。Fisman（2001）利用一系列关于印尼前总统苏哈托在任最后几年健康状况的负面传言，比较了政治曝光程度不同的企业的股票收益变化。结果发现，政治上有依赖的企业的股票回报都大幅低于不那么依赖政治的企业。Fan

等（2007）认为有政商关系的企业会被政府干预在股票市场上的负面影响，研究发现有政商关系的企业在IPO后三年的收益增长、销售增长和销售回报表现较差。邓建平和曾勇（2009）表明，政商关系虽然会提高企业绩效，但由于进行较多的低效率投资反而降低了经营效率。此外，Yan和Chang（2018）认为，虽然企业与具有决策权力的政府有政商关系可以提高企业绩效，但企业与该政府的竞争对手政府有政商关系则会损害企业绩效，当政府竞争特别激烈时该作用更加明显。

### 2.2.2.2 政商关系的负面经济后果

有政商关系的企业在获得政府资源优惠的同时，不得不服从政府而承担政策性负担（熊琪等，2015；Faccio & Hsu，2017；Bertrand et al.，2018），或者与政府合谋引发安全事故（聂辉华和蒋敏杰，2011；Fisman & Wang，2015）。此外，有政商关系的企业在获得政府资源之后，并不会有更好的经营表现从而降低资源配置效率（刘圻和杨德伟，2012；李新春和肖宵，2017；Fisman，2001）。

在政策性负担方面，熊琪等（2015）发现有政商关系的民营企业会雇佣更多员工，员工薪酬福利水平更高。因此，有政商关系的民营企业同样承担着政策性负担。不仅直接关联的公司会承担政策性负担，Faccio和Hsu（2017）发现有政商关系的私募公司也会让其目标公司雇佣更多的员工。在选举时期和高腐败地区，该效应更加显著。Bertrand等（2018）利用来自法国的工厂级数据，发现在选举当年有政商关系的企业会通过提高就业率，来帮助当地政客的连任。但这些有政商关系的企业不能从政府资源的优惠获取中获益，如补贴或免税。因此政商关系的潜在成本不会被其他利益抵销。

在安全事故方面，聂辉华和蒋敏杰（2011）的研究发现，政府官员为了促进当地经济增长允许煤矿企业不安全经营，政企合谋显著增加了矿难的发生率。Fisman和Wang（2015）证实，安全监管会部分包庇有政商关系企业的违规安全行为，导致有政商关系企业的事故死亡率是非政商关系企业的3倍。

在投资方面，梁莱歆和冯延超（2010）发现，由于有政商关系的民营企业资金约束小，容易造成管理层过度自信而盲目投资，导致企业过度投资。刘圻和杨德伟（2012）认为，一方面有政商关系的企业会将资源用于非生产性活动，从而减少创新投资；另一方面企业通过获得政府资源优惠而获取高额利润，从而失去研发积极性，减少创新投资。李新春和肖宵（2017）则发现有政商关系会削弱企业对外直接投资的意愿。

此外，民营企业构建政商关系不仅为了获得政治资源，还为了方便控股股东输送利益（潘红波和余明桂，2010）。因此，在控股股东占用资金时，有政商关系对企业绩效没有显著影响。而且企业将资源投入构建政商关系的活动，会影响企业内部的要素分配。魏下海等（2013）的研究发现，相较于非政商关系的民营企业，有政商关系的民营企业的劳动收入份额较低。

### 2.2.2.3 政商关系的构建与强化

捐赠代替商业腐败，成为构建政商关系的合法化方式（贾明等，2015；张振刚等，2016），因此，捐赠是民营企业强化或重构政商关系的工具，形成政府和企业的互惠互利（李四海，2010；杜勇和陈建英，2016）。薛爽和肖星（2011）发现有政商关系的企业会在地震后捐赠更多资金，并且后续会获得债务融资和税收方面的优惠。李四海等（2012）发现亏损企业会通过捐赠行为获得政府的更多财政补贴。张敏等（2013）发现捐赠越多的企业会获得越多的政府补助。李姝和谢晓嫣（2014）、王鹏程和李建标（2015）发现，企业履行社会责任有助于构建政商关系，从而获得更多的长期贷款融资，缓解融资约束。赵璨等（2015）区分不同绩效的企业如何迎合政府，研究发现，绩效较差的企业会通过负向盈余操纵来迎合政府，获得政府补助；绩效较好的企业会通过主动承担社会任务获得更多补助。特别是当地方政府官员存在晋升压力时，该双向寻租效果更加显著。

地方政府官员更替会引发政商关系重构。戴亦一等（2014）和Lin等（2015）的研究发现，政府换届之后，民营企业的捐赠规模和意愿会增加，从而为民营企业带来投、融资的便利。潘越等（2015）研究表明，当地国有企业高管人选会追随地方政府官员更替而改变。民营企业总部选址会考虑政治资源的可获得性及商业模式与政治资源的关联性（叶广宇等，2010）。罗党论和唐清泉（2009）发现，当企业位于产权保护较弱、政府干预较强，以及金融发展较落后的地区时，企业更倾向于去建立政商关系。因此，政商关系是一种替代性的保护机制。

### 2.2.3 其他政企互动

除了政府干预和企业构建政商关系的政企互动模式，诸多文献还围绕企业游说（Duchin & Sosyura，2012；Adelino & Dinc，2014；Bertrand et al.，2014；Bertrand et al.，2021）、竞选捐款（Ovtchinnikov & Pantaleoni，2012；Tahoun，2014）、企业参政（Feng et al.，2015）等政企互动模式展开讨论。

处在政治和经济领域交叉点的游说行业，是政企互动的重要渠道。企业财务状况会影响企业的游说，进而影响其与政府的关系。Adelino 和 Dinc（2014）以2008年金融危机期间非金融企业受到的冲击、2009年经济刺激计划为背景，研究发现，财务状况较差的公司游说力度更大，用于游说的金额与获得刺激资金的可能性正相关。Bertrand 等（2014）研究了游说者在游说过程中的作用，表明游说者与政客的个人关系比其专业能力更加重要。相较于向议员提供专业问题解读，企业更看重游说者向其提供接触议员的机会。Kang（2016）量化了企业游说支出对政策制定的影响程度，发现游说的平均回报率超过130%。Brown 和 Huang（2020）利用2009—2015年白宫访客的数据，发现企业高管与关键决策的政府官员的会面会引起正的异常股票回报。有证据表明，在与联邦政府官员会晤后，企业会获得更多的政府合同，也更有可能获得监管放松。Bertrand 等（2021）发现企业通过有策略的捐赠与第三方非营利机构建立联系，诱使非营利机构发表有利于企业的言论，从而实现游说的目的。Bertrand 等（2020）发现当国会议员在企业相关政策的委员会中获得席位时，企业会增加位于国会区的慈善基金会的捐款。国会议员的离开会导致其对所在地区的慈善捐赠的短期下降。

部分文献表明企业会以有权力的政治家为目标有策略性地提供政治献金，从而谋求福利。Ovtchinnikov 和 Pantaleoni（2012）的研究发现，在拥有更大产业集群的国会选区，企业会以竞选捐款的方式选择支持对该产业拥有管辖权的政客，并且竞选捐款与产业集群中企业经营绩效正相关。Tahoun（2014）以政客持股的形式研究了政客与企业的关系，发现美国国会议员在为其竞选活动中捐款的企业的持股比例高于不捐款的企业，而拥有更强所有权的企业可以获得更多的政府合同。当政客们抛售股票时，企业就会停止向他们提供政治献金，如此未来的合同业绩也会很差。此外，投资者预期企业会在支持者当选之后获得优惠的外部融资，因此企业竞选捐款产生正的市场反应（Claessens et al.，2008）。

关于政企合作或企业参政的文献，Reid 和 Toffel（2009）在基于政府、公民和企业合作减少温室气体排放的背景下，研究了企业对碳排放信息披露的策略。研究发现，在私人政治领域，股东提出的决议会增加企业从事减少碳排放活动的倾向。同样，在公共政治领域，国家法规的威胁增加了企业从事此类行为的可能性。何轩和马骏（2018）利用全国私营企业调查数据库研究了民营企业的社会治理过程，发现民营企业逐渐适用制度化和组织化的方式协助政府共同改善营商环境和市场化改革。Feng 等（2015）的研究发现，中国私营企业家通过参与政治，使企业更好地获得债务融资、税收优惠待遇、更多的政府补助和更容易进入受管制的行业。此外，Brogaard（2021）提供了企业通过对现有政府合同的重新谈判来获得政治影响力的证据。根据合同条款的详细数据及围绕当地政客突然死亡和辞职的重新谈判，文章显示，有政治关系的公司最初出价较低，然后成功地重新商定了合同金额、期限和激励措施。

## 2.3　企业社会责任的相关研究

在过去的30年里，企业社会责任（以下简称"CSR"）的投资大幅增加和企业社会责任报告的信息披露，使企业社会责任成为学者广泛研究的重要主题之一。虽然在企业究竟是否应该履行社会责任上一直存在争议（Freeman，1984；Friedman，2006），但现有文献在很大程度上通过成本效益分析，剖析了企业社会责任的价值驱动作用。本书从企业社会责任的影响因素、企业社会责任的经济后果和企业社会责任的信息披露三个方面论述企业社会责任的相关研究，重点关注驱动企业社会责任的不同动机及其对企业价值的影响机制。

### 2.3.1　企业社会责任的影响因素

Friedman（2006）的股东模型强调企业的唯一目标是股东价值的最大化，企业不用额外承担除增加企业利润之外的社会责任。与此不同的是，在Freeman（1984）利益相关者的观点中，企业相关的各种群体的利益（包括员工、客户、供应商、政府等），在企业管理决策中需要权衡和考虑，因此企业需要履行社会责任来满足相关者利益。那么，是什么因素影响企业的社会责任投资决策，或者企业出于什么动机选择履行企业社会责任？本书从企业内部特征、企业外部压力、企业经济动机等方面梳理企业社会责任影响因素的相关文献。

#### 2.3.1.1　企业内部特征

企业社会责任的投资水平受企业规模、公司治理、产权性质、产品相关性、行业生命周期、自由现金流、广告支出等多种企业特征的影响（陈丽红等，2015；McWilliams & Siegel，2001；Borghesi et al.，2014）。其中，梁建等（2010）、王海妹等（2014）、陈凌和陈华丽（2014）、古志辉（2015）、Ferrell等（2016）分别从股东持股比例、外资参股和机构持股的股权结构、家族成员控股比例等方面衡量了公司治理情况，认为完善的公司治理结构会促进CSR和提高捐赠水平。李四海（2010）、贾明和张喆（2010）发现企业有政商关系会促进公司慈善行为，在市场化程度较低、法治水平较低的地区促进作用更显著。李增福等（2016）针对中国民营上市企业提出了"慈善捐赠—寻租—避税"的理论框架，同样发现具有政商关系的民营企业，慈善捐赠水平更高且避税效应更强。高勇强等（2011）从企业家特征的角度，研究发现企业家经济水平、企业家的政治身份和行业身份对企业捐赠行为与捐赠水平有显著的正面影响。

企业捐赠与CEO的慈善偏好有关（Masulis & Reza，2015）。在高管特征方面，曾建光等（2016）发现有宗教信仰的私企高管，个人捐赠行为更多。许年行和李哲（2016）发现早期经历过"大饥荒"的CEO所在企业的慈善捐赠水平也更高。McGuinness等（2017）、曾春影和茅宁（2018）发现女性担任CEO的企业或高层管理层中性别比例更均衡的企业，社会责任表现更好。靳小翠和郑宝红（2020）发现自恋型董事长会过度承担企业社会责任，从而损害企业绩效。

### 2.3.1.2　企业外部压力

利益相关者或外界媒体的压力及关心的问题会被企业考虑进CSR的实施战略中（张建君，2013；Rodrigue et al.，2013；Pondeville et al.，2013）。徐莉萍等（2011）发现媒体关注对上市公司的捐赠行为有显著的正向影响，说明可能来自舆论的压力明显地增加了上市公司的捐赠可能性。但是，媒体关注程度与公司决定捐赠后的捐赠水平高低并没有显著影响。刘海建（2013）的研究发现，本土企业因外部的舆论压力，在捐赠额度和捐赠速度上都超过外资企业。Rupley等（2012）的研究表明，负面的环境媒体报道促进企业实施环境相关的CSR。Rodrigue等（2013）调查了环境敏感行业的企业，发现管理者在制定企业环境战略时会考虑客户和债权人的施压因素。Pondeville等（2013）发现市场、社区、利益相关者的压力会激励企业发展不同的环境管理控制系统。

企业如何选择企业社会责任举措，也取决于国内市场的政治制度结构（Detomasi，2008）。唐跃军等（2014）认为民营企业可能在制度环境和政府压力的双重作用下被动选择履行CSR以寻求制度环境的稳定性。Liston-Heyes和Ceton（2007）发现，在政治制度上支持再分配的自由州的企业会比那些在更保守州的企业从事更多的CSR活动。Di Giuli和Kostovetsky（2014）的研究发现，当公司创始人、首席执行官和董事为民主党人而不是共和党人，以及当公司总部位于民主党州而不是倾向共和党州时，它们的企业社会责任得分更高。Liang

和Renneboog（2017）认为大陆法系国家的企业CSR显著高于普通法系国家的企业。法律根源对CSR的影响存在股东诉讼风险、公司决策流程和政府干预三个可能的机制。

此外，产品市场竞争与企业社会责任也存在因果关系（Porter & Kramer，2007）。Flammer（2015）对关税大幅下降的外生事件研究发现，关税下降使CSR行为增加，说明贸易自由化是形成CSR的因素之一。黄伟和陈钊（2015）发现，当中国企业是外资企业供应商时会增加中国企业的CSR水平。祝继高等（2017）发现，在汶川地震的捐款中，企业会跟随同行其他企业的捐赠行为而提高捐赠意愿、增加捐赠投入。周浩和汤丽荣（2015）发现激烈的市场竞争不利于企业进行员工相关的CSR投资。

### 2.3.1.3 企业经济动机

首先，企业社会责任具有声誉动机。山立威等（2008）认为汶川地震之后，企业通过捐赠提高声誉从而获得广告效应。研究发现，产品与消费者直接相关的企业会捐赠更多，并且捐赠以现金为主。潘越等（2017）发现媒体对台风宣传力度越大，行业竞争越激烈，产品与消费者直接相关的企业，在当地受到台风灾害之后会捐赠更多资金。傅超和吉利（2017）的研究发现，我国上市公司面临的诉讼风险能够显著提高慈善捐赠水平，说明公司履行企业社会责任有"声誉保险"作用。

其次，企业社会责任会导致利益相关者的积极归因，从而缓和对企业的消极判断和制裁，形成保险效应（Godfrey et al., 2009）。高勇强等（2012）发现企业利用慈善捐赠来掩盖或转移外界对员工福利低、企业环境影响大等问题的关注，从而应对可能来自企业工会组织的压力。Barnea和Rubin（2010）发现，管理者或大股东因想要获取声誉或温情效应而获取私利，会有动机进行CSR过度投资。

## 2.3.2 企业社会责任的经济后果

尽管长期以来对企业社会责任的成本效益分析一直存在争议，但其收益大于潜在的成本。企业社会责任作为一种重要的战略工具，通过保护其他利益相关者的利益来提升股东价值和企业整体价值。这些经济后果包括获得资本市场优势、提高企业绩效、产品市场效益和提高劳动力努力程度（李敬强和刘凤军，2010；陶文杰和金占明，2013；Cahan et al.，2015；Flammer & Luo，2017；Dutordoir et al.，2018）。

### 2.3.2.1　企业社会责任与企业绩效

企业价值的提升与利润最大化和经营业绩的提高有关。虽然上市公司CSR活动会违背未来现金流的现值最大化，但仍可最大化企业的市场价值（Mackey et al.，2007）。李正（2006）、温素彬和方苑（2008）、Byun和Oh（2018）认为企业社会责任短期内会降低企业绩效，但长期来看对企业绩效有利。关于提升企业绩效的前提条件，Brammer和Millington（2008）发现企业社会责任表现在异常高和异常低时企业财务绩效均高于其他企业。王端旭和潘奇（2011）的研究发现，利益相关者满足程度越高，慈善捐赠提升企业价值的效果才会越明显。郑呆娉和徐永新（2011）根据汶川地震的捐款事件，发现慈善捐赠能够提升股东财富，但成长性高的公司的捐赠行为降低了股东财富。Rajgopal和Tantri（2018）调查了2014年印度政府强制要求企业参与企业社会责任的规定，研究发现，强制企业社会责任对企业利润的负冲击高度敏感，但对正冲击不敏感。

### 2.3.2.2　企业社会责任与资本市场

部分文献重点关注了企业社会责任是否能够为企业带来各种资本市场收益，如增加市场回报、降低资本成本、减少信息不对称和改善风险管理。这些资本市场的好处是直接有助于提高公司的价值。现有文献利用事件研究法或断点分析法，发现企业社会责任和股票回报之间存在很强的正相关关系（李敬强和刘凤军，2010；Flammer，2015），以及与股价和增发公告的反应之间存在正相关关系（Dutordoir et al.，2018）。企业社会责任还可以降低企业的融资约束（肖翔等，2013；王鹏程和李建标，2015；Goss & Roberts，2011），通过构建政商关系获得更多融资渠道（李维安等，2015；李四海等，2016），降低融资成本（周宏等，2016；Dhaliwal et al.，2011），减少信息不对称而提高了盈余质量（Kim et al.，2012），改善风险管理，基于道德理论减少内部交易（Gao et al.，2014）

然而，少数文献发现企业社会责任造成了资本市场的不利影响。例如，Krüger（2015）的研究发现，投资者对CSR消极事件的反应是强烈的消极，对CSR积极事件的反应是微弱的积极，这更有可能是因为代理问题。权小锋等（2015）认为CSR加剧了股票崩盘风险，说明CSR不是股东的价值利器。

### 2.3.2.3　企业社会责任与产品市场

企业社会责任可以扩大市场份额，使产品区别于竞争对手，建立独特的品牌声誉，提高客户满意度（Manaktola & Jauhari，2007；Singh et al.，2008），从而提高销售量。有争议的行业，如烟草、酒等，企业更需要进行企业社会责任来获取利益（Lindorff et al.，2012）。周祖城和张漪杰（2007）、田敏等（2014）的研究发现，企业社会责任水平在行业内越高，消费者对其产品购买意愿越高，对品牌评价越好。进一步地，王瑞等（2012）细分了不同类型的消费者在面对企业履行社会责任时，其购买意愿的差异及影响机制，研究发现，热情型消费者由于内在的社会责任意识而提高购买意愿，现实型消费者因经济理性而提高购买意愿。Lev等（2010）根据美国慈善捐赠数据，发现公司慈善的增长能通过提高客户满意度而对销售增长有正向的影响，并且在消费者认知敏感的群体中更显著。然而，企业社会责任也可能引发消费者抵制情绪。刘凤军等（2015）和邓新明等（2017）认为与品牌低匹配、选择时间被动的企业社会责任会引发消费者抵制行为。

### 2.3.2.4　企业社会责任与劳动力市场

与员工相关的企业社会责任活动能帮助企业建立良好雇主的声誉，从而吸引优秀的人才，提高员工生产率和工作满意度（Valentine & Fleischman，

2008），从而提高企业绩效。Balakrishnan等（2011）认为公司捐赠行为能够激励员工为企业尽更大的努力，无论员工的行为是否获得补偿。因此，公司捐赠可以提高员工显性合约的有效性。李祥进等（2012）认为企业社会责任能够降低员工离职率，从而解决企业用工荒问题，降低企业经营风险，提高经营效率。Flammer和Luo（2017）发现企业采用企业社会责任来提高员工的敬业度和减少工作场所的不良行为。

关于CSR对高管薪酬的影响，现有文献结论并不一致。Mcguire等（2003）通过研究469家美国公司样本，发现企业社会责任表现与CEO激励之间没有关联。Berrone和Gomez-Mejia（2009）发现良好的环境绩效会增加CEO的薪酬，而长期的薪酬会增加防止污染的成功。然而，王新等（2015）认为企业社会责任成为国有企业高管薪酬激励的卸责理由。Cai等（2011）通过对1996—2010年美国企业的大样本实证分析发现，企业社会责任对CEO的总薪酬和现金薪酬均有不利影响。

### 2.3.2.5 企业社会责任的其他经济后果

基于道德理论，履行社会责任的企业在编制财务报告时也会更加规范，提高了信息披露质量，减少了盈余管理行为（Chih et al.，2008；Hong & Andersen，2011；Kim et al.，2012）。企业社会责任作为一种社会文化，会影响企业更好地履行税收责任，减少避税（沈弋等，2020；Huseynov & Klamm，2012；Hoi et al.，2013）。然而，企业社会责任是一个声誉构建的方式，有可能掩盖或滋长了不端行为或管理者的自利行为（贾明和张喆，2010；Barnea & Rubin，2010）或通过盈余管理来达到分析师预期（陈俊等，2016）。

关于企业社会责任是否为并购企业的股东创造价值，Deng等（2013）的研究发现，与企业社会责任水平较低的收购方相比，企业社会责任水平较高的收购方实现了更高的并购公告收益，并购后长期经营绩效也有更大的提升。此外，Cahan等（2015）认为企业履行社会责任可以获得更有利的媒体报道。冯丽艳等（2016）认为企业承担社会责任有助于降低企业风险，抵御金融危机期间的负面影响。

### 2.3.3　企业社会责任的信息披露

国内外企业自愿性披露企业社会责任报告的行为越来越普遍。该现象说明企业更有可能发现企业社会责任报告对公司的积极影响。本书主要从企业社会责任披露的影响因素、经济后果和审计与担保方面，梳理企业社会责任信息披露的相关文献。

#### 2.3.3.1　企业社会责任披露的影响因素

企业自愿性披露CSR的决策反映了企业的私人成本效益权衡。不管企业社会责任信息是否在独立报告、监管文件、年度报告或与其他公司公告上披露，决定是否披露CSR信息的关键影响因素包括公司规模的促进作用（Hahn & Kühnen，2013；Wickert et al.，2016）、公共审查的激励作用（Cormier & Magnan，2003）、分析师的信息使用（Dhaliwall et al.，2012）、所有权结构（Höllerer，2013）、相关利益者导向的公司治理（Mallin et al.，2013）、社会约束（Huang & Watson，2015；Dhaliwal et al.，2011），等等。若CSR表现差，管理者会调整披露语言、语调来掩盖负面表现（Cho et al.，2010；Cho et al.，2012）。

#### 2.3.3.2　企业社会责任披露的经济后果

企业社会责任披露为投资者提供有用的信息（Lys et al.，2015），减少信息不对称（Lanis & Richardson，2012），帮助企业减少资本成本（Healy & Palepu，2001；Dhaliwal et al.，2014），产生正向股票市场反应（Griffin & Sun，2013），降低股价崩盘风险（宋献中等，2017），提高投资效率（钟马和徐光华，2015），吸引机构投资者和分析师的跟随，降低分析师预测的误差和离散程度（Dhaliwal et al.，2012），最终提高企业价值（陶文杰和金占明，2013；Clarkson et al.，2013；Plumlee et al.，2015）。

但也有学者认为强制性披露企业社会责任报告甚至会造成负面影响。Manchiraju和Rajgopal（2017）研究了印度强制性CSR信息披露的事件，发现强迫企业在企业社会责任上花钱对企业来说可能是次优选的，并会对股东价值产生负面影响，使股价下跌了4.1%。Christensen等（2017）研究了强制性社会责任披露的实际影响。美国证券交易委员会注册的矿主被要求在财务报告中披露他们的煤矿安全记录，这会减少与矿山相关的引用和伤害，并降低劳动生产率。Chen等（2018）发现强制报告CSR的企业在强制要求之后盈利的能力会下降。Ni和Zhang（2018）发现强制披露企业社会责任显著降低了企业的股息支付。进一步的分析表明，当公司治理机制较弱、股东缺乏抵御利益相关者压力的有效工具时，这种负相关关系更为明显，更容易发生相对权力向利益相关者的转移。

### 2.3.3.3　企业社会责任报告的审计与担保

公司想要获得声誉会倾向于审计CSR报告。O'Dwyer（2011）通过对两家四大会计师事务所进行的纵向案例研究，发现审计事务所在评估可持续性报告的完整性方面知识有限。市场参与者对会计师事务所和咨询公司担保的看法不同。通常被会计师事务所担保的CSR可信度更高（Pflugrath et al.，2011），缺乏担保的CSR报告更会被监管（Casey & Grenier，2015）。Peters和Romi（2015）发现聘用CSO（首席营销官）的企业更倾向于对CSR担保。李正和李增泉（2012）认为企业社会责任报告鉴证意见具有信息含量，体现为正的市场反应。李正等（2013）认为有负面报道的企业不倾向于CSR报告的鉴证，法律制度完善、信任程度高的地区更倾向于CSR报告的鉴证。

# 2.4　扶贫的相关研究

消除贫困是人类共同的目标，也是全球许多国家面临的重要挑战。中国是全球最早实现联合国千年发展目标中减贫目标的发展中国家，减贫人口超过全球减贫人数的70%，为全球减贫事业作出了重大贡献。诸多学者围绕中国减贫治理展开深入研究。现有文献主要从扶贫体系框架、扶贫作用机制、扶贫政策效果等角度研究了中国的扶贫问题。

### 2.4.1　扶贫体系框架

精准扶贫体系是我国集中力量办大事的国家治理体制的体现（王雨磊和苏杨，2020），动员多主体参与并采用多种扶贫手段实现减贫目标（燕继荣，2020）。关于扶贫政策的顶层设计的相关研究，一些文献表明政府扶贫资金使用效率低下是导致以往减贫缓慢的原因（李盛基等，2014）。宫留记（2016）从精准扶贫的视角探讨了市场化扶贫机制如何优化资源配置效率。吕方和梅琳（2017）将复杂政策思想运用到扶贫治理中，强调建立中央和地方的协作机制，提高二者积极性。

精准扶贫的首要任务是精准识别贫困人口从而精准分配资源。关于贫困人口识别的相关研究，倪羌莉和童雅平（2016）以江苏南通为例，研究了中低收入人群的贫困表征、产生原因和扶贫对策。朱梦冰和李实（2017）认为贫困标准从单一维度到多维度的转变可以提高贫困人口识别的覆盖率和低保利用效率。

### 2.4.2　扶贫作用机制

关于扶贫作用机制，现有文献主要从信贷扶贫、财政转移支付、产业扶贫和企业扶贫等方面深入探讨。

首先，农村信贷扶贫是扶贫的重要模式之一，陈立辉等（2015）利用样本村调查数据发现村级发展互助金的治理需要平衡借款方和储蓄方的利益冲突，加强外部监督机制。毕娅和陶君成（2016）提出了社会众筹扶贫模式及其实现路径。贾俊雪等（2017）研究了资本补贴和小额信贷两种扶贫方式对农民收入的影响机制，实证结果发现小额信贷能提高贫困农户的收入，但资本补贴的影响不显著。引入资金配套机制可以改善上述"输血式"扶贫方式对农户收入的正向效果。尹志超等（2020）的研究发现，精准扶贫可以提高农业正规信贷规模和农户获得信贷的概率，而非正规信贷渠道的补充效应逐年减弱。

其次，马光荣等（2016）利用断点回归方法估计向贫困地区的一般性财政转移对当地经济增长的影响，发现一般性转移支付可能会对地方政府财政支出有负向影响，降低资金使用效率，从而削弱当地经济增长。同样地，卢盛峰等（2018）的研究发现，来自政府、企业和居民间的转移支付救助金有效地流向低收入人群，从而改善收入分配不平等，实现精准扶贫效果。

再次，刘建生等（2017）从微观调查数据研究了产业精准扶贫的作用机制，发现产业精准扶贫是将土地、资本和劳动力要素分配的过程，并且需要农户共同参与，形成多主体、多要素参与的长效机制。胡晗等（2018）实证研究发现，产业扶贫政策能有效提高农户的种植收入、畜牧业收入及总收入，但对经营商业收入没有促进作用。许晓敏和张立辉（2018）提出将共享经济理念引入光伏扶贫，可以提高光伏电站的利用率，拓宽贫困人口收入来源，从而激励社会参与扶贫的积极性。叶敬忠和贺聪志（2019）利用巢状市场小农扶贫来研究市场导向的产业扶贫的影响机制，发现该交易模式通过城镇和农村人口的共同参与和相互信任，将农产品转化成贫困人口收入。

最后，少数文献基于上市公司样本，研究上市公司精准扶贫的决定因素和对企业产生的影响。杜世风等（2019）的研究发现，公司规模、企业绩效会影响企业精准扶贫决策。Chang等（2020）认为高管个人晋升激励或有贫困经历的高管会促进企业参与精准扶贫。王帆等（2020）的研究发现，民营企业参与精准扶贫可以提高投资效率从而提高企业绩效。甄红线和王三法（2021）发现企业精准扶贫降低股票市场风险，并且在信息透明度越低、制度环境越薄弱的地区，精准扶贫降低企业风险的作用越强。

### 2.4.3 扶贫政策效果

现有文献主要针对不同时期或不同地域的扶贫相关政策来评估政策实施效果。例如，毛捷等（2012）利用国家县级财政数据研究了"八七"扶贫攻坚计划对地方政府财政支出的影响，结果表明国家级贫困县受到财政支持，生产性、服务性的公共支出增加。张彬斌（2013）研究了新时期农村扶贫政策效果，发现政策实施之后农民增收1%。黄薇（2017）评估了城镇居民基本医疗保险制度的扶贫效果，发现该政策能改善低收入城镇居民的健康状况，避免因病致贫，提高家庭整体收入。汪侠等（2017）设计了综合的多维度指标，将旅游扶贫满意度进行量化估计。王静等（2017）从经济、社会、资源和环境四个维度构建了系统动力学仿真模型来评估江苏省扶贫政策效果。王立剑等（2018）从个人因素、精准识别及配套措施三个方面综合评估了产业扶贫政策效果。汪德华等（2019）研究了国家贫困地区义务教育工程的政策效果，发现受政策影响的儿童的教育年限有小幅提高，但无法达到教育增收的效果。尹志超和郭沛瑶（2021）实证研究了精准扶贫政策对家庭消费的影响，结果表明精准扶贫通过直接转移支付方式使贫困户人均消费提高4.37%，主要提高衣食住行方面的消费支出，并且降低医疗消费支出，提高生活质量。

## 2.5 文献评述

第一，现有关于政府官员晋升的相关文献，主要关注政府官员的经济绩效考核对晋升的影响，以及政府官员晋升激励如何影响地方经济决策或企业经济活动。但鲜有文献研究晋升激励机制对企业社会公益活动的影响。本书研究的企业精准扶贫行为包含经营活动和社会活动的双重属性，并且成为地方政府官员考核的重要内容。此外，现有文献将国有企业高管的晋升结果作为高管事前激励的衡量，导致国有高管晋升激励与企业决策之间的互为因果内生性问题。本书对此进一步地明确定义，并将晋升和考核区分开来，分别定义扶贫考核的重要性和晋升激励程度。因此，本书从精准扶贫的视角丰富和拓展了地方政府官员晋升激励的相关研究。

第二，关于政企互动的相关文献，现有文献主要通过国有企业的政府干预来识别企业社会责任的政策性负担属性（薛云奎和白云霞，2008；Lim et al.，2018），以及通过研究政商关系的民营企业捐赠行为来识别企业社会责任的政治动机，即民营企业会通过捐赠来构建或维系政商关系，从而获取政府资源（李四海，2010；薛爽和肖星，2011；杜勇和陈建英，2016）。本书诠释的政企互动是以地方政府官员考核为逻辑分析起点，认为由于地方政府官员受严格的扶贫成效考核，并且考核结果关乎个人综合考评和政治仕途。因此，地方政府官员有意动员企业参与精准扶贫形成政企合力，并且国有企业、有政商关系的民营企业成为地方政府官员的首选对象。这比以往文献所诠释的企业履行社会责任的政企互动更加明确了地方政府官员的引导作用。因此，本书从政府官员考核的角度，为政企互动的相关文献提供新的证据。

第三，现有关于企业社会责任行为方面的文献主要从企业社会责任综合绩效（Kim et al.，2012；Hoi et al.，2013；Giuli et al.，2014）、环境保护（Cho et al.，2012）、员工（周浩和汤丽荣，2015）、捐赠（唐跃军等，2014；李增福等，2016；祝继高等，2017；Petrovits，2006；Balakrishnan et al.，2012）等角度研究企业社会责任的影响因素，以及从企业绩效（李正，2006；温素彬和方苑，2008；Byun & Oh，2018）、资本市场（李敬强和刘凤军，2010；Flammer，2015）、产品市场（周祖城和张漪杰，2007；田敏等，2014）和劳动力市场（王新等，2015；Flammer & Luo，2017）等角度研究了企业社会责任的经济后果。但鲜有文献直接研究精准扶贫这一特殊性质的社会责任行为。首先，企业是否应该履行社会责任的争议，关键在于区分企业能否决定社会利益，以及企业社会责任的投资是否有回报。精准扶贫是由政府作为规划者发起的，以阐明社会利益，减少贫困。其次，各级政府向精准扶贫的企业提供资源支持，从而可能为企业带来一定收益。因此，本书研究上市公司的精准扶贫行为动机和经济后果，可以丰富和拓展企业社会责任相关研究，并且为企业社会责任的争议提供新的证据。

第四，现有文献主要从扶贫政策的顶层设计（宫留记，2016；吕方和梅琳2017；燕继荣，2020）、贫困人口识别（朱梦冰和李实，2017）、扶贫作用机制（毕娅和陶君成，2016；贾俊雪等，2017；尹志超等，2020）、扶贫政策效果（王立剑等，2018；汪德华等，2019；尹志超和郭沛瑶，2021）等角度研究中国的扶贫问题。其中，少数研究企业精准扶贫的文献，主要关注其影响因素及其对企业信心、风险和绩效的影响。由于企业帮扶是脱贫攻坚的强大合力，因此企业层面的精准扶贫是脱贫攻坚战的重要环节。本书从地方政府官员考核的角度研究企业精准扶贫的内在激励机制，可以从微观层面丰富和拓展扶贫的相关研究。

# 3 理论基础

# 3.1　资源依赖理论

在组织开放系统的观点下（Katz & Kahn，1966），学者们普遍认为组织环境对组织行为和组织结构有重要影响。基于此，Pfeffer和Salancik（1978）围绕组织如何生存展开讨论，并首次提出资源依赖理论。其核心观点是组织因受其外部环境的限制和影响，会试图满足那些组织赖以获得资源和支持的利益集团的需求，以最小的约束条件获得外部资源的控制。因此，组织通过联盟、协会、客户—供应商关系、竞争关系与外部环境构建联系。通常情况下，这种谈判或联盟达成的联系能够相互吸引并且有效协调资源。然而，在更复杂的社会环境中，相互依赖并协调资源的效率可能会因利益冲突而下降。此时，组织会寻求更大的社会系统及其政府的更大权力来消除困难或满足自身的需求（Zald，1970）。例如，组织向政府寻求直接的现金补贴、市场保护，也可能通过指控竞争对手违反了反垄断法来减少竞争的不确定性。

无论是公共或私人组织、小型或大型组织，还是官僚组织或有机组织，均适用于资源依赖理论（Burns & Stalker，1961）。因此，资源依赖理论的逻辑被广泛应用于政企互动的相关研究中。在利用资源依赖理论研究企业战略时，企业行为通常受其他利益相关者的约束，如政府、消费者、工会、竞争对手等。这种情况下，企业可能会采用面向外部或非市场的行动来提高竞争优势，如通过政治活动拉拢政府官员，或者雇佣曾经在政府机构任职的官员作为企业高管。

政治构建的环境与其他组织间依赖关系产生的环境有一定差异。第一，政治决策者搭建一个谈判环境时是作为第三方参与进来的，组织之间可以共同决定影响相互依赖关系的具体行动方式，但政治决策者不会直接体验行动的结果。第二，政治决策被全面适用于同一类别下的所有个人和组织，因此政治决策的适应性和灵活性相对较差。第三，政治决策者采取的行动需要考虑是否有利于整体社会福利，而不是仅针对组织的内部利益。因此，组织在通过政治机制实现利益之前，不仅要考虑自身利益，还需要了解如何使政治决策者的社会利益与组织自身利益一致。因此，向政治决策者寻求外部资源的过程其实是组织为其行动和决策寻求合理化的过程。

当组织由国家管理时，经济环境的重要性降低，而政治和行政环境的重要性增加。随着经济活动越来越受政府管制或干预的影响，正式组织越来越频繁地适应不断变化的环境。政府政策决定了商业规则、合法的商品和服务，以及通过法规、政府补助和税收造成的市场进入障碍和成本结构的变化（Stigler，1971；Schuler et al.，2002）。关于政府为何监管或干预市场的原因，学界存在两种观点。第一种观点是，法规的制定主要是为了保护公众或某些小部分人的利益。虽然政府监管过程偶尔会被曲解，但总体而言政府监管能够满足公众利益的目标（Stigler，1971）。第二种观点是，监管与任何其他商品或服务一样，当供应价格较低、需求较高时，人们会购买更多的监管（Posner，1974）。这两种监管观点并不矛盾，因为监管的效果可能会随着时间的推移而有所不同。监管的最初动力可能出于为普遍的公共福利考虑，但随着时间的推移，特定行业会要求监管机构继续实施监管。当监管为行业提供更多的好处，并且竞争不确定性阻碍企业间的管理时，政府监管可能会被视为最有利。

关于监管者与被监管行业关系的研究，Stigler 和 Friedland（1962）与 Jordan（1972）认为监管不损害甚至有利于监管行业利益，因为行业不能长期拥有垄断的权力，监管可以使行业转变为卡特尔（企业联盟）来增加生产者的回报。相反地，监管委员会如果没有行业的支持，可能会更难完成工作获得预算。因此，监管者与被监管行业是一种共生关系，细化到企业层面则体现为监管机构和公司之间的合作是相互依赖并且存在共同利益的（Bernstein，1955）。

学者们逐渐重视企业如何利用政治手段管理资源依赖性的问题。虽然法律上不允许监管者进入被监管组织的董事会，但利用公司董事会发展政治支持的联盟是合法可行的，而这个联盟可以拉拢政策制定者从而影响监管。Pfeffer

（1974）分析了1967年和1968年的96家私有电力企业，发现这些企业的董事会中2/3的董事来自管理层之外，这些董事会成员背景与政治支持的依赖成正比。Meznar和Nigh（1995）与Birnbaum（1985）发现严重依赖政府的公司更有可能参与政治活动。Schuler等（2002）研究了政治行动委员会的捐款与公司在华盛顿办公室的人数，以及每个公司聘用的说客和政治顾问数量之间的关系，发现那些严重依赖政府合同的企业会通过游说和捐款的方式与其相关政策的制定者保持密切联系。Werner（2015）发现公共政策制定者和其所在的组织遭受信息不对称和信息过载的困扰，因此，他们都依赖于外部行为者来获得必要的资源，以此来制定公共政策。当资源依赖和认知受限的公共政策制定者评估组织时，声誉从社会政治维度上塑造了决策者的社会判断。

在中国，政府与企业间的资源依赖关系对企业发展同样至关重要。Park和Luo（2001）根据制度、战略和组织因素建立了一个综合的关系，研究了社会关系对企业绩效的影响。该文章表明企业通过与竞争对手和政府部门合作与交换利益，可以克服竞争劣势和资源劣势，从而实现销售增长和净利润增长。贾明和张喆（2010）发现企业为了与政府建立联系，会在灾难发生时以捐款的方式获取政府的信任，从而获得外部稀缺资源。赵璨（2015）认为企业和政府之间存在双向寻租活动，企业通过主动迎合政府来获得政府补助。该行为强化了补助的社会绩效。

总而言之，当企业在复杂社会环境中无法实现相互资源依赖时，或者当所需的资源被广泛分散至其他组织中时，企业将试图利用更大的政府权力来获取资源。企业努力通过各种形式的政治活动来建立良好的环境，如拉拢政客、政治参与、雇佣政客等。诸多文献解释了这些企业行动背后是企业面临不确定性和环境约束时与政府资源产生相互依赖的过程。

# 3.2 利益相关者理论

Ansoff（1965）首次提出利益相关者理论，并且定义公司目标是公司需要平衡各种利益相关者相互冲突的需求。随着20世纪80年代商业环境不断发生变化，Freeman（1984）提出了一个新的战略管理框架，帮助管理者创造新的机会应对环境冲击，这为利益相关者理论奠定了基础。Freeman（1984）将利益相关者定义为受实现组织目标的影响或能够影响组织实现目标的任何群体或个人，从而拓宽了战略管理的概念。基于此概念界定，利益相关者理论的核心观点认为，管理者应该对所有与企业利益挂钩或对企业有要求的群体给予诚信和责任。这些群体除了股东还包括客户、雇员、供应商、当地社区、公共利益集团和政府机构。法律保护雇员和当地社区等其他利益相关者的权利和利益，而经济理论为限制外部性、道德风险问题和垄断权力提供了理论支持。当企业单纯追求股东利益最大化时，企业会在法律上和经济上受到限制（Freeman，1984；Friedman & Miles，2006）。因此，利益相关者理论强调企业积极管理商业环境和利益相关者的关系，从而促进共同利益。

利益相关者理论下的战略管理方法体现在以下五个特征：第一，利益相关者的战略管理方法旨在提供一个足够灵活应对环境变化的单一战略框架。第二，利益相关者的战略管理方法是一个战略管理过程，重点考虑企业如何影响环境及环境如何影响企业。第三，利益相关者的战略管理方法关注的重点是企业如何在动荡的环境变化中生存下来，管理者必须获得所有可能影响企业的相关群体的支持。第四，由于不同的利益相关方只能在拥有共同的核心价值观的前提下长期合作，因此管理者需要制定战略维持与利益相关者的长期关系。第五，管理者必须找到同时满足多个利益相关者的方法，而不是逐一地单独设定仅满足某一类利益相关者的战略。

在Freeman模型的基础上，Ullmann（1985）提出了企业社会责任活动的概念模型，并且基于利益相关者理论解释了企业社会责任活动纳入企业战略的必要性。具体地，Ullmann（1985）提出了一个三维模型，发现社会责任与经济绩效之间具有很强的正向相关性。模型的第一维度是利益相关者对公司所需资源控制程度的函数。利益相关者的资源对企业的持续生存和成功越重要，利益相关者需求被满足的期望就越大。模型的第二维度是企业对企业社会责任活动的战略姿态。如果管理者试图通过社会责任活动来影响其在关键利益相关者中的地位，则公司战略具有积极的姿态。企业的战略姿态越积极，所期望的社会责任活动和披露也就越大。模型的第三维度是公司过去和现在的经济绩效，经济绩效的好坏直接影响实施社会责任计划的财务能力。因此，在一定的利益相关者权力和战略姿态下，企业的经济绩效越好，其社会责任活动和社会责任披露程度就越高。

利益相关者理论随后成为企业社会责任理论的主导范式（Donaldson & Preston，1995；McWilliams & Siegel，2001），并被纳入经济理论和公司战略中（Jones，1995；Jones & Wicks，1999）。Donaldson 和 Preston（1995）指出利益相关者理论需要进一步规范支持该理论的所有形式，包括工具性、描述性和实证性方面的高质量学术研究。因此，Jones（1995）在利益相关者理论的基础上衍生了工具性的利益相关者理论，它提供了基于利益相关者的概念、经济理论、行为科学和伦理学的综合利益相关者管理的工具理论。工具性的利益相关者理论侧重于企业与其利益相关者之间的契约关系，并假定信任和合作关系有助于解决与机会主义相关的问题。它意味着企业与其利益相关者之间是信任和合作行为而非机会主义行为，会给企业带来竞争优势。因此，工具性的利益相关者理论有助于解释为什么某些看似非理性或利他主义的行为会提高生产力，以及为什么从事这些行为的公司能够生存下来，并茁壮成长。

工具性利益相关者理论很好地调和了传统的股东观和利益相关者观。虽然短期内公司决策考虑所有利益相关者的利益会付出成本，但是公司与利益相关者的互动是建立在信任的基础上，公司将从与利益相关者持久的、富有成效的关系中受益，因此从长远来看是对股东有利的。反过来，这也使企业能够更有效地适应外部需求（Freeman & Evan，1990）。

为了检验利益相关者理论工具性的说法，大量文献试图证明实行利益相关者管理的公司会比不实行利益相关者管理的公司表现更好。Wood和Jone（1995）指出，企业社会绩效和财务绩效之间的因果关系是模糊的。由于企业社会绩效缺乏全面的衡量标准，该文章只能证明糟糕的社会绩效会在财务层面上损害公司，然而那些投资于利益相关者管理并改善其社会绩效的公司后续可能受只关注财务回报的机构投资者们的惩罚。Waddock和Graves（1997）证实了近20年来机构利益相关者的重要性不断增加。

随着研究不断加强（有了更多数据和技术的支撑），诸多文献证明了利益相关者管理与社会和财务绩效之间的联系（Berman et al.，1999；Luoma & Goodstein，1999）。Luoma和Goodstein（1999）的研究发现，法律环境、行业监管和公司规模的变化与相关利益者导向的董事会结构有关。Ogden和Watson（1999）对英国企业利益相关者的管理和财务表现进行了详细的案例研究。结果表明，尽管提高相对客户服务绩效对当前企业利润来说代价高昂，但股东回报对这种改善的反应是显著、积极的。这说明企业可以同时增强股东和其他利益相关者的利益。Siegel和Vitalino（2007）的研究发现，企业的社会责任倾向性越高，企业利润也越高。同样地，Flammer（2015）的研究表明，企业通过增加企业社会责任来应对日益激烈的竞争。越来越多的文献证实企业社会责任成为产品差异化战略的一部分，企业的社会声誉会影响消费者对其产品的看法（Brown & Dacin，1997）和为企业社会责任属性付费的意愿（Loureiro & Hine，2002）。Lev等（2010）、Servaes和Tamayo（2013）发现，具有较高慈善贡献、较高企业社会责任评级的企业，未来经营绩效更高。这种效应对于那些消费者对其声誉更敏感的企业更为显著。

总而言之，利益相关者理论为解释企业社会责任的必要性提供了理论基础。企业管理者不能仅在意股东的利益最大化，也应该考虑所有会影响企业经营的利益相关者群体的承诺和需求。从长远来看，这不会与股东利益相互排斥，反而会增加未来的企业绩效。

# 3.3 政治锦标赛理论

抽象地说，政府内部的激励就是委托人如何制定激励契约从而让代理人更加努力工作。由于中国的各个地方政府负责管辖区内的经济发展，并且从事的工作和环境十分接近，因此中央政府可以采用相对绩效评估方法设计激励契约（Holmstrom，1982），这样能够排除受到的共同干扰因素从而更精准地评估代理人自身的努力程度。锦标赛激励是一种特殊的相对绩效评估方法，该激励方法主要根据代理人绩效相对排名来决定奖励，而不是代理人的绝对绩效水平（Lazear & Rosen，1981）。该奖励标准事前需设定好并且代理人之间的差距较大，从而充分激发代理人的工作潜力。

因此，相较于其他激励契约，锦标赛激励具有以下三个优点：首先，锦标赛激励运用相对绩效评估方法，可以排除公共因素对工作的影响，更好地反映代理人的努力程度。其次，锦标赛激励事前承诺奖励内容，因此无论最终结果如何，委托人都不会额外承担成本，也不会轻易改变事前规则（Malcomson，1984）。再次，锦标赛激励比较容易设计和执行，界定优胜者的方式也比较直接、简单。然而，锦标赛激励也存在一些缺点。当参与锦标赛的代理人实力相差很远时，实力最差的代理人可能选择放弃竞争，而实力最强的代理人可能由于能轻松达到胜利而松懈，这样会降低激励效果。最后，当事前设定的奖励诱惑很大时，代理人可能除了加强自身的工作努力程度，还会恶意破坏竞争者的成绩，最终损害委托人的利益（Lazear，1989）。我国某些地方政府在区域间的恶性竞争就体现了锦标赛激励的这个缺点。此外，在现实中代理人通常需要完成多方面的任务，并且各个任务之间的考核程度可能存在差异。那么，代理人可能会把精力投入容易观察的考核中，减少或放弃其他任务的考核（吴敏和周黎安，2018）。Holmstrom和Milgrom（1991）提出应对办法，弱化较容易观察业绩的任务的激励程度，使代理人能均衡地分配精力投入多任务中。

在锦标赛激励的基础上，周黎安（2008）提出中国地方政府在行政和财政分权以外的激励机制，即政治锦标赛理论。该理论尝试从地方政府官员的激励和管理上解释中国经济增长奇迹。政治锦标赛是指上级政府对多个下级政府制定的以GDP增长率或其他可度量指标作为考核标准的竞赛模式，并采取多层级的淘汰机制。中国政府官员处在一个较为封闭的金字塔形劳动力市场中，离开体制的转换成本太高。因此，政府官员只能逐级参与竞赛并取得胜利才能成为下一级的选手，否则会被淘汰。改革开放以来，以经济增长为考核目标的政治锦标赛在中国盛行。Li和Zhou（2005）与周黎安（2007）对中国省级层面数据研究表明地方政府晋升与当地经济增长呈正相关关系。因此，政治锦标赛有效地促进了各地方政府经济发展，利于实现中央政府的经济增长目标。

政治锦标赛如何有效激励地方政府官员，其核心在于激励机制如何将地方政府官员的仕途与多维度、多任务目标关联起来，如经济增长、消费者剩余、社会公正、环境污染、教育医疗等。由于政治锦标赛弱化了不可量化的指标，可能导致地方政府走向另一个极端，即只关心短期增长而忽视环境污染、公共医疗等影响社会福祉的任务。由于中国地方政府有较大的自由裁量权并且所受约束有限，因此周黎安（2008）认为以GDP增长为基础的政治锦标赛可以抑制地方官员的自由处置权，降低中央政府的监督成本。虽然这种强激励可能会造成一些负面行为，但相较于政府的不作为和发生腐败行为要好。

此外，政治锦标赛还会增加成本。首先，政治锦标赛会造成偏好替代问题。随着居民收入增长，公众偏好和需求发生转变，政治锦标赛的激励机制无法快速和有效反应居民和企业的多样化偏好。其次，以GDP增长为核心的激励机制可能促使地方政府官员铤而走险提高短期绩效，而损害经济的长远发展。更甚者，有的地方官员可能操纵GDP数据，从而降低经济增长可信度。最后，地方政府官员为了获得晋升机会，会动用一切政策手段支持企业扩张，造成企业经营效率低下和政府财政赤字，最终加剧恶化预算软约束问题。

基于政治锦标赛理论，大量文献研究了官员晋升激励与经济增长的关系。Li和Zhou（2005）根据省级政府官员的更替数据，实证研究发现，省级政府官员的晋升概率与当地经济增长呈正相关关系，其降职概率与当地经济增长呈负相关关系。这表明地方政府官员的晋升激励有效地促进了当地经济发展。

由于党政领导干部相关规定明确指出干部的交流与培养应该相结合。徐现祥等（2007）利用1978—2005年的长区间面板数据，证实了省级政府官员的晋升激励会促进正向的领导交流，从而促进流入地的经济增长。而张军与高远（2007）的研究结论与其不同，他们认为领导异地交流会造成短视行为，不利于经济发展。

进一步地，现有文献发现不同地区的禀赋和官员执政能力，会导致官员有不同的经济行为。徐现祥和王贤彬（2010a）认为当中央给予的政策有利、官员能力较强时，官员晋升激励会更强，会更偏向于招商引资和基础设施建设活动。而当中央给予政策不利且官员能力较弱时，官员晋升激励会较弱，因此会更偏向于提高自身福利的在职消费活动。周黎安和陶婧（2011）从区域空间的角度为政治晋升锦标赛理论提供了新的证据，研究发现，省界线的县级经济增长低于非省界线的县级经济增长。原因在于地方官员为了在政治晋升的竞争中获胜，尽可能地减少经济发展的外溢效应。基于中国政府的多层级纵向结构特点，现有文献发现政治锦标赛中的经济绩效目标存在层层加码的现象。周黎安等（2015）首次系统性地提出官员晋升锦标赛的层层加码现象，即中央政府提出的目标会随着地方政府层级逐渐变大，产生更大的激励效应。Li等（2019）构建了Tullock竞赛模型，研究中国多层次政府晋升锦标赛中的最优目标设置。在模型中，上级官员设定GDP增长目标，通过影响下级官员的竞赛结果来激励下级官员行为，并且目标层层加码。这使上级官员的利益与下属的利益保持一致。

总而言之，政治锦标赛理论为中国经济增长奇迹提供了合理的解释。虽然政治锦标赛的激励机制能有效促进地方政府官员实现中央政府的经济增长目标，但是政治锦标赛理论如何将新的施政理念纳入地方官员的绩效考核，摒弃旧模式的缺点，这些问题仍值得学者们不断深入探讨。

# 4 官员扶贫成效考核与企业精准扶贫

# 4.1 研究问题

在举全党全国之力实施精准扶贫的大形势下，各级政府广泛宣传动员合力助推脱贫，形成社会全员参与扶贫新格局，其中企业是扶贫开发的主力军。相较于以往仅以捐赠方式的间接扶贫，现如今企业除了直接提供公益捐赠，还在政府的引导和支持下利用自身的资源，以多种形式直接参与扶贫工作。政企合力相较于政府单一主体的扶贫模式，能提高政府扶贫工作效率和效果。企业参与精准扶贫的行为动机是什么，亟须深入研究。

相较于以往研究中涉及的企业社会责任形式，如捐赠（潘越等，2017；祝继高等，2017；Balakrishnan et al.，2011）、环保（Cho et al.，2012）和员工保护（周浩和汤丽荣，2015），精准扶贫的特殊性主要表现为以下三个方面：

第一，企业的精准扶贫体现了国家意志。精准扶贫是新时期促进经济发展和国家治理的有效途径，有效推进全面建成小康社会。精准扶贫自上而下层层推进，企业踊跃参与，坚持以人民为中心的根本立场。

第二，企业的精准扶贫关乎官员考核。国家在鼓励引导企业参与扶贫开发的同时，为了全面落实脱贫攻坚责任制，中央政府对中西部地区的各省级党委和政府官员进行扶贫成效考核，考核结果作为综合考核评价的重要依据。因此，考核政策的实施使官员政绩与企业精准扶贫息息相关。

第三，企业的精准扶贫是长期性、持续性的行为，存在资金、物资、人力等多种投入形式，覆盖面更广、投入金额更大。慈善捐赠通常是企业进行的一次性、偶发性的行为。汶川地震后仅有543家上市公司参与捐赠，平均捐赠金额为359.43万元（徐莉萍等，2011）。相比之下，据本书描述性统计，参与扶贫的上市公司从2016年的681家增至2020年的1 403家，其中有525家上市公司连续5年参与扶贫。此外，上市公司的精准扶贫平均投入金额高达10.77亿[①]。因

① 该均值与表4.3结果不一致，是因为这里包含了所有金融行业和ST的上市公司样本，并且是没有经过缩尾处理的原始数据。

此，精准扶贫相较于捐赠，是长期性、持续性的行为，且覆盖面更广、投入金额更大。

精准扶贫作为一种特殊的企业社会责任形式，其行为动机有所不同。由于省级政府官员受到严格的扶贫成效考核，并且将该考核结果作为省级政府官员综合考核评价的重要依据。相较于以往扶贫工作考核，该考核机制的内容更加聚焦扶贫工作成效，结果导向更为清晰。因此，地方政府官员在发挥扶贫资源投入主导作用的同时，有动机通过其强大的社会动员能力，充分引导企业参与扶贫，形成政企合力，提高政府扶贫效率，共同完成考核目标。

本章拟回答以下两个问题：

第一，官员的扶贫考核在综合考评结果中越重要时，企业是否越有可能参与扶贫、扶贫投入越多。由于该考核办法仅针对中西部地区省份，因此中西部省份相较于东部省份的官员，其扶贫考核更重要。此外，贫困县数量越多的省份，当地脱贫任务越受中央政府重视，因此官员的扶贫考核更重要。本书预期，企业所在省份为中西部省份、贫困县数量越多时，企业越可能参与扶贫并且扶贫投入越大。

第二，当官员晋升激励程度越大时，企业是否越有可能参与扶贫、扶贫投入越多。现有文献研究表明，官员任期（郭峰和胡军，2014；曹春方和傅超，2015）和官员年龄（Chen et al.，2018a）影响官员晋升激励程度，从而影响政府决策。因此，结合官员任期和官员年龄共同考虑，本书预期，官员晋升激励程度越大，企业越可能参与扶贫并且扶贫投入越大。

## 4.2　制度背景

本章节首次讨论与精准扶贫相关的官员考核及企业精准扶贫行为，因此，本章从官员扶贫成效考核体系和企业精准扶贫方式两个方面，对论文涉及的制度背景进行全面介绍和解读。

### 4.2.1　官员扶贫成效考核体系

为了全面落实脱贫攻坚责任制，中共中央办公厅和国务院办公厅于2016年2月发布《省级党委和政府扶贫开发工作成效考核办法》。《考核办法》针对中西部22个省（自治区、直辖市）的政府官员进行扶贫开发工作成效的考核。该考核工作每年组织进行一次，并针对精准扶贫任务设置考核指标，包括减贫成效、精准识别、精准帮扶、扶贫资金四个方面多指标考核。考核结果作为省级政府官员综合考核评价的重要依据，对减贫成效显著者给予一定奖励，对存在扶贫问题者进行约谈，情节严重者实行责任追究。

### 4.2.2　企业精准扶贫方式

企业是我国扶贫开发工作的重要参与主体。国务院于2016年12月发布的《"十三五"脱贫攻坚规划》强调，充分发挥中央企业在社会救助工作中的补充作用，地方政府要动员本地国有企业积极承担包村帮扶等扶贫开发任务。充分发挥工商联的桥梁纽带作用，以点带面，鼓励引导民营企业和其他所有制企业参与扶贫开发，组织开展"万企帮万村"精准扶贫行动。2018年6月，中共中央、国务院联合发布《关于打赢脱贫攻坚战三年行动的指导意见》，进一步对企业扶贫方式提出具体要求。该文件要求国有企业通过发展产业、对接市场、安置就业等多种方式帮助贫困户脱贫，并且引导民营企业积极开展产业扶贫、就业扶贫、公益扶贫，鼓励有条件的大型民营企业通过设立扶贫产业投资基金等方式参与脱贫攻坚。

相较于政府单一主体扶贫，企业参与扶贫能够发挥资金、技术、管理、人才、市场、信息、物资等优势，通过优化资源配置效率、技术服务、吸收劳务、产品扩散、交流干部等方式，与贫困地区形成互惠互利的合作。根据企业参与程度的不同，本书将参与扶贫的方式分为直接扶贫、合作扶贫和间接扶贫。直接扶贫是企业利用自筹资金和现代化经营管理模式，来提高产品的附加价值，让贫困群体在产业扩大过程中收益，形成"企业+农户"的扶贫模式。合作扶贫是企业与政府或其他第三方机构共同合作，分工负责扶贫项目的具体实施过程，形成多元共治模式。间接扶贫是企业将自筹资金捐赠给第三方机构，由第三方机构负责实施扶贫项目。

2016年12月，上海证券交易所和深圳证券交易所先后发布政策通知，对进一步完善上市公司扶贫工作信息披露提出要求。因此，自2016年之后，大多数上市公司会在年报的"重要事项"部分，单独披露精准扶贫工作的开展情况及投入金额。没有开展扶贫的企业也会在该部分进行说明。开展了精准扶贫工作的企业在年度报告中以文字表述精准扶贫的规划、概要和后续计划，并且以较固定格式的表格形式披露可量化的成效内容，包括总体的资金投入、物资折款和帮助建档立卡贫困人口脱贫数，各类扶贫形式对应的分项投入金额，以及帮助建档立卡贫困人口脱贫数、所获奖项等。

# 4.3　理论分析与研究假设

在中国式分权体制下，官员考核激励机制成为中央对地方政府治理的关键（张军等，2007）。中国政府官员长期处于一个封闭的劳动力市场中，官员会尽全力把握晋升机会（Zhou，2002）。因此，地方政府官员会根据中央政府制定的绩效考核指标展开横向竞争（周黎安，2007；傅勇和张晏，2007；徐现祥和王贤彬，2010；姚洋和张牧扬，2013；Chen et al.，2005；Li et al.，2018）。

在多维政治任务下，有效的官员考核体系反映了党和政府特定时期内施政的重点内容（皮建才，2012；姜雅婷和柴国荣，2017）。因此，地方政府官员的考核体系应以战略规划为导向，保障国家战略目标的实现（周省时，2013）。综观地方政府官员的政绩考核体系的变化，考核指标由最初的纯政治指标转变为以GDP增长为核心的经济绩效指标（周黎安，2004；2007），再逐渐淡化GDP指标、强调绿色GDP概念，再逐步把民生改善、社会进步、生态效益等指标考虑其中（杨瑞龙等，2013；皮建才等，2014；杨海生等，2014）。随着精准扶贫在治国理政中的位置日益突出，GDP增长的定量要求逐渐弱化，而扶贫开发工作成效成为地方政府官员政绩考核体系突出强调的考核指标。其中，贫困县党政领导班子的精准扶贫绩效考核甚至直接与其任免挂钩。

因此，精准扶贫作为国家治理体系的重要内容，精准扶贫成效的地位在官员绩效考核中逐渐上升（王刚和白浩然，2018），地方政府官员很可能会围绕脱贫指标开展横向竞争。2016年2月发布的《考核办法》，有以结果为导向、自上而下的考核压力，以及"2020年全部脱贫"的时间限制，强化政府及其部门的扶贫治理水平（陈昌佳等，2015；郭玉清等，2016；姜雅婷和柴国荣，2017）。当地方政府官员将精准扶贫成效嵌入政治忠诚及仕途晋升的目标后，便会竭尽全力地动员其能够控制的人力、物力和财力完成考核指标。

基于上述理论分析，本书认为地方政府官员很有可能利用政商关系和强大的社会动员能力，驱动企业参与扶贫。企业也很有可能会顺应国家战略号召，以参与扶贫的方式与政府维系良好的关系。因此，本书从官员扶贫考核的重要性和官员晋升激励程度两个方面，对企业精准扶贫的动机提出相应的假设。

地方官员在面临严格的扶贫成效考核的情况下，有更强的动力实现脱贫目标。但即便是面临相同规则的考核，不同省份官员面临的扶贫考核在综合考评中的重要程度也不尽相同，从而驱使企业共同承担的动力也不尽相同（陈昌佳等，2015）。首先，《考核办法》仅适用于中西部22个省（自治区、直辖市）党委和政府官员。虽然东部省份的政府也会开展东西部扶贫协作，但扶贫协作成效的考核结果不作为东部省份政府官员的晋升综合考核依据[①]。因此，本书认为相较于东部省份的政府官员，中西部22个省（自治区、直辖市）的政府官员的扶贫考核重要性更大。其次，当一个地区扶贫需求越大时，当地政府官员面临的扶贫考核重要性会越大。《中国扶贫开发报告（2017）》显示，贵州、云南、广西、河南、四川、湖南和甘肃作为贫困人口大省，2013—2016年对全国脱贫贡献率比较高，但各省（自治区）之间脱贫贡献率存在较大差异且在年度

---

[①]《东西部扶贫协作考核办法（试行）》指出，该考核结果同样作为对中西部省级政府官员综合考评的参考依据。

间存在波动。该数据间接反映了各省份的地方政府的执行程度不同，这很有可能与各省份扶贫考核重要性不同有关。因此，在扶贫考核重要性越大的地区，地方政府官员越有可能需要企业参与精准扶贫来达到考核目标以提升晋升概率。

因此，基于以上分析，本书提出以下研究假设：

假设1：官员扶贫考核重要性越大的地区，企业越有可能参与精准扶贫，并且投入水平可能会越高。

地方政府官员有动机通过参与精准扶贫行为来增加实现晋升的概率的前提条件是，地方政府官员存在潜在的晋升激励，即有一定的动力去实现晋升。这意味着，只有当官员有一定程度的晋升激励时，才可能在晋升关键年份采取策略性的扶贫决策，通过彰显扶贫政绩来增加获得晋升的概率。现有文献研究发现，地方政府官员任期和地方政府官员年龄之间密切相关，并且共同影响地方政府官员的晋升激励程度。具体地，谭之博和周黎安（2015）发现一个省级政府官员任期会影响当地信贷投放和固定资产投资。干春晖等（2015）发现地方官员有动机向企业提供融资优惠而提高晋升概率。卢盛峰等（2017）发现随着地方官员任期的延长，具有晋升年龄优势的地方官员会有更强的晋升激励，从而会对地方GDP注水。因此，结合地方政府官员任期和年龄考虑，官员晋升激励越大的地区，地方政府官员越有可能需要企业参与精准扶贫来达到考核目标以提升晋升概率。

因此，基于以上分析，本书提出以下研究假设：

假设2：官员晋升激励越大的地区，企业越有可能参与精准扶贫，并且投入水平可能会越高。

# 4.4　研究设计

## 4.4.1　样本选择与数据来源

自2016年以后，上市公司在年报中单独列示年度精准扶贫工作情况，其中包含扶贫形式、分项投入金额，以及获奖情况等信息，并标明计量单位（黄玉菁等，2021）。其中，总体情况分为资金、物资折款和帮助建档立卡贫困人口脱贫数。分项情况分为各类扶贫项目个数、投入金额和帮助建档立卡贫困人口脱贫数。

因此，本书选取中国2016—2020年沪深两市A股上市公司作为研究样本，经剔除以下情况样本：①475个金融行业样本；②1 031个ST样本；③257个年报中未披露扶贫工作情况的样本；④4个变量缺失样本，最终得到16 391个有效样本。

本书所需的精准扶贫数据从年报中人工收集，并从各省（自治区、直辖市）人民政府门户网站等途径人工整理2016—2020年各省份在任省委书记和省长的特征数据。财务数据均来自国泰安（CSMAR）数据库，宏观经济数据来自国家统计局官方网站，各省份贫困数据来自《中国农村贫困监测报告》。此外，本书对企业层面连续变量进行分年度1%水平的缩尾处理。

## 4.4.2　研究模型和变量设计

为了检验假设1，本书将待检验的回归方程设定为

$$Povref_{i,t} = \alpha + \beta_1 Midwest_{i,t}(Poor_{i,t}) + \beta_2 Control_{i,t} + \varphi_t + \mu_j + \varepsilon \qquad (4.1)$$

其中，被解释变量$Povref$是企业精准扶贫行为的代理变量，本书分别采用企业是否精准扶贫$Povref\_D$，以及年报所披露的总扶贫投入金额加1再取自然对数$Povref\_dis$来衡量[①]。由于部分年报扶贫分项投入金额的加总与其披露的总

---

[①] 本书将$Povref\_dis$定义为总体情况披露中资金与物资折算的合计数，并统一单位为万元。为了让该变量趋近于正态分布，本书在回归分析部分对上述扶贫投入总金额数加1，并做取自然对数的转换处理。在人工收集数据的过程中，本书对异常值都进行核对检查，以避免整理失误造成数据偏差。

金额不相等，本书在下文的稳健性检验部分，还会以扶贫分项投入金额加总数加1再取自然对数，以及对扶贫投入进行营业收入和总资产标准化来衡量企业精准扶贫情况。

主要解释变量官员扶贫考核的重要性分别用企业所属省份是否为中西部22个省份Midwest，以及企业所属省份当年的国家级贫困县数量Poor来衡量。首先，本书根据国家统计局地域划分中西部22个省（自治区、直辖市）。其次，本书从扶贫对象规模角度，利用国家级贫困县数量衡量地方政府官员的考核重要性。国家级贫困县是国家扶贫对象的评定标准[①]，也是地方官员重点考核依据[②]。中国减贫数据库统计的国家扶贫开发重点县名单，名单包含832个贫困县[③]。由于贫困县曾经是许多县级政府为了优惠政策而争取的名额，而如今却成为需要"脱帽"的任务。因此，2012年统计的贫困县数量与当前的精准扶贫政策无关。本书将其作为扶贫考核重要性的指标，具有较好的外生性。

Control为一组控制变量。参考以往研究捐赠影响因素相关文献（李四海等，2016；许年行和李哲，2016；祝继高等，2017；Borghesi et al.，2014；Boubakri et al.，2016；McGuinness et al.，2017）的做法，本书加入以下控制变量：企业规模Size、负债率Lev、资产收益率Roa、现金比率Cashratio、股权集中度Shrhfd、董事会规模Bsize、省份财政赤字Deficit。此外，本书还控制了年度固定效应$\varphi$和省份固定效应$\mu$。模型中各变量的具体定义和度量见表4.1。

由于Povref_D是虚拟变量，Povref_dis是受限因变量，因此分别采用Logit回归和Tobit回归，并且标准误差经过企业群聚效应调整。若假设1成立，则$\beta_1$应显著为正。

---

[①] 我国自1986年开展大规模扶贫以来，中央政府便确定了以县为单位、以人均纯收入为标准的国家级贫困县评定办法。经过1994年、2001年、2011年3次贫困县名单的调整，国家重点扶持的贫困县一直保持592个。2016年，《"十三五"脱贫攻坚规划》确立了832个国家扶贫开发工作重点县、集中连片特困地区县，它们成为重点扶贫对象。

[②] 从国务院扶贫开发领导小组办公室（现为国家乡村振兴局）公布的地方动态可知，重庆、广西、湖南、海南、湖北、四川等多个省级地方政府，以贫困县全部"摘帽"作为终极脱贫目标。因此，贫困县"摘帽"成为地方政府官员彰显扶贫工作绩效的重要成果。因此，国家级贫困县的数量越多，地方政府官员的考核压力越大。

[③] 该832个贫困县名单是对592个国家扶贫开发工作重点县和连片特困地区片区县的归总。

表4.1　变量定义

| 变量名称 | 变量符号 | 变量衡量方式 |
|---|---|---|
| 精准扶贫 | Povref_D | 企业若当年参与精准扶贫则取1，否则取0 |
| | Povref_dis | 企业精准扶贫投入的总金额加1，然后取自然对数。若未参与精准扶贫，则精准扶贫投入总金额为0 |
| 扶贫考核的重要性 | Midwest | 企业注册地所属省份若为中西部22个省（自治区、直辖市）之一则取1，否则取0 |
| | Poor | 企业注册地所属省份当年的国家级贫困县个数，数据综合国家级贫困县和连片特区地区分县，单位：个 |
| 公司规模 | Size | Size=log（总资产） |
| 负债率 | Lev | Lev=总负债/总资产 |
| 资产收益率 | Roa | Roa=净利润/总资产 |
| 现金比率 | Cashratio | （货币资金+交易性金融资产+应收票据）/流动负债合计 |
| 股权集中度 | Shrhfd | 前五大股东持股比例的平方和 |
| 董事会规模 | Bsize | 董事会董事总人数的自然对数 |
| 省份财政赤字 | Decifit | 各省份当年财政赤字取自然对数 |
| 官员晋升激励程度 | Incentive | 企业注册地所属省份的省委书记（省长）任期与省委书记（省长）年龄的交乘，即 Incentive= Tenure* Age |
| 官员任期 | Tenure | 企业注册地所属省份的省委书记（省长）从上任至当年的工作年数 |
| 官员相对年龄优势 | Age | 企业注册地所属省份的省委书记（省长）若年龄低于被提拔省委书记（省长）的平均年龄则赋值为1，否则赋值为0 |

为了检验假设2，本书将待检验的回归方程设定为

$$Povref_{i,t} = \alpha + \beta_1 Tenure_{i,t} * Age_{i,t} + \beta_2 Control_{i,t} + \varphi_t + \mu_j + \varepsilon \qquad (4.2)$$

其中，被解释变量Povref是企业精准扶贫行为的代理变量，本书分别采用企业是否精准扶贫Povref_D，以及年报所披露的总扶贫投入金额加1再取自然对数Povref_dis来衡量[①]。由于部分年报扶贫分项投入金额的加总与其披露的总金额不相等，本书在下文的稳健性检验部分，还会以扶贫分项投入金额加总数

---

① 本书将Povref_dis定义为总体情况披露中资金与物资折算的合计数，并统一单位为万元。为了让该变量趋近于正态分布，本书在回归分析部分对上述扶贫投入总额数加1，并做取自然对数的转换处理。在人工收集数据的过程中，本书对异常值都进行核对检查，以避免整理失误造成数据偏差。

加1再取自然对数，以及对扶贫投入进行营业收入和总资产标准化来衡量企业精准扶贫情况。

主要解释变量为当年在任官员晋升激励程度，分别用省委书记和省长的任期 *Tenure* 与相对年龄优势 *Age* 的交乘项来衡量[①]。由于官员超过一定年龄界线后其晋升概率会下降，并且官员任期也直接影响官员晋升。而官员任期和年龄密切相关，不宜单独考虑。因此，本书参考卢盛峰等（2017）的处理方法，利用二者交乘项来衡量官员的晋升激励程度，该数值越大则说明官员晋升激励程度越大。此外，本书之所以观测省委书记和省长，而不观测市委书记和市长，是因为扶贫企业通常会在本省份内跨城市扶贫，如A上市公司所在地为广东省广州市，其扶贫对象通常选择广东省下辖地级市的贫困县进行扶贫。因此，本书检验省委书记和省长的晋升激励程度如何影响企业扶贫决策，更为直观、准确。

关于官员任期的衡量，本书定义为该官员从上任至第 *t* 年的工作年数。由于官员开始担任某一职务的时间，通常是从年中的某个月份开始。为了更好地与财务数据的时间匹配，本书对官员上任年份进行如下处理：若官员在1—6月任职，自当年起计算任期；若在7—12月任职，自次年起计算任期。此外，参考张军和高远（2007）的做法，将在同一省份先任省长后任省委书记的官员，合并计算了其任职时间，即省委书记的任期从其担任省长当年算起。关于官员年龄的衡量，本书基于官员年龄是否低于全样本中被提拔官员的平均年龄来衡量官员是否具有相对年龄优势，其中，被提拔的省委书记平均年龄为61.07岁，被提拔的省长平均年龄为59.17岁。若官员年龄低于被提拔官员的平均年龄则赋值为1，反之赋值为0。

*Control* 为一组控制变量。参考以往研究捐赠影响因素相关文献（李四海等，2016；许年行和李哲，2016；祝继高等，2017；Borghesi et al., 2014；

---

① 相较于市县级数据，省级政府官员数据更能反映扶贫考核对企业精准扶贫的影响作用。这是因为上市公司精准扶贫工作的开展受省级政府统一调配，存在省内跨多个市县情况。省内不同市县均受省级政府官员考核的影响。

Boubakri et al.，2016；McGuinness et al.，2017）的做法，本书加入以下控制变量：企业规模 *Size*、负债率 *Lev*、资产收益率 *Roa*、现金比率 *Cashratio*、股权集中度 *Shrhfd*、董事会规模 *Bsize*、省份财政赤字 *Deficit*、官员任期 *Tenure*、官员相对年龄优势 *Age*。此外，本书还控制了年度固定效应 $\varphi$ 和省份固定效应 $\mu$。模型中各变量的具体定义和度量见表4.1。

由于 *Povref_D* 是虚拟变量，*Povref_dis* 是受限因变量，因此分别采用 Logit 回归和 Tobit 回归，并且标准误差经过企业群聚效应调整。若假设2成立，则 $\beta_1$ 应显著为正。

# 4.5  实证检验

## 4.5.1  描述性统计与相关性检验

### 4.5.1.1  扶贫样本分布描述

为了反映上市公司精准扶贫的整体情况，表4.2列示了非ST非金融行业样本的扶贫分布情况。Panel A 列示了总样本及各年度的参与扶贫企业与未参与扶贫企业的分布情况。数据显示：总体上参与扶贫的样本 5 228 个，占总样本的比例约为31.89%。2016—2020年，参与扶贫的上市公司无论从绝对数还是相对占比上均随着时间的推移呈现上升的趋势[①]。这说明越来越多的企业响应脱贫攻坚战的号召，参与到精准扶贫中来，成为坚实力量。

Panel B 列示了各省份参与扶贫企业与未参与扶贫企业的分布情况。数据显示：参与扶贫企业占当地总样本的比例最高的五大省份分别为西藏、贵州、云南、海南、新疆。而参与扶贫企业占当地总样本的比例最低的五大省份（直辖市）分别为上海、山东、江苏、吉林、浙江。整体来看，参与扶贫企业占当地

---

① 与2019年相比，2020年参与扶贫的上市公司有所减少。这可能是因为在扶贫收官之年，一些上市公司扶贫所对应的扶贫县已脱贫"摘帽"，因此退出扶贫工作。

总样本的比例较高的省份均来自中西部地区。这说明中西部地区的企业相较于东部地区的企业参与扶贫的现象更普遍。这一现象粗略地说明企业参与精准扶贫与官员扶贫成效考核很可能有关。

表4.2　样本分布

| | 参与扶贫 | | 未参与扶贫 | | 合计 |
|---|---|---|---|---|---|
| | 样本量/个 | 占比/% | 样本量/个 | 占比/% | |
| Panel A：扶贫企业按年度分布 | | | | | |
| 全样本 | 5 228 | 31.89 | 11 167 | 68.11 | 16 395 |
| 2016年 | 589 | 21.44 | 2 158 | 78.56 | 2 747 |
| 2017年 | 864 | 27.69 | 2 256 | 72.31 | 3 120 |
| 2018年 | 1 173 | 36.30 | 2 058 | 63.70 | 3 231 |
| 2019年 | 1 337 | 39.87 | 2 016 | 60.13 | 3 353 |
| 2020年 | 1 265 | 32.07 | 2 679 | 67.93 | 3 944 |
| Panel B：扶贫企业按省份分布 | | | | | |
| 西藏 | 66 | 91.67 | 6 | 8.33 | 72 |
| 贵州 | 108 | 83.08 | 22 | 16.92 | 130 |
| 云南 | 96 | 64.43 | 53 | 35.57 | 149 |
| 海南 | 70 | 63.06 | 41 | 36.94 | 111 |
| 新疆 | 127 | 60.77 | 82 | 39.23 | 209 |
| 广西 | 89 | 57.79 | 65 | 42.21 | 154 |
| 甘肃 | 84 | 57.53 | 62 | 42.47 | 146 |
| 陕西 | 127 | 56.19 | 99 | 43.81 | 226 |
| 江西 | 110 | 52.63 | 99 | 47.37 | 209 |
| 青海 | 27 | 50.94 | 26 | 49.06 | 53 |
| 内蒙古 | 46 | 48.42 | 49 | 51.58 | 95 |
| 宁夏 | 29 | 48.33 | 31 | 51.67 | 60 |
| 湖南 | 236 | 48.16 | 254 | 51.84 | 490 |
| 四川 | 265 | 47.49 | 293 | 52.51 | 558 |
| 河南 | 155 | 46.27 | 180 | 53.73 | 335 |
| 湖北 | 205 | 45.76 | 243 | 54.24 | 448 |
| 山西 | 75 | 44.64 | 93 | 55.36 | 168 |

续　表

| | 参与扶贫 | | 未参与扶贫 | | 合计 |
|---|---|---|---|---|---|
| | 样本量/个 | 占比/% | 样本量/个 | 占比/% | |
| 重庆 | 102 | 43.78 | 131 | 56.22 | 233 |
| 安徽 | 215 | 43.00 | 285 | 57.00 | 500 |
| 福建 | 263 | 42.08 | 362 | 57.92 | 625 |
| 河北 | 90 | 33.96 | 175 | 66.04 | 265 |
| 北京 | 479 | 33.29 | 960 | 66.71 | 1 439 |
| 天津 | 83 | 32.55 | 172 | 67.45 | 255 |
| 黑龙江 | 46 | 31.94 | 98 | 68.06 | 144 |
| 辽宁 | 93 | 29.43 | 223 | 70.57 | 316 |
| 广东 | 677 | 25.07 | 2 023 | 74.93 | 2 700 |
| 上海 | 328 | 25.06 | 981 | 74.94 | 1 309 |
| 山东 | 231 | 24.55 | 710 | 75.45 | 941 |
| 江苏 | 332 | 17.89 | 1 524 | 82.11 | 1 856 |
| 吉林 | 31 | 17.22 | 149 | 82.78 | 180 |
| 浙江 | 343 | 17.02 | 1 672 | 82.98 | 2 015 |

#### 4.5.1.2　精准扶贫具体内容

相较于以往的粗放式扶贫，现阶段扶贫形式更加多样化、更能对症下药。按照《"十三五"脱贫攻坚规划》提出的九类扶贫形式，本书针对参与精准扶贫并披露分项投入资金情况的 4 044 个样本，对各类精准扶贫形式进行描述性统计。

首先，表 4.3 的 Panel A 列示了各类精准扶贫形式的样本分布情况，数据显示：产业扶贫、教育扶贫和社会扶贫是上市公司参与扶贫的常见形式，分别对应 1 938、2 253 和 1 945 个样本，占总参与扶贫样本比例分别为 47.92%、55.71% 和 48.10%。相比之下，易地搬迁和生态保护是上市公司不常参与的扶贫形式，分别对应 18、381 个样本，占总参与扶贫样本比例分别为 0.45% 和 9.42%。

其次，上市公司参与精准扶贫的形式可能是一种或多种，因此本书对精准扶贫形式的多样性进行描述。表4.3的Panel B列示了上市公司参与扶贫种类下的样本分布，数据显示：有1 368个样本仅参与一种精准扶贫形式，占总体扶贫样本的33.83%；有1 716个样本参与了2～3种精准扶贫形式，占总体扶贫样本的42.43%；剩余23.74%的样本参与了4种及以上的精准扶贫形式。这说明大部分企业会选择多种扶贫形式共同进行。

最后，表4.3的Panel C针对各精准扶贫形式的投入金额进行描述性统计。本书在经过99%缩尾来处理异常值后，统计数据显示：产业发展脱贫平均投入883.11万元，是投入资金最大的扶贫形式，也是排名第二的社会扶贫平均投入金额的9倍。这说明上市公司将简单的以捐赠为手段的"输血"式扶贫提升为"造血"式扶贫，由扶贫济困式向开放式、产业式扶贫转移，由一次性扶贫向可持续扶贫转移。

表4.3 各类扶贫的样本分布

| Panel A: 各类扶贫的样本分布 | | | | | | | | |
|---|---|---|---|---|---|---|---|---|
| 扶贫形式 | 产业扶贫 | 转移就业 | 易地搬迁 | 教育扶贫 | 健康扶贫 | 生态保护 | 兜底保障 | 社会扶贫 | 其他 |
| 样本数 | 1 938 | 597 | 18 | 2 253 | 644 | 381 | 813 | 1 945 | 1 735 |

| Panel B: 扶贫多样性描述 | | | | | | | | |
|---|---|---|---|---|---|---|---|---|
| 扶贫种类 | 1种 | 2种 | 3种 | 4种 | 5种 | 6种 | 7种 | 8种 | 9种 |
| 样本数 | 1 368 | 1 013 | 703 | 434 | 262 | 133 | 76 | 50 | 5 |

| Panel C: 各类扶贫投入（单位：万元） | | | | | | | | |
|---|---|---|---|---|---|---|---|---|
| 扶贫形式 | 产业扶贫 | 转移就业 | 易地搬迁 | 教育扶贫 | 健康扶贫 | 生态保护 | 兜底保障 | 社会扶贫 | 其他 |
| N | 4 044 | 4 044 | 4 044 | 4 044 | 4 044 | 4 044 | 4 044 | 4 044 | 4 044 |
| mean | 883.11 | 7.93 | 0.00 | 58.80 | 24.29 | 9.14 | 6.02 | 95.49 | 99.06 |
| sd | 4 672.85 | 40.75 | 0.00 | 224.82 | 127.00 | 57.53 | 29.32 | 395.92 | 368.00 |
| min | 0.00 | 0.00 | 0.00 | 0.00 | 0.00 | 0.00 | 0.00 | 0.00 | 0.00 |
| p50 | 0.00 | 0.00 | 0.00 | 0.91 | 0.00 | 0.00 | 0.00 | 0.00 | 0.00 |
| max | 39 200.00 | 330.00 | 0.00 | 1 735.00 | 1 000.00 | 500.00 | 250.00 | 3 269.77 | 2 756.64 |

注：Panel C样本经过1%和99%水平的缩尾处理。

### 4.5.1.3 主要变量描述性统计

表4.4列示了主要变量的描述性统计。数据显示：有将近31.9%的样本企业参与精准扶贫，而扶贫投入金额加1取对数后，*Povref_dis*均值为1.344，最大值为9.612，标准差为2.350，这说明企业扶贫投入差异很大。中西部企业样本占总样本30.1%，企业所在省份平均拥有7个国家级贫困县，最多拥有88个国家级贫困县。省长的任期*Tenure_sz*平均为2.5年，而省委书记的任期*Tenure_sj*平均为2.9年，二者任期相近。有61.1%的样本所在省份的省长存在年龄相对优势，有28.9%的样本所在省份的省委书记存在年龄相对优势，这符合省委书记普遍年龄比省长年龄更大的现实。

表4.4　主要变量描述性统计

| Variable | N | Mean | Sd | Min | Max |
|---|---|---|---|---|---|
| *Povref_D* | 16 391 | 0.319 | 0.466 | 0.000 | 1.000 |
| *Povref_dis* | 15 829 | 1.344 | 2.350 | 0.000 | 9.612 |
| *Midwest* | 16 391 | 0.301 | 0.459 | 0.000 | 1.000 |
| *Poor* | 16 391 | 0.074 | 0.159 | 0.000 | 0.880 |
| *Tenure_sz* | 16 391 | 2.537 | 1.392 | 1.000 | 9.000 |
| *Age_sz* | 16 391 | 0.611 | 0.487 | 0.000 | 1.000 |
| *Tenure_sj* | 16 391 | 2.909 | 1.410 | 1.000 | 9.000 |
| *Age_sj* | 16 391 | 0.289 | 0.453 | 0.000 | 1.000 |
| *Size* | 16 391 | 22.241 | 1.313 | 19.658 | 26.408 |
| *Lev* | 16 391 | 0.412 | 0.200 | 0.056 | 0.899 |
| *Roa* | 16 391 | 0.038 | 0.072 | −0.431 | 0.230 |
| *Cashratio* | 16 391 | 0.777 | 1.096 | 0.023 | 8.742 |
| *Shrhfd* | 16 391 | 0.156 | 0.109 | 0.013 | 0.551 |
| *Bsize* | 16 391 | 2.271 | 0.256 | 1.609 | 2.944 |
| *Deficit* | 16 391 | 7.899 | 0.529 | 6.240 | 8.845 |

注：所有连续变量均在1%和99%水平上缩尾处理。

#### 4.5.1.4　相关系数检验

表4.5列示了主要回归变量进行Pearson相关系数分析，数据显示：$Povref\_D$、$Povref\_dis$与$Midwest$和$Poor$呈现正相关关系，初步证明假设1。而官员晋升激励程度由任期和年龄的交乘项决定，因此无法从相关系数中初步判断假设2。除了衡量精准扶贫的指标间存在很大相关系数，其他变量之间相关系数均小于0.6，因此不存在严重共线性。

表4.5　主要变量相关系数

| Panel A: $Povref\_D \sim Age\_sj$相关系数 | | | | | | | | |
|---|---|---|---|---|---|---|---|---|
| | $Povref\_D$ | $Povref\_dis$ | $Midwest$ | $Poor$ | $Tenure\_sz$ | $Age\_sz$ | $Tenure\_sj$ | $Age\_sj$ |
| $Povref\_D$ | 1.000 | | | | | | | |
| $Povref dis$ | 0.885*** | 1.000 | | | | | | |
| $Midwest$ | 0.235*** | 0.204*** | 1.000 | | | | | |
| $Poor$ | 0.182*** | 0.158*** | 0.707*** | 1.000 | | | | |
| $Tenure\_sz$ | 0.040*** | 0.038*** | 0.117*** | −0.034*** | 1.000 | | | |
| $Age\_sz$ | −0.005 | −0.014 | −0.028** | −0.018 | −0.217*** | 1.000 | | |
| $Tenure\_sj$ | −0.028** | −0.024 | 0.028** | 0.003 | 0.149*** | −0.201*** | 1.000 | |
| $Age\_sj$ | 0.013 | 0.001 | 0.156*** | 0.201*** | −0.198*** | −0.069*** | −0.065*** | 1.000 |
| $Size$ | 0.338*** | 0.448*** | 0.064*** | 0.021 | 0.011 | 0.002 | −0.020 | −0.008 |
| $Lev$ | 0.146*** | 0.188*** | 0.082*** | 0.051*** | 0.026* | −0.020 | −0.013 | 0.000 |
| $Roa$ | 0.043*** | 0.049*** | −0.037*** | −0.017 | −0.024 | −0.002 | 0.024 | 0.026 |
| $Cashratio$ | −0.077*** | −0.093*** | −0.028** | −0.019 | 0.021 | −0.027** | 0.030** | 0.012 |
| $Shrhfd$ | 0.118*** | 0.150*** | −0.010 | −0.011 | −0.021 | −0.001 | −0.016 | 0.012 |
| $Bsize$ | 0.118*** | 0.130*** | 0.106*** | 0.077*** | 0.003 | −0.013 | 0.008 | 0.019 |
| $Deficit$ | 0.075*** | 0.064*** | 0.351*** | 0.260*** | 0.253*** | 0.152*** | −0.031*** | −0.073*** |
| Panel B: $Size \sim Deficit$相关系数 | | | | | | | | |
| | $Size$ | $Lev$ | $Roa$ | $Cashratio$ | $Shrhfd$ | $Bsize$ | $Deficit$ | |
| $Size$ | 1.000 | | | | | | | |
| $Lev$ | 0.518*** | 1.000 | | | | | | |
| $Roa$ | −0.028** | −0.330*** | 1.000 | | | | | |
| $Cashratio$ | −0.279*** | −0.559*** | 0.195*** | 1.000 | | | | |

| Panel B: *Size ~ Deficit* 相关系数 | | | | | | |
|---|---|---|---|---|---|---|
| | **Size** | **Lev** | **Roa** | **Cashratio** | **Shrhfd** | **Bsize** | **Deficit** |
| *Shrhfd* | 0.192*** | 0.023 | 0.167*** | 0.017 | 1.000 | | |
| *Bsize* | 0.248*** | 0.173*** | −0.106*** | −0.092*** | −0.003 | 1.000 | |
| *Deficit* | −0.032*** | 0.010 | 0.004 | −0.039*** | −0.057*** | −0.017 | 1.000 |

注：***、**和*分别表示 0.01、0.05 和 0.1 的显著性水平。

### 4.5.2　单变量差异分析

表 4.6 列示了样本分组下企业精准扶贫的差异。数据显示：无论是精准扶贫可能性 *Povref_D* 还是精准扶贫投入水平 *Povref_dis*，中西部企业相应均值显著大于东部企业，贫困县较多地区的企业相应均值显著大于贫困县较少的地区企业，且显著性均在 1% 水平上。这说明了官员扶贫考核更重要的地区，官员更有可能驱动企业参与扶贫，初步验证了假设 1。从官员特征的角度来看，本书将省委书记和省长的任期按分年度中位数（省委书记任期中位数 2.57 年、省长任期中位数 2.49 年）来分组得知，任期较长官员所在地的企业 *Povref_D* 和 *Povref_dis* 的均值在 1% 水平上显著较大。这说明官员任期小于 2 年时，晋升激励程度不足以驱动企业扶贫。由于纪志宏等（2014）、韩超等（2016）、吴敏和周黎安（2018）的研究表明，官员任期与官员的激励程度呈倒 U 形关系。因此，单变量检验结果不能直接反映晋升激励程度与企业精准扶贫之间的关系。其次，本书将省委书记和省长的年龄是否具有相对优势进行分组得知，有年龄相对优势的省委书记所在地的企业，其 *Povref_D* 和 *Povref_dis* 的均值在 10% 水平上显著较大。本书后续进一步结合任期和年龄进行多元回归分析，得出更稳健的结果。

表4.6　企业精准扶贫差异性检验

| | 分组 | Povref_D | | | Povref_dis | | |
|---|---|---|---|---|---|---|---|
| | | N | 均值 | 差异（T值） | N | 均值 | 差异（T值） |
| 考核办法是否适用 | 东部 | 11 456 | 0.247 | −0.239 (−31.008***) | 11 124 | 1.032 | −1.049 (−26.222***) |
| | 中西部 | 4 935 | 0.486 | | 4 705 | 2.081 | |
| 扶贫需求程度 | 贫困县少 | 12 272 | 0.261 | −0.230 (−28.050***) | 11 910 | 1.097 | −0.995 (−23.391***) |
| | 贫困县多 | 4 119 | 0.491 | | 3 919 | 2.093 | |
| 省长任期 | 任期较短 | 13 823 | 0.310 | −0.058 (−5.811***) | 13 346 | 1.304 | −0.251 (−4.892***) |
| | 任期较长 | 2 568 | 0.368 | | 2 483 | 1.556 | |
| 省长年龄 | 无相对优势 | 6 373 | 0.322 | 0.005 (0.698) | 6 175 | 1.385 | 0.067 (1.749*) |
| | 有相对优势 | 10 018 | 0.317 | | 9 654 | 1.318 | |
| 省委书记任期 | 任期较短 | 10 402 | 0.297 | −0.060 (−7.907***) | 10 089 | 1.256 | −0.242 (−6.241***) |
| | 任期较长 | 5 989 | 0.357 | | 5 740 | 1.498 | |
| 省委书记年龄 | 无相对优势 | 11 652 | 0.315 | −0.013 (−1.681*) | 11 251 | 1.342 | −0.007 (−0.158) |
| | 有相对优势 | 4 739 | 0.329 | | 4 578 | 1.349 | |

注：***、**和*分别表示0.01、0.05和0.1的显著性水平。

### 4.5.3　多元回归分析

表4.7检验了官员扶贫考核的重要性对企业精准扶贫的影响，回归均控制了省份和年度固定效应，且采用企业层面聚类稳健的标准误以消除自相关（Petersen，2009）。其中，第1列、第2列以区分企业所在省份是否属于中西部地区来衡量官员扶贫考核的重要性，结果显示：无论是对企业是否扶贫还是对企业扶贫投入金额的影响，Midwest的系数均在5%、10%的置信水平上显著为正。相较于东部企业，中西部企业参与精准扶贫的概率增加约0.8，精准扶贫投入增加约2.3倍。第3列、第4列以各省份国家级贫困县数量来衡量官员扶贫考核的重要性，结果显示：无论是对企业是否扶贫还是对企业扶贫投入金额的影响，Poor的系数均在1%的置信水平上显著为正。上述结果说明，官员扶贫考核越重要的地区，企业参与精准扶贫的可能性和投入水平越高。总体上，表4.7回归结果均支持本章的假设1。

表4.7　官员扶贫考核重要性与企业精准扶贫

| | （1） | （2） | （3） | （4） |
|---|---|---|---|---|
| | *Povref_D* | *Povref_dis* | *Povref_D* | *Povref_dis* |
| *Midwest* | 0.810 2[*]<br>（1.829 4） | 2.313 7[**]<br>（1.967 1） | | |
| *Poor* | | | 0.578 2[***]<br>（3.031 8） | 1.650 3[***]<br>（3.593 7） |
| *Size* | 0.621 8[***]<br>（19.616 9） | 1.995 1[***]<br>（26.140 3） | 0.622 3[***]<br>（19.625 3） | 1.996 9[***]<br>（26.164 2） |
| *Lev* | −0.605 8[***]<br>（−2.692 6） | −1.842 4[***]<br>（−3.123 4） | −0.606 8[***]<br>（−2.697 1） | −1.847 0[***]<br>（−3.131 4） |
| *Roa* | 2.373 7[***]<br>（5.774 3） | 7.413 9[***]<br>（6.515 7） | 2.376 5[***]<br>（5.786 7） | 7.416 8[***]<br>（6.522 1） |
| *Cashratio* | −0.041 3<br>（−1.239 3） | −0.108 6<br>（−1.246 5） | −0.041 4<br>（−1.246 0） | −0.108 6<br>（−1.249 1） |
| *Shrhfd* | 1.017 0[***]<br>（3.416 2） | 2.390 0[***]<br>（3.076 4） | 1.021 6[***]<br>（3.429 3） | 2.401 7[***]<br>（3.090 3） |
| *Bsize* | 0.344 6[***]<br>（3.111 4） | 0.695 6[**]<br>（2.336 6） | 0.345 4[***]<br>（3.116 5） | 0.697 6[**]<br>（2.340 9） |
| *Deficit* | −0.282 7[*]<br>（−1.732 5） | −0.754 9[*]<br>（−1.720 2） | −0.309 4[*]<br>（−1.885 7） | −0.844 6[*]<br>（−1.917 5） |
| *_cons* | −14.706 3[***]<br>（−11.532 8） | −46.246 0[***]<br>（−13.809 7） | −14.580 8[***]<br>（−11.408 4） | −45.805 6[***]<br>（−13.648 7） |
| *Year FE* | Yes | Yes | Yes | Yes |
| *Province FE* | Yes | Yes | Yes | Yes |
| *pseudo R-sq* | 0.185 | 0.105 | 0.185 | 0.105 |
| *N* | 16 391 | 15 829 | 16 391 | 15 829 |

注：[***]、[**]和[*]分别表示 0.01、0.05 和 0.1 的显著性水平。Logit 回归对应括号中的数字为 Z 值，Tobit 回归对应括号中的数字为 T 值。标准误差经过企业群聚效应调整。

表4.8检验了官员晋升激励程度对企业精准扶贫的影响，回归均控制了省份和年度固定效应，且采用企业层面聚类稳健的标准误以消除自相关（Petersen，2009）。其中，第1列、第2列检验的省委书记晋升激励程度，结果显示：无论是对企业是否扶贫还是对企业扶贫投入金额的影响，*Tenure\*Age\_*

*sj* 的系数均在5%的置信水平上显著为正。第3列、第4列检验的省长晋升激励程度，结果显示：无论是对企业是否扶贫还是对企业扶贫投入金额的影响，*Tenure\*Age_sz* 的系数均不显著。这可能是因为省委书记是省级领导班子的一把手，也是扶贫成效考核的第一责任人。因此，省委书记的晋升激励程度对扶贫成效考核更为敏感，因此更有动力驱动企业参与精准扶贫。上述结果在一定程度上说明，官员晋升激励程度越大的地区，企业越有可能参与精准扶贫，且精准扶贫投入越大。总体上，表4.8回归结果均支持本章的假设2。

表4.8　官员晋升激励程度与企业精准扶贫

| | 省委书记 | | 省长 | |
|---|---|---|---|---|
| | （1） | （2） | （3） | （4） |
| | *Povref_D* | *Povref_dis* | *Povref_D* | *Povref_dis* |
| *Tenure\*Age_sj* | 0.060 3** | 0.169 2** | | |
| | （2.263 1） | （2.480 7） | | |
| *Tenure_sj* | −0.013 2 | −0.045 8 | | |
| | （−0.765 8） | （−1.016 4） | | |
| *Age_sj* | 0.107 2 | 0.258 0 | | |
| | （1.249 2） | （1.172 0） | | |
| *Tenure\*Age_sz* | | | 0.024 7 | 0.073 3 |
| | | | （0.875 8） | （1.024 6） |
| *Tenure_sz* | | | 0.007 9 | 0.018 0 |
| | | | （0.401 5） | （0.357 0） |
| *Age_sz* | | | 0.058 8 | 0.274 3 |
| | | | （0.683 1） | （1.270 2） |
| *Size* | 0.623 9*** | 1.998 5*** | 0.622 2*** | 1.996 8*** |
| | （19.631 1） | （26.174 3） | （19.618 1） | （26.160 2） |
| *Lev* | −0.608 9*** | −1.854 5*** | −0.607 8*** | −1.850 3*** |
| | （−2.702 3） | （−3.144 9） | （−2.701 2） | （−3.136 3） |
| *Roa* | 2.363 2*** | 7.365 7*** | 2.372 2*** | 7.411 7*** |
| | （5.742 3） | （6.477 1） | （5.769 5） | （6.515 6） |
| *Cashratio* | −0.042 4 | −0.111 5 | −0.041 4 | −0.108 5 |
| | （−1.271 1） | （−1.280 6） | （−1.240 2） | （−1.246 1） |
| *Shrhfd* | 1.026 3*** | 2.410 4*** | 1.016 5*** | 2.388 1*** |
| | （3.440 0） | （3.103 1） | （3.415 3） | （3.075 5） |

| | 省委书记 | | 省长 | |
|---|---|---|---|---|
| | （1） | （2） | （3） | （4） |
| | *Povref_D* | *Povref_dis* | *Povref_D* | *Povref_dis* |
| *Bsize* | 0.342 8\*\*\*<br>（3.090 3） | 0.687 9\*\*<br>（2.311 8） | 0.343 5\*\*\*<br>（3.102 2） | 0.692 1\*\*<br>（2.325 8） |
| *Deficit* | −0.302 0\*<br>（−1.828 6） | −0.804 2\*<br>（−1.815 8） | −0.280 7\*<br>（−1.657 1） | −0.741 5<br>（−1.639 3） |
| *_cons* | −14.791 7\*\*\*<br>（−11.490 0） | −46.366 6\*\*\*<br>（−13.736 7） | −14.698 9\*\*\*<br>（−11.219 9） | −46.229 5\*\*\*<br>（−13.480 4） |
| Year FE | Yes | Yes | Yes | Yes |
| Province FE | Yes | Yes | Yes | Yes |
| Pseudo R-sq | 0.186 | 0.106 | 0.185 | 0.106 |
| N | 16 391 | 15 829 | 16 391 | 15 829 |

注：\*\*\*、\*\* 和 \* 分别表示 0.01、0.05 和 0.1 的显著性水平。Logit 回归对应括号中的数字为 Z 值，Tobit 回归对应括号中的数字为 T 值。标准误差经过企业群聚效应调整。

## 4.5.4　稳健性检验

### 4.5.4.1　改变官员扶贫考核重要性的衡量方式

为了统一扶贫考核重要性变量的统计口径，本书以中国统计出版社出版的《中国农村贫困监测报告：2020》中统计的各年度各省份的贫困人口规模 *Poornum*（单位为百万人）和贫困发生率 *Pooratio*（单位为%），替代国家级贫困县数量，来衡量地方政府官员的扶贫考核重要性。回归结果如表4.9所示：当被解释变量为 *Povref_D* 时，*Poornum* 和 *Pooratio* 的系数不显著；当被解释变量为 *Povref_dis* 时，*Poornum* 和 *Pooratio* 的系数分别在10%、5%置信水平上显著为正。这说明，省份整体的贫困程度不会影响企业是否扶贫的决策，而是会正向影响企业扶贫投入水平。这也反映了地方政府的扶贫成效考核主要基于国家级贫困县的扶贫需求，而不是省份整体贫困程度。

表4.9　改变官员扶贫考核重要性的衡量方式

| | （1） | （2） | （3） | （4） |
|---|---|---|---|---|
| | *Povref_D* | *Povref_dis* | *Povref_D* | *Povref_dis* |
| *Poornum* | 0.049 4 | 0.211 2[*] | | |
| | （1.085 1） | （1.920 8） | | |
| *Pooratio* | | | 0.002 1 | 0.080 0[**] |
| | | | （0.109 3） | （1.975 7） |
| *Size* | 0.620 5[***] | 1.969 6[***] | 0.620 3[***] | 1.970 4[***] |
| | （18.322 0） | （24.100 5） | （18.320 1） | （24.110 1） |
| *Lev* | −0.558 7[**] | −1.655 5[***] | −0.558 8[**] | −1.662 6[***] |
| | （−2.315 6） | （−2.622 1） | （−2.315 1） | （−2.632 4） |
| *Roa* | 2.672 9[***] | 7.990 9[***] | 2.669 5[***] | 7.973 6[***] |
| | （5.537 2） | （6.083 5） | （5.525 1） | （6.067 4） |
| *Cashratio* | −0.003 7 | −0.016 0 | −0.004 1 | −0.016 8 |
| | （−0.092 8） | （−0.151 6） | （−0.101 2） | （−0.158 7） |
| *Shrhfd* | 0.927 9[***] | 2.128 7[***] | 0.926 9[***] | 2.127 5[**] |
| | （2.946 3） | （2.576 8） | （2.943 8） | （2.575 6） |
| *Bsize* | 0.355 3[***] | 0.722 7[**] | 0.354 0[***] | 0.719 5[**] |
| | （2.941 7） | （2.222 0） | （2.932 2） | （2.212 9） |
| *Deficit* | −0.274 5 | −0.532 3 | −0.240 2 | −0.586 7 |
| | （−1.453 6） | （−1.049 6） | （−1.265 2） | （−1.148 9） |
| *_cons* | −14.888 9[***] | −47.631 0[***] | −15.082 4[***] | −47.277 0[***] |
| | （−10.339 8） | （−12.491 2） | （−10.418 9） | （−12.328 0） |
| *Year FE* | Yes | Yes | Yes | Yes |
| *Province FE* | Yes | Yes | Yes | Yes |
| *Pseudo R-sq* | 0.189 | 0.106 | 0.189 | 0.106 |
| *N* | 12 450 | 12 001 | 12 450 | 12 001 |

注：[***]、[**] 和 [*] 分别表示 0.01、0.05 和 0.1 的显著性水平。Logit回归对应括号中的数字为Z值，Tobit回归对应括号中的数字为T值。标准误差经过企业群聚效应调整。

### 4.5.4.2　改变精准扶贫投入的衡量方式

首先，由于部分年报披露不规范，导致扶贫投入总金额与扶贫分项投入金额的加总数不相等，存在测度误差。本书采用扶贫明细项扶贫投入金额的加总数再做加1取对数来处理*Povref_t*，衡量精准扶贫投入水平。其次，本书参照许年行和李哲（2016）对捐赠标准化的方法，将扶贫投入总额占总资产的比例*Povref_a*和扶贫投入总额占营业收入的比例*Povref_r*来衡量企业精准扶贫投入水平。改变精准扶贫投入衡量方式后，官员扶贫考核重要性对企业精准扶贫影响的检验结果，如表4.10所示：在三种精准扶贫投入的替代性衡量下，*Midwest*的系数均在5%的置信度上显著为正，而*Poor*的系数均在1%的置信水平上显著为正。该结果与主检验结果保持一致，这说明变量测量误差对主检验结果不造成影响。

表4.10　改变精准扶贫投入的衡量方式

| | （1） | （2） | （3） | （4） | （5） | （6） |
|---|---|---|---|---|---|---|
| | *Povref_t* | *Povref_t* | *Povref_a* | *Povref_a* | *Povref_r* | *Povref_r* |
| *Midwest* | 2.470 8** | | 0.000 6** | | 0.001 5** | |
| | （2.037 4） | | （2.104 2） | | （2.100 4） | |
| *Poor* | | 1.666 3*** | | 0.000 5*** | | 0.001 4*** |
| | | （3.607 1） | | （3.377 0） | | （3.492 3） |
| *Size* | 1.991 3*** | 1.993 2*** | 0.000 3*** | 0.000 3*** | 0.000 8*** | 0.000 8*** |
| | （26.118 7） | （26.142 9） | （11.921 8） | （11.929 9） | （12.394 6） | （12.401 3） |
| *Lev* | −1.824 6*** | −1.829 2*** | −0.000 3* | −0.000 3* | −0.000 7* | −0.000 8* |
| | （−3.093 4） | （−3.101 4） | （−1.867 4） | （−1.877 3） | （−1.940 0） | （−1.951 1） |
| *Roa* | 7.308 6*** | 7.311 5*** | 0.002 1*** | 0.002 1*** | 0.003 8*** | 0.003 8*** |
| | （6.450 2） | （6.456 7） | （6.367 4） | （6.375 5） | （5.122 4） | （5.131 6） |
| *Cashratio* | −0.105 3 | −0.105 3 | −0.000 0 | −0.000 0 | −0.000 0 | −0.000 0 |
| | （−1.211 9） | （−1.214 5） | （−1.332 4） | （−1.335 7） | （−0.586 6） | （−0.588 8） |
| *Shrhfd* | 2.282 7*** | 2.294 5*** | 0.000 2 | 0.000 2 | 0.000 4 | 0.000 4 |
| | （2.948 3） | （2.962 3） | （0.928 6） | （0.946 3） | （0.749 5） | （0.768 4） |
| *Bsize* | 0.706 3** | 0.708 3** | 0.000 1 | 0.000 1 | 0.000 3 | 0.000 3 |
| | （2.386 8） | （2.391 2） | （1.149 2） | （1.156 0） | （1.480 7） | （1.487 5） |
| *Deficit* | −0.798 2* | −0.889 6** | −0.000 2 | −0.000 2* | −0.000 4 | −0.000 5* |
| | （−1.814 7） | （−2.014 4） | （−1.440 9） | （−1.653 0） | （−1.452 4） | （−1.677 9） |
| *_cons* | −45.883 2*** | −45.433 5*** | −0.008 5*** | −0.008 3*** | −0.020 4*** | −0.020 0*** |
| | （−13.690 9） | （−13.526 7） | （−7.961 2） | （−7.829 9） | （−8.279 9） | （−8.146 5） |
| *Year FE* | Yes | Yes | Yes | Yes | Yes | Yes |

| | （1） | （2） | （3） | （4） | （5） | （6） |
|---|---|---|---|---|---|---|
| | *Povref_t* | *Povref_t* | *Povref_a* | *Povref_a* | *Povref_r* | *Povref_r* |
| *Province FE* | Yes | Yes | Yes | Yes | Yes | Yes |
| *Pseudo R-sq* | 0.105 | 0.105 | −0.061 | −0.061 | −0.076 | −0.077 |
| *N* | 15 829 | 15 829 | 15 829 | 15 829 | 15 828 | 15 828 |

注：***、**和*分别表示0.01、0.05和0.1的显著性水平。Logit回归对应括号中的数字为Z值，Tobit回归对应括号中的数字为T值。标准误差经过企业群聚效应调整。

### 4.5.4.3　改变企业属地划分标准

为了避免主要经营活动地在中西部地区的非属地公司可能导致的样本选择性偏差，本书以办公地址作为省份的归属标准，来判断上市公司是否属于中西部地区，并且用此标准衡量上市公司所在地官员面临的考核压力，检验考核压力对精准扶贫的影响。改变上市公司所在地的衡量办法后，*Midwest_w*和*Poor_w*分别对应上市公司办公地所属省份是否属于中西部地区及该省份拥有的国家级贫困县数量。而*Tenure_sjw*、*Tenure_szw*、*Age_sjw*和*Age_szw*分别对应上市公司办公地所属省份的省委书记任期、省长任期、省委书记年龄和省长年龄。

首先，本书再次检验官员扶贫考核重要性对企业精准扶贫的影响，结果如表4.11的Panel A所示：*Midwest_w*的系数分别在10%和5%置信水平上显著为正，而*Poor_w*的系数分别在5%和1%置信水平上显著为正。该结果再次验证了企业所在地的官员扶贫考核重要性会促进企业参与精准扶贫。其次，本书再次检验官员晋升激励程度对企业精准扶贫的影响，结果如表4.11的Panel B所示：*Tenure*Age_sjw*的系数分别在10%和5%执行水平上显著为正，而*Tenure*Age_szw*的系数不显著。该结果再次说明省委书记的晋升激励程度会促进企业参与精准扶贫。上述结果均排除了办公地址与注册地址不一致造成结果偏差的可能性。

表4.11 以办公地址为省份的归属标准

| | Panel A：官员扶贫考核重要性 | | | |
|---|---|---|---|---|
| | （1） | （2） | （3） | （4） |
| | *Povref_D* | *Povref_dis* | *Povref_D* | *Povref_dis* |
| *Midwest_w* | 0.860 5* <br>（1.827 3） | 2.590 7** <br>（2.098 8） | | |
| *Poor_w* | | | 0.456 8** <br>（2.401 4） | 1.414 6*** <br>（3.069 7） |
| *Size* | 0.627 9*** <br>（19.746 6） | 2.010 4*** <br>（26.238 6） | 0.628 1*** <br>（19.747 8） | 2.011 5*** <br>（26.247 5） |
| *Lev* | −0.529 2** <br>（−2.369 3） | −1.667 8*** <br>（−2.845 8） | −0.528 2** <br>（−2.364 8） | −1.666 6*** <br>（−2.843 8） |
| *Roa* | 2.520 9*** <br>（5.967 9） | 7.767 1*** <br>（6.595 1） | 2.529 2*** <br>（5.991 2） | 7.794 6*** <br>（6.618 5） |
| *Cashratio* | −0.034 5 <br>（−1.042 6） | −0.088 3 <br>（−1.022 4） | −0.034 4 <br>（−1.042 1） | −0.087 9 <br>（−1.019 1） |
| *Shrhfd* | 1.002 3*** <br>（3.370 9） | 2.367 4*** <br>（3.041 4） | 1.005 1*** <br>（3.378 6） | 2.375 2*** <br>（3.050 1） |
| *Bsize* | 0.326 9*** <br>（2.948 0） | 0.634 6** <br>（2.121 3） | 0.327 9*** <br>（2.955 3） | 0.639 6** <br>（2.135 5） |
| *Deficit_w* | −0.193 4 <br>（−1.212 4） | −0.636 0 <br>（−1.487 8） | −0.206 0 <br>（−1.285 4） | −0.684 6 <br>（−1.595 2） |
| *_cons* | −15.455 1*** <br>（−12.311 9） | −47.331 0*** <br>（−14.438 4） | −15.406 7*** <br>（−12.246 0） | −47.134 0*** <br>（−14.342 7） |
| *Year FE* | Yes | Yes | Yes | Yes |
| *Province FE* | Yes | Yes | Yes | Yes |
| *Pseudo R-sq* | 0.185 | 0.105 | 0.185 | 0.105 |
| *N* | 16 391 | 15 829 | 16 391 | 15 829 |

| Panel B: 官员晋升激励程度 | | | |
|---|---|---|---|
| | 省委书记 | | 省长 |
| | （1） | （2） | （3） | （4） |
| | *Povref_D* | *Povref_dis* | *Povref_D* | *Povref_dis* |
| *Tenure\*Age_sjw* | 0.048 1* | 0.140 2** | | |
| | （1.773 8） | （1.994 5） | | |
| *Tenure_sjw* | −0.002 1 | −0.023 9 | | |
| | （−0.124 3） | （−0.520 2） | | |
| *Age_sjw* | 0.130 7 | 0.348 1 | | |
| | （1.492 3） | （1.537 1） | | |
| *Tenure\*Age_szw* | | | 0.028 3 | 0.064 1 |
| | | | （0.992 0） | （0.879 8） |
| *Tenure_szw* | | | 0.005 6 | 0.019 1 |
| | | | （0.282 3） | （0.372 5） |
| *Age_szw* | | | 0.040 0 | 0.260 3 |
| | | | （0.465 1） | （1.200 1） |
| *Size* | 0.629 3*** | 2.011 3*** | 0.628 3*** | 2.011 9*** |
| | （19.737 7） | （26.250 9） | （19.745 8） | （26.249 9） |
| *Lev* | −0.528 8** | −1.670 9*** | −0.530 2** | −1.673 6*** |
| | （−2.363 8） | （−2.851 9） | （−2.373 4） | （−2.855 5） |
| *Roa* | 2.523 9*** | 7.760 9*** | 2.520 0*** | 7.766 4*** |
| | （5.960 8） | （6.588 2） | （5.965 5） | （6.595 7） |
| *Cashratio* | −0.035 8 | −0.092 5 | −0.034 4 | −0.088 0 |
| | （−1.081 8） | （−1.071 7） | （−1.040 1） | （−1.019 3） |
| *Shrhfd* | 1.011 9*** | 2.392 0*** | 1.002 0*** | 2.363 8*** |
| | （3.397 8） | （3.075 3） | （3.370 3） | （3.037 6） |
| *Bsize* | 0.326 9*** | 0.633 5** | 0.326 2*** | 0.633 5** |
| | （2.942 3） | （2.118 6） | （2.941 7） | （2.118 2） |
| *Deficit_w* | −0.214 8 | −0.692 0 | −0.186 1 | −0.578 8 |
| | （−1.331 8） | （−1.606 5） | （−1.117 7） | （−1.305 0） |
| *_cons* | −15.546 6*** | −47.461 8*** | −15.480 0*** | −47.613 1*** |
| | （−12.287 0） | （−14.382 4） | （−11.941 4） | （−14.080 7） |
| *Year FE* | Yes | Yes | Yes | Yes |
| *Province FE* | Yes | Yes | Yes | Yes |

| Panel B: 官员晋升激励程度 | | | | |
|---|---|---|---|---|
| | 省委书记 | | 省长 | |
| | （1） | （2） | （3） | （4） |
| | *Povref_D* | *Povref_dis* | *Povref_D* | *Povref_dis* |
| *Pseudo R-sq* | 0.186 | 0.105 | 0.185 | 0.105 |
| *N* | 16 391 | 15 829 | 16 391 | 15 829 |

注：\*\*\*、\*\*和\*分别表示 0.01、0.05 和 0.1 的显著性水平。Logit 回归对应括号中的数字为 Z 值，Tobit 回归对应括号中的数字为 T 值。标准误差经过企业群聚效应调整。

#### 4.5.4.4　匹配中西部与东部相邻省份

为了减少省份的宏观经济状况对企业精准扶贫影响的担忧，本书仅匹配保留了与东部地理位置相邻近的中西部省份的企业样本，从而控制地域间的异质性。具体地，当企业所属省份为吉林、河北、河南、安徽、江西、湖南和广西时，*Midwest_p* 取值为 1；当企业所属省份为上海、北京、天津、山东、广东、江苏、浙江、福建和辽宁时，*Midwest_p* 取值为 0。检验结果如表 4.12 所示：无论是对 *Povref_D* 还是 *Povref_dis* 的回归，*Midwest_p* 的系数均在 1% 置信水平上显著为正。相较于主检验结果，该系数显著性更高。这说明在控制了地域间异质性后，该结果更加稳健。

表 4.12　匹配中西部与东部相邻省份

| | （1） | （2） |
|---|---|---|
| | *Povref_D* | *Povref_dis* |
| *Midwest_p* | 1.870 4\*\*\* | 5.831 1\*\*\* |
| | （5.370 5） | （6.004 0） |
| *Size* | 0.618 0\*\*\* | 2.127 0\*\*\* |
| | （17.509 2） | （23.086 7） |
| *Lev* | −0.372 6 | −1.425 4\*\* |
| | （−1.482 3） | （−1.970 2） |
| *Roa* | 2.212 3\*\*\* | 7.577 4\*\*\* |
| | （4.731 4） | （5.327 2） |

续　表

| | （1） | （2） |
|---|---|---|
| | *Povref_D* | *Povref_dis* |
| *Cashratio* | −0.030 5 | −0.065 5 |
| | （−0.785 3） | （−0.596 0） |
| *Shrhfd* | 1.200 0*** | 3.144 8*** |
| | （3.639 4） | （3.346 4） |
| *Bsize* | 0.219 1* | 0.373 6 |
| | （1.761 7） | （1.021 8） |
| *Deficit* | −0.256 0 | −0.840 3* |
| | （−1.497 4） | （−1.691 2） |
| *_cons* | −14.623 2*** | −48.811 5*** |
| | （−10.739 1） | （−12.695 6） |
| *Year FE* | Yes | Yes |
| *Province FE* | Yes | Yes |
| *Pseudo R-sq* | 0.159 | 0.097 |
| *N* | 13 589 | 13 164 |

注：***、**和*分别表示 0.01、0.05 和 0.1 的显著性水平。Logit 回归对应括号中的数字为 Z 值，Tobit 回归对应括号中的数字为 T 值。标准误差经过企业群聚效应调整。

### 4.5.4.5　倾向得分匹配

本书采用倾向得分匹配方法保证企业特征在无显著差异的情况下，检验官员扶贫考核的重要性对企业参与精准扶贫的影响，以消除样本选择偏误。具体地，本书将样本按照所在省份的国家级贫困县数量以中位数为界设置虚拟变量 *Poor_D*，以企业规模 *Size*、负债率 *Lev*、资产收益率 *Roa*、现金比率 *Cashratio*、股权集中度 *Shrhfd*、董事会规模 *Bsize*、省份财政赤字 *Deficit* 作为匹配变量，对其进行一对二最近邻有放回式匹配，最终得到 4 110 个实验组样本和 5 012 个控制组样本。匹配前后的平衡性检验结果如表 4.13 所示：PSM 后实验组和控制组的所有控制变量均不存在显著差异，说明 PSM 过程有效。

进一步地，本书利用 PSM 后挑选出的实验组和控制组样本，重新检验官员扶贫考核重要性对企业精准扶贫的影响。检验结果如表 4.14 所示：*Poor* 的系数分别在1%、10%置信水平上显著为正。该结果与主检验结果保持一致，再次证实了假设1的稳健性。

表4.13　PSM平衡性检验

| Variable | Unmatched | Mean | | | %reduct | t-test | | V(T)/ |
|---|---|---|---|---|---|---|---|---|
| | Matched | Treated | Control | %bias | \|bias\| | t | p>\|t\| | V(C) |
| Size | U | 22.356 | 22.203 | 11.7 | | 6.46 | 0.000 | 0.97 |
| | M | 22.353 | 22.34 | 1.0 | 91.4 | 0.45 | 0.651 | 0.92* |
| Lev | U | 0.438 17 | 0.403 | 17.4 | | 9.8 | 0.000 | 1.12* |
| | M | 0.437 51 | 0.435 81 | 0.8 | 95.2 | 0.38 | 0.705 | 1.08* |
| Roa | U | 0.033 97 | 0.039 55 | −7.8 | | −4.29 | 0.000 | 0.89* |
| | M | 0.034 2 | 0.031 88 | 3.3 | 58.5 | 1.39 | 0.164 | 0.71* |
| Cashratio | U | 0.704 11 | 0.801 33 | −9.1 | | −4.93 | 0.000 | 0.78* |
| | M | 0.705 17 | 0.707 54 | −0.2 | 97.6 | −0.1 | 0.917 | 0.88* |
| Shrhfd | U | 0.154 18 | 0.155 95 | −1.6 | | −0.9 | 0.369 | 1.01 |
| | M | 0.154 04 | 0.153 98 | 0.1 | 96.6 | 0.03 | 0.980 | 1.01 |
| Bsize | U | 2.313 | 2.256 7 | 22.1 | | 12.27 | 0.000 | 0.99 |
| | M | 2.312 | 2.313 | −0.4 | 98.3 | −0.17 | 0.863 | 0.92* |
| Deficit | U | 8.151 | 7.814 9 | 70.2 | | 36.73 | 0.000 | 0.60* |
| | M | 8.149 6 | 8.149 6 | 0.0 | 100 | 0.01 | 0.993 | 1.10* |

注：***、**和*分别表示0.01、0.05和0.1的显著性水平。

表4.14　PSM后回归

| | （1） | （2） |
|---|---|---|
| | *Povref_D* | *Povref_dis* |
| Poor | 3.178 7*** | 1.088 1* |
| | （13.744 4） | （1.912 3） |
| Size | 0.576 9*** | 1.896 2*** |
| | （15.814 1） | （22.107 6） |
| Lev | −0.573 0** | −2.175 9*** |
| | （−2.193 5） | （−3.312 1） |
| Roa | 2.130 0*** | 6.987 4*** |
| | （4.551 3） | （5.585 7） |

| | （1） | （2） |
|---|---|---|
| | *Povref_D* | *Povref_dis* |
| *Cashratio* | −0.010 1 | −0.079 3 |
| | （−0.254 5） | （−0.766 1） |
| *Shrhfd* | 0.970 9*** | 1.912 2** |
| | （2.752 7） | （2.187 6） |
| *Bsize* | 0.466 2*** | 0.983 6*** |
| | （3.569 6） | （2.941 3） |
| *Deficit* | −0.193 5* | 0.737 5 |
| | （−1.917 3） | （0.936 2） |
| *_cons* | −14.318 8*** | −54.474 5*** |
| | （−12.739 2） | （−9.677 9） |
| *Year FE* | Yes | Yes |
| *Province FE* | Yes | Yes |
| *Pseudo R-sq* | 0.140 | 0.102 |
| *N* | 9 122 | 8 781 |

注：***、**和*分别表示 0.01、0.05 和 0.1 的显著性水平。Logit 回归对应括号中的数字为 Z 值，Tobit 回归对应括号中的数字为 T 值。标准误差经过企业群聚效应调整。

# 4.6　进一步分析

## 4.6.1　官员特征的异质性分析

中国省委书记的来源存在以下四种情况：外省晋升、由外省平调、由本省晋升、中央调任。不同来源的省委书记反映了其背后的个人关系网络和资源禀赋，从而影响官员对当地活动的干预能力。Qian 和 Xu（2014）的研究发现，相对于其他几类来源的官员，外省晋升和外省平调来的官员的资源禀赋相对较差，而且又缺乏与上级的密切关系。因此，本书认为外省晋升和外省平调的官员更难以熟知中央的扶贫意图，且干预当地企业扶贫的能力较差。

对此，本书按照省委书记和省长的来源将样本分为外省晋升与外省平调组，省内晋升与中央调任组，分别检验官员扶贫考核重要性对企业精准扶贫的影响。结果如表4.15所示：无论是省委书记还是省长，在非外省调任情况中的 *Midwest* 系数和 *Poor* 系数比外省调任情况的对应系数显著更大，且大部分系数通过了 SUR test 方法下的组间差异检验。这说明，官员因晋升而驱动企业扶贫的现象主要存在于非平调的省委书记身上。

表4.15　区分官员来源

| | Panel A：被解释变量为 *Povref_D* | | | | | | | |
|---|---|---|---|---|---|---|---|---|
| | 省委书记 | | | | 省长 | | | |
| | （1） | （2） | （3） | （4） | （5） | （6） | （7） | （8） |
| | 省内晋升/中央调任 | 外省晋升/外省平调 | 省内晋升/中央调任 | 外省晋升/外省平调 | 省内晋升/中央调任 | 外省晋升/外省平调 | 省内晋升/中央调任 | 外省晋升/外省平调 |
| | *Povref_D* | *Povref_D* | *Povref_D* | *Povref_D* | *Povref_D* | *Povref_D* | *Povref_D* | *Povref_D* |
| *Midwest* | 1.346 3*** | 1.033 7*** | | | 1.304 6*** | 0.780 1*** | | |
| | （12.031 9） | （10.113 5） | | | （15.512 9） | （3.413 0） | | |
| *Poor* | | | 3.610 5*** | 2.844 5*** | | | 3.413 9*** | 2.940 5*** |
| | | | （12.936 2） | （9.533 9） | | | （14.857 3） | （6.441 8） |
| *Size* | 0.531 9*** | 0.652 3*** | 0.536 0*** | 0.660 1*** | 0.585 3*** | 0.618 8*** | 0.587 1*** | 0.628 9*** |
| | （13.297 0） | （14.980 4） | （13.442 6） | （15.194 7） | （17.852 2） | （9.176 0） | （18.094 4） | （9.209 4） |
| *Lev* | −0.422 2 | −0.442 7 | −0.397 6 | −0.374 9 | −0.340 1 | −1.096 7** | −0.254 0 | −1.148 1** |
| | （−1.459 8） | （−1.436 9） | （−1.400 4） | （−1.224 2） | （−1.429 7） | （−2.387 3） | （−1.089 8） | （−2.420 4） |
| *Roa* | 1.877 2*** | 2.581 8*** | 1.695 8*** | 2.500 5*** | 2.441 5*** | 0.642 2 | 2.315 7*** | 0.678 2 |
| | （3.397 8） | （4.501 1） | （3.186 7） | （4.281 7） | （5.529 9） | （0.698 5） | （5.297 2） | （0.724 2） |
| *Cashratio* | −0.057 3 | 0.016 0 | −0.063 9 | 0.021 1 | 0.002 7 | −0.135 4 | 0.006 1 | −0.162 0** |
| | （−1.335 9） | （0.377 2） | （−1.452 0） | （0.510 8） | （0.079 8） | （−1.634 7） | （0.183 7） | （−1.996 0） |
| *Shrhfd* | 1.255 1*** | 0.822 0* | 1.281 3*** | 0.900 3** | 1.018 6*** | 1.004 2 | 1.064 3*** | 1.032 0 |
| | （3.257 9） | （1.936 0） | （3.359 4） | （2.172 7） | （3.260 2） | （1.408 3） | （3.467 9） | （1.460 2） |
| *Bsize* | 0.269 0* | 0.378 9** | 0.284 0** | 0.493 4*** | 0.277 2** | 0.538 2** | 0.373 3*** | 0.497 4** |
| | （1.878 3） | （2.350 3） | （2.002 6） | （3.104 1） | （2.337 7） | （2.216 3） | （3.209 4） | （2.019 1） |
| *Deficit* | −0.286 4*** | −0.017 9 | −0.186 2* | 0.006 2 | −0.144 4* | 0.035 7 | −0.112 9 | 0.093 6 |
| | （−2.779 0） | （−0.200 5） | （−1.813 2） | （0.071 3） | （−1.933 3） | （0.188 7） | （−1.492 5） | （0.693 8） |

续　表

| Panel A：被解释变量为 *Povref_D* | | | | | | | |
|---|---|---|---|---|---|---|---|
| 省委书记 | | | | 省长 | | | |
| （1） | （2） | （3） | （4） | （5） | （6） | （7） | （8） |
| 省内晋升/中央调任 | 外省晋升/外省平调 | 省内晋升/中央调任 | 外省晋升/外省平调 | 省内晋升/中央调任 | 外省晋升/外省平调 | 省内晋升/中央调任 | 外省晋升/外省平调 |
| *Povref_D* | *Povref_D* | *Povref_D* | *Povref_D* | *Povref_D* | *Povref_D* | *Povref_D* | *Povref_D* |
| _cons | | | | | | | |
| −12.299 9\*\*\* | −17.115 6\*\*\* | −13.159 4\*\*\* | −17.869 3\*\*\* | −14.481 3\*\*\* | −16.856 0\*\*\* | −15.065 5\*\*\* | −17.574 4\*\*\* |
| （−10.588 0） | （−14.179 5） | （−11.296 4） | （−15.178 9） | （−15.507 3） | （−8.331 3） | （−16.161 8） | （−9.964 7） |
| Year FE | | | | | | | |
| Yes | Yes | Yes | Yes | Yes | Yes | Yes | Yes |
| Province FE | | | | | | | |
| Yes | Yes | Yes | Yes | Yes | Yes | Yes | Yes |
| Pseudo R-sq | | | | | | | |
| 0.149 | 0.164 | 0.146 | 0.156 | 0.157 | 0.160 | 0.145 | 0.177 |
| N | | | | | | | |
| 8 547 | 7 844 | 8 547 | 7 844 | 13 925 | 2 466 | 13 925 | 2 466 |
| chi2（1） | | | | | | | |
| 4.62 | | 4.07 | | 4.83 | | 0.95 | |
| Prob > chi2 | | | | | | | |
| 0.031 6 | | 0.043 7 | | 0.027 9 | | 0.328 6 | |

| Panel B：被解释变量为 *Povref_dis* | | | | | | | |
|---|---|---|---|---|---|---|---|
| 省委书记 | | | | 省长 | | | |
| （1） | （2） | （3） | （4） | （5） | （6） | （7） | （8） |
| 省内晋升/中央调任 | 外省晋升/外省平调 | 省内晋升/中央调任 | 外省晋升/外省平调 | 省内晋升/中央调任 | 外省晋升/外省平调 | 省内晋升/中央调任 | 外省晋升/外省平调 |
| *Povref_dis* | *Povref_dis* | *Povref_dis* | *Povref_dis* | *Povref_dis* | *Povref_dis* | *Povref_dis* | *Povref_dis* |
| *Midwest* | | | | | | | |
| 3.558 8\*\*\* | 2.750 4\*\*\* | | | 3.471 6\*\*\* | 2.141 0\*\*\* | | |
| （12.575 9） | （10.015 6） | | | （15.944 1） | （3.461 2） | | |
| *Poor* | | | | | | | |
| | | 9.083 8\*\*\* | 7.546 4\*\*\* | | | 9.066 5\*\*\* | 6.756 9\*\*\* |
| | | （14.201 5） | （9.643 1） | | | （15.942 3） | （6.438 1） |
| *Size* | | | | | | | |
| 1.822 0\*\*\* | 2.115 6\*\*\* | 1.812 2\*\*\* | 2.154 6\*\*\* | 1.950 4\*\*\* | 2.038 9\*\*\* | 1.968 4\*\*\* | 2.007 7\*\*\* |
| （17.535 8） | （19.619 4） | （17.701 9） | （20.215 8） | （23.028 9） | （13.296 7） | （23.607 6） | （13.251 4） |
| *Lev* | | | | | | | |
| −1.416 9\* | −1.337 9 | −1.327 4\* | −1.225 4 | −1.110 2\* | −3.327 5\*\*\* | −0.919 8 | −3.362 8\*\*\* |
| （−1.811 7） | （−1.560 2） | （−1.712 0） | （−1.423 2） | （−1.696 0） | （−2.813 4） | （−1.413 8） | （−2.784 2） |
| *Roa* | | | | | | | |
| 7.062 9\*\*\* | 7.649 5\*\*\* | 6.316 9\*\*\* | 7.465 5\*\*\* | 7.928 2\*\*\* | 2.945 8 | 7.489 8\*\*\* | 2.992 1 |
| （4.475 2） | （4.516 3） | （4.087 6） | （4.308 4） | （6.211 8） | （1.111 5） | （5.889 8） | （1.085 8） |
| *Cashratio* | | | | | | | |
| −0.169 8 | 0.075 8 | −0.171 1 | 0.075 9 | 0.008 4 | −0.329 1 | 0.017 0 | −0.390 2\* |
| （−1.509 5） | （0.627 8） | （−1.520 1） | （0.635 6） | （0.091 6） | （−1.576 5） | （0.186 0） | （−1.921 0） |

续　表

| Panel B: 被解释变量为 *Povref_dis* | | | | | | | |
|---|---|---|---|---|---|---|---|
| 省委书记 | | | | 省长 | | | |
| （1） | （2） | （3） | （4） | （5） | （6） | （7） | （8） |
| 省内晋升/中央调任 | 外省晋升/外省平调 | 省内晋升/中央调任 | 外省晋升/外省平调 | 省内晋升/中央调任 | 外省晋升/外省平调 | 省内晋升/中央调任 | 外省晋升/外省平调 |
| *Povref_dis* | *Povref_dis* | *Povref_dis* | *Povref_dis* | *Povref_dis* | *Povref_dis* | *Povref_dis* | *Povref_dis* |
| *Shrhfd* | 3.051 4*** | 2.161 5* | 3.153 4*** | 2.303 0** | 2.558 6*** | 2.421 8 | 2.665 9*** | 2.413 8 |
|  | （2.949 4） | （1.852 9） | （3.056 8） | （1.995 1） | （2.966 9） | （1.332 5） | （3.102 0） | （1.353 5） |
| *Bsize* | 0.520 5 | 0.861 3* | 0.544 7 | 1.190 8*** | 0.547 6 | 1.295 8** | 0.814 0** | 1.162 6* |
|  | （1.297 3） | （1.928 7） | （1.360 5） | （2.654 1） | （1.644 1） | （2.042 3） | （2.440 3） | （1.838 0） |
| *Deficit* | −0.687 5** | 0.014 4 | −0.377 4 | 0.094 7 | −0.272 7 | −0.041 4 | −0.196 4 | 0.281 0 |
|  | （−2.537 9） | （0.057 7） | （−1.368 7） | （0.387 4） | （−1.302 1） | （−0.080 5） | （−0.918 3） | （0.788 5） |
| *_cons* | −42.107 9*** | −54.389 8*** | −44.194 7*** | −56.982 2*** | −47.980 2*** | −52.159 5*** | −49.851 5*** | −53.694 3*** |
|  | （−13.972 4） | （−17.563 3） | （−14.785 1） | （−19.177 6） | （−19.345 2） | （−10.738 1） | （−20.325 5） | （−13.696 7） |
| *Year FE* | Yes | Yes | Yes | Yes | Yes | Yes | Yes | Yes |
| *Province FE* | Yes | Yes | Yes | Yes | Yes | Yes | Yes | Yes |
| *Pseudo R-sq* | 0.087 | 0.096 | 0.085 | 0.092 | 0.091 | 0.095 | 0.086 | 0.100 |
| *N* | 8 223 | 7 606 | 8 223 | 7 606 | 13 455 | 2 374 | 13 455 | 2 374 |
| *chi2（1）* | 4.56 | | 2.63 | | 4.3 | | 4.14 | |
| *Prob > chi2* | 0.032 8 | | 0.104 8 | | 0.038 2 | | 0.041 8 | |

注：***、** 和 * 分别表示 0.01、0.05 和 0.1 的显著性水平。Logit 回归对应括号中的数字为 Z 值，Tobit 回归对应括号中的数字为 T 值。标准误差经过企业群聚效应调整。

此外，本书认为在出生地任职的官员更熟悉当地民情，并且更能与当地企业搞好关系，从而动员企业参与扶贫。由于省委书记很少在出生地任职，因此本书将省长是否在出生地任职进行分组，检验官员扶贫考核重要性对企业精准扶贫的影响。回归结果如表 4.16 所示：无论是针对 *Povref_D* 的回归还是针对 *Povref_dis* 的回归，当省长在出生地任职的组里的 *Midwest* 系数、*Poor* 系数均要显著高于省长在非出生地任职的组的对应系数，且系数全部通过 SUR test 组间差异性检验。这说明在政府干预程度强的地区，官员晋升动机更可能引发企业扶贫行为。

表4.16  区分官员出生地任职

| | （1）<br>出生地<br>任职<br>*Povref_D* | （2）<br>非出生地<br>任职<br>*Povref_D* | （3）<br>出生地<br>任职<br>*Povref_D* | （4）<br>非出生地<br>任职<br>*Povref_D* | （5）<br>出生地<br>任职<br>*Povref_dis* | （6）<br>非出生地<br>任职<br>*Povref_dis* | （7）<br>出生地<br>任职<br>*Povref_dis* | （8）<br>非出生地<br>任职<br>*Povref_dis* |
|---|---|---|---|---|---|---|---|---|
| *Midwest* | 2.067 8***<br>（10.076 0） | 1.039 2***<br>（12.316 1） | | | 5.108 8***<br>（11.435 0） | 2.757 4***<br>（12.213 0） | | |
| *Poor* | | | 6.701 9***<br>（10.027 8） | 2.877 3***<br>（13.291 4） | | | 15.991 5***<br>（12.585 8） | 7.433 3***<br>（13.838 7） |
| *Size* | 0.605 9***<br>（7.846 0） | 0.581 8***<br>（17.638 0） | 0.612 3***<br>（8.167 1） | 0.587 7***<br>（17.898 0） | 1.844 7***<br>（10.194 4） | 1.963 1***<br>（23.259 5） | 1.929 7***<br>（11.040 2） | 1.970 6***<br>（23.692 4） |
| *Lev* | −0.961 0*<br>（−1.762 6） | −0.380 5<br>（−1.597 7） | −0.805 1<br>（−1.536 0） | −0.346 9<br>（−1.473 3） | −2.828 6**<br>（−1.984 9） | −1.218 6*<br>（−1.863 3） | −2.511 0*<br>（−1.810 2） | −1.167 8*<br>（−1.792 0） |
| *Roa* | 2.299 1**<br>（2.226 3） | 2.190 2***<br>（5.036 9） | 1.940 6*<br>（1.952 3） | 2.122 3***<br>（4.858 6） | 7.162 9**<br>（2.478 5） | 7.389 7***<br>（5.790 0） | 6.401 6**<br>（2.257 8） | 7.070 9***<br>（5.495 7） |
| *Cashratio* | −0.190 5*<br>（−1.916 9） | 0.002 6<br>（0.078 9） | −0.194 2**<br>（−2.105 8） | 0.002 1<br>（0.063 7） | −0.616 0***<br>（−2.632 1） | 0.034 1<br>（0.364 9） | −0.643 9***<br>（−2.960 8） | 0.029 4<br>（0.317 2） |
| *Shrhfd* | 0.395 4<br>（0.510 9） | 1.133 5***<br>（3.573 5） | 0.246 8<br>（0.332 5） | 1.197 5***<br>（3.819 6） | 0.890 9<br>（0.485 1） | 2.854 7***<br>（3.251 2） | 0.511 9<br>（0.282 7） | 2.994 7***<br>（3.426 8） |
| *Bsize* | 0.157 0<br>（0.514 5） | 0.335 3***<br>（2.901 0） | 0.355 1<br>（1.192 9） | 0.387 6***<br>（3.381 8） | −0.127 1<br>（−0.167 5） | 0.782 6**<br>（2.389 7） | 0.375 8<br>（0.491 5） | 0.923 9***<br>（2.817 2） |
| *Deficit* | −1.150 9**<br>（−2.089 0） | −0.080 3<br>（−1.113 0） | −1.052 9*<br>（−1.769 1） | −0.047 0<br>（−0.662 8） | −1.975 8*<br>（−1.659 0） | −0.144 4<br>（−0.710 5） | −1.251 9<br>（−1.108 4） | −0.048 2<br>（−0.240 6） |
| *_cons* | −7.178 9<br>（−1.587 5） | −15.022 9***<br>（−16.488 3） | −9.216 5*<br>（−1.893 8） | −15.583 1***<br>（−17.297 2） | −31.089 6**<br>（−2.982 2） | −49.818 5***<br>（−20.726 4） | −41.482 4***<br>（−4.370 1） | −51.138 3***<br>（−21.889 2） |
| *Year FE* | Yes | Yes | Yes | Yes | Yes | Yes | Yes | Yes |
| *Province FE* | Yes | Yes | Yes | Yes | Yes | Yes | Yes | Yes |
| *Pseudo R-sq* | 0.208 | 0.149 | 0.186 | 0.146 | 0.114 | 0.088 | 0.103 | 0.087 |
| *N* | 2 581 | 13 810 | 2 581 | 13 810 | 2 498 | 13 331 | 2 498 | 13 331 |
| *chi2（1）* | 22.18 | | 30.81 | | 23.23 | | 41.01 | |
| *Prob > chi2* | 0.000 0 | | 0.000 0 | | 0.000 0 | | 0.000 0 | |

注：***、**和*分别表示0.01、0.05和0.1的显著性水平。Logit回归对应括号中的数字为Z值，Tobit回归对应括号中的数字为T值。标准误差经过企业群聚效应调整。

### 4.6.2　政府干预程度的异质性分析

中国不同地区在政府干预程度方面存在较大差异，市场化程度越低的地区，政府对当地经济活动的干预就越高（Fan et al.，2013）。本书利用《中国分省份市场化指数报告（2018）》的"减少政府规模"指数来衡量政府干预程度，该指数越高说明该地区政府干预的程度越小。本书在省份层面，利用2016年"减少政府规模"指数的中位数为界，将省份分为政府干预程度较弱和较强两组，然后对应到企业层面面板样本中，以此区分企业事前面临的地方政府干预程度。

本书将样本按照政府干预程度强弱进行分组后，检验官员扶贫考核重要性对企业精准扶贫影响的差异性。结果如表4.17所示：无论是针对*Povref_D*的回归还是针对*Povref_dis*的回归，省长在出生地任职的组里的*Midwest*系数、*Poor*系数均要显著高于省长在非出生地任职的组的对应系数，且系数全部通过SUR test组间差异性检验。这说明在政府干预程度强的地区，官员晋升动机更可能引发的企业扶贫行为。

表4.17　区分政府干预程度

| | （1）政府干预较弱 Povref_D | （2）政府干预较强 Povref_D | （3）政府干预较弱 Povref_D | （4）政府干预较强 Povref_D | （5）政府干预较弱 Povref_dis | （6）政府干预较强 Povref_dis | （7）政府干预较弱 Povref_dis | （8）政府干预较强 Povref_dis |
|---|---|---|---|---|---|---|---|---|
| Midwest | 0.954 9*** (9.973 3) | 1.587 0*** (11.516 7) | | | 2.540 1*** (9.533 9) | 4.070 2*** (12.714 7) | | |
| Poor | | | 2.467 6*** (9.431 4) | 4.657 8*** (13.419 9) | | | 6.474 5*** (9.696 3) | 11.364 2*** (14.117 4) |
| Size | 0.583 4*** (14.575 6) | 0.602 1*** (12.388 1) | 0.590 0*** (14.838 3) | 0.608 0*** (12.662 2) | 1.966 6*** (19.036 6) | 1.946 4*** (16.565 3) | 1.983 3*** (19.452 9) | 1.958 5*** (17.024 0) |
| Lev | −0.245 7 (−0.876 5) | −0.795 4** (−2.203 5) | −0.180 4 (−0.654 3) | −0.795 1** (−2.235 5) | −0.752 3 (−0.955 7) | −2.435 7*** (−2.622 6) | −0.611 9 (−0.783 3) | −2.408 8*** (−2.588 5) |
| Roa | 2.837 2*** (5.450 2) | 1.516 9** (2.265 3) | 2.925 2*** (5.595 8) | 0.926 1 (1.475 2) | 8.717 4*** (5.671 0) | 5.945 8*** (3.225 5) | 8.934 8*** (5.787 0) | 4.135 4** (2.304 1) |

续　表

| | （1） | （2） | （3） | （4） | （5） | （6） | （7） | （8） |
|---|---|---|---|---|---|---|---|---|
| | 政府干预较弱 | 政府干预较强 | 政府干预较弱 | 政府干预较强 | 政府干预较弱 | 政府干预较强 | 政府干预较弱 | 政府干预较强 |
| | *Povref_D* | *Povref_D* | *Povref_D* | *Povref_D* | *Povref_dis* | *Povref_dis* | *Povref_dis* | *Povref_dis* |
| *Cashratio* | −0.002 1 | −0.055 1 | −0.000 5 | −0.062 7 | 0.041 8 | −0.201 4 | 0.040 2 | −0.209 8 |
| | （−0.051 6） | （−1.086 1） | （−0.011 9） | （−1.228 2） | （0.365 6） | （−1.522 9） | （0.355 6） | （−1.598 1） |
| *Shrhfd* | 0.825 0** | 1.426 8*** | 0.910 8** | 1.339 8*** | 2.108 4** | 3.382 1*** | 2.293 2** | 3.130 2** |
| | （2.232 9） | （2.882 4） | （2.506 5） | （2.748 2） | （2.015 0） | （2.733 9） | （2.199 5） | （2.564 1） |
| *Bsize* | 0.346 1** | 0.288 3 | 0.411 6*** | 0.372 8** | 0.919 6** | 0.286 6 | 1.096 5*** | 0.516 2 |
| | （2.541 4） | （1.568 0） | （3.063 1） | （2.022 5） | （2.376 6） | （0.574 8） | （2.826 7） | （1.028 7） |
| *Deficit* | −0.058 9 | −0.269 3 | 0.005 4 | −0.297 9* | −0.095 8 | −0.556 7 | 0.091 4 | −0.549 1 |
| | （−0.730 1） | （−1.612 7） | （0.068 6） | （−1.686 1） | （−0.410 2） | （−1.363 8） | （0.406 1） | （−1.200 2） |
| *_cons* | −15.230 3*** | −14.046 8*** | −16.075 9*** | −14.244 1*** | −50.661 4*** | −44.980 2*** | −53.007 2*** | −45.991 3*** |
| | （−13.968 0） | （−8.327 7） | （−15.009 0） | （−8.295 3） | （−17.453 4） | （−11.031 1） | （−19.012 6） | （−10.739 9） |
| *Year FE* | Yes | Yes | Yes | Yes | Yes | Yes | Yes | Yes |
| *Province FE* | Yes | Yes | Yes | Yes | Yes | Yes | Yes | Yes |
| *Pseudo R-sq* | 0.141 | 0.186 | 0.135 | 0.182 | 0.083 | 0.107 | 0.080 | 0.104 |
| *N* | 10 681 | 5 710 | 10 681 | 5 710 | 10 330 | 5 499 | 10 330 | 5 499 |
| *chi2（1）* | 14.19 | | 25.39 | | 13.5 | | 21.86 | |
| *Prob > chi2* | 0.000 2 | | 0.000 0 | | 0.000 2 | | 0.000 0 | |

注：***、**和*分别表示0.01、0.05和0.1的显著性水平。Logit回归对应括号中的数字为Z值，Tobit回归对应括号中的数字为T值。标准误差经过企业群聚效应调整。

### 4.6.3　省级官员晋升分析

基于本章节的逻辑推导，地方政府官员会动员当地企业共同参与精准扶贫来帮助其完成扶贫考核。本书进一步检验企业参与精准扶贫是否会提高当地政府官员的晋升概率，从而加强文章逻辑。具体地，本书利用2016—2019年省级层面样本，检验所辖地区企业扶贫程度对官员晋升的影响。本书将待检验的回归方程设定为

$$Promotion_{j,t} = \alpha + \beta_1 Povref\_amt_{j,t} + \beta_2 Control_{i,t} + \varepsilon \qquad （4.3）$$

被解释变量*Promotion*用来度量第$t$年$j$省份的官员未来一年的晋升情况。

本书通过各省人民政府门户网站等途径查询各省份的省委书记的下一年去向，并根据去向判定政府官员是否存在晋升。参考以往文献对政府官员晋升的界定方法（陶然等，2010；蒋德权等，2015；Lee & Schuler，2020），本书对省委书记的去向界定如下：①省委书记进入核心领导层，如担任政治局常委、政治局委员、中央书记处书记、总理、副总理、国务委员、全国人大常委会委员长或副委员长、全国政协主席或副主席，属于晋升。②省委书记担任其他省份省委书记、中央党务部门正职、中央部委正职，属于平调。③除上述情况以外的变动、退休、涉案革职，属于降职。基于上述去向分类，本书设定省级政府官员晋升的离散变量 *Promotion*，若官员获得晋升，该变量取值为 2；若官员平调或继任，取值为 1；若官员遭到降职，取值为 0。

解释变量由地区参与扶贫的上市公司投入总额 *Povref_amt1* 和平均额 *Povref_amt2* 来衡量地区企业扶贫程度。*Control* 为一组影响官员晋升的控制变量，包括官员任期 *Tenure*、官员年龄 *Age*、官员学历 *Edu*、经济绩效增长率 *Ggdp*。由于 *Promotion* 是有序离散变量，模型（4.3）采用 Logit 回归。结果如表 4.18 所示：*Povref_amt1* 和 *Povref_amt2* 的系数分别在 5%、10% 置信水平上显著为正，说明地区企业帮扶的程度越高，该地区省委书记次年越有可能实现晋升。因此，进一步佐证了企业参与扶贫背后的官员考核晋升的动机。

表 4.18　省级官员晋升

| | （1） | （2） |
|---|---|---|
| | *Promotion* | *Promotion* |
| *Povref_amt1* | 0.213 7** <br> （2.299 4） | |
| *Povref_amt2* | | 0.200 5* <br> （1.708 4） |
| *Tenure* | −0.225 0 <br> （−1.485 1） | −0.218 4 <br> （−1.416 5） |
| *Age* | −0.193 8** <br> （−2.131 5） | −0.194 8** <br> （−2.111 5） |

| | （1） | （2） |
|---|---|---|
| | Promotion | Promotion |
| Edu | −0.081 8 | −0.107 0 |
| | （−0.230 9） | （−0.304 8） |
| Ggdp | 11.713 6 | 11.399 9 |
| | （1.619 3） | （1.550 2） |
| cut1 | −11.760 2** | −12.805 1** |
| | （−2.009 0） | （−2.165 9） |
| cut2 | −6.935 0 | −8.075 5 |
| | （−1.206 4） | （−1.393 4） |
| Pseudo R-sq | 0.116 | 0.102 |
| N | 124 | 124 |

注：***、**和*分别表示 0.01、0.05 和 0.1 的显著性水平。Logit 回归对应括号中的数字为 Z 值。

# 4.7　本章小结

自 2015 年 11 月中共中央和国务院联合发布《关于打赢脱贫攻坚战的决定》以来，中国政府举全国之力推进脱贫攻坚战，其中企业广泛参与进来。精准扶贫作为特殊形式的社会责任，企业的参与形式和参与程度与其他社会责任形式大有不同。因此，企业基于什么动机参与精准扶贫值得深入研究。

由于各级地方政府官员均受严格的扶贫成效考核，并且考核结果关乎官员个人仕途，因此本书推测官员会因考核而动员企业参与扶贫，形成政企合力脱贫。本书基于 2016—2020 年 A 股上市公司样本，研究发现，官员扶贫考核越重要的省份，企业越有可能参与精准扶贫且投入水平越高；官员晋升激励程度越大的省份，企业越有可能参与精准扶贫且投入水平越高。本书进一步检验了官员特征异质性和地区政府干预程度异质性，研究发现，相较于外省平调与晋升的官员，省内晋升和中央调任的官员所管辖的企业会更倾向于参与精准扶贫；相较于非出生地任职的官员，出生地任职的官员所管辖的企业会更倾向于参与精准扶贫；地区的政府干预程度越强，当地企业更倾向于参与精准扶贫。

本书研究不仅有助于从企业帮扶的视角丰富和拓展扶贫的相关研究，而且有助于从政府官员考核的角度丰富和拓展企业社会责任影响因素的相关研究，以及有助于从精准扶贫的角度丰富和拓展官员晋升考核的相关研究。同时，本书的研究对完善政府官员的考核评估工作具有借鉴意义，也为全面推进乡村振兴、加快农业农村现代化提供理论依据和政策参考。

# 5　政企关系与企业精准扶贫

# 5.1　研究问题

政府与企业的相互作用在现实世界里无处不在，一直是经济学领域研究的热点问题（Tahoun，2014；Faccio & Hsu，2017；Chen & Kung，2019）。当政府（政客）对企业具有控制权时，政府（政客）会说服企业实现政治目的；而当企业高管具有控制权时，也会向政府（政客）游说实现企业目的（Shleifer & Vishny，1994）。例如，Bertrand 等（2020）的研究发现企业慈善行为作为一种"免税游说"方式，成为企业获得政治影响力的工具。Lin 等（2015）的研究表明，企业利用企业社会责任来建立政治网络，从而获得更多的政府补助。上述文献体现了企业社会责任与政企关系的密切联系。此外，Scherer 和 Palazzo（2011）提出了"政治化的企业社会责任"概念，这是一种扩展的治理模式。越来越多的企业扮演政府的角色，参与全球商业监管和全球公共产品的生产（Matten & Crane，2005）。因此，政府与企业在社会责任上的相互作用，究竟会带来双赢还是经济损失，值得本书深入研究。

政企合力脱贫攻坚是政企关系在减贫治理中的重要体现。扶贫工作的有效开展不仅需要政府自上而下的层层落实，也需要社会力量自下而上的相互呼应。例如，全国工商联与国务院扶贫办（现为国家乡村振兴局）联合推进的"万企帮万村"行动，动员民营企业利用产业优势帮助贫困县脱贫。国有资产监督管理委员会牵头推进中央企业"定点帮扶"行动，并动员地方国有企业积极开展"包村帮扶"活动。对此，《企业扶贫蓝皮书（2020）》指出，截至2020年7月31日，97%的中国100强企业积极响应政策号召，平均扶贫捐赠过亿元。

协同治理理论强调各方利益的平衡和共享、信息和资源的交换（胡建华和钟刚华，2020）。在精准扶贫的具体实施过程中也体现了政府和企业资源相互依赖、互惠互利。一方面，政府会给予企业必要的政策支持、外部环境支持，以及服务支持等，进而吸引企业参与扶贫。陆汉文等（2018）研究发现中央和地方政府会出台土地使用、税收减免、行政审批、项目支持、贷款贴息等各方面的优惠政策，改善乡村道路、用水用电、交通运输等配套基础设施，加强市场风险保障，为企业开展扶贫项目保驾护航。另一方面，企业将政府投入的资金整合起来提高资金使用效率，利用行业、技术、人才等优势为扶贫产业注入新鲜血液，并且带动了相关资源和上下游企业共同参与扶贫，与政府形成合作双赢模式。

第四章研究发现，当地方政府官员将精准扶贫成效嵌入政治忠诚及仕途晋升的目标后，便会竭尽全力地动员其能够控制的人力、物力和财力完成指标。其中，政府利用政商关系和强大的社会动员能力，引导和支持上市公司参与精准扶贫是一个行之有效的理性选择。政府会通过与企业的"关系"实现对企业的干预，促使企业将部分资源转移给政府或社会（田利辉和张伟，2013），让其帮助实现政治目标（杨其静，2011；Shleifer & Vishny，1998；Fan et al.，2007）。面对地方政府的积极动员，企业也很可能以参与扶贫的方式与政府维系良好的关系。那么，什么类型的企业更可能迎合政府官员的考核需求呢？

现有文献表明，政府与企业的政治联系主要体现在对企业的控制权（曾庆生和陈信元，2006；周黎安，2007；Shleifer & Vishny，1998；Lin et al.，1998）和高管的政治背景（余明桂和潘红波，2008；罗党论和唐清泉，2009；吴文锋等，2009；Faccio，2006；Bertrand et al.，2018）两个方面。因此，本书从产权性质和政商关系两个维度衡量政企关系，研究政企关系对企业精准扶贫行为的影响。

本书拟回答以下两个问题。

第一，基于产权性质的区分，国有企业是否比民营企也更有可能参与精准扶贫，并且投入精准扶贫的金额更多？

第二，基于政商关系的区分，拥有政商关系的企业是否比没有政商关系的企业，更有可能参与精准扶贫，并且精准扶贫的投入金额更多？

# 5.2  理论分析与研究假设

## 5.2.1  产权性质与企业精准扶贫

一方面，相对于民营企业来说，国有企业承担了政府大量的社会责任，导致国有企业存在更大的"政治迎合"倾向（周黎安，2008）。而且，在政府干预下国有企业承担着政策性负担（林毅夫和李志赟，2004；Lin et al.，1998）。现有文献研究发现，国有企业会因政府干预而导致过度投资（程仲鸣等，2008；白俊和连立帅，2014；孙晓华和李明珊，2016）和冗余雇员（薛云奎和白云霞，2008；马连福等，2013；刘行，2016）。由于地方政府官员受到严格的精准扶贫成效考核，地方政府很可能驱动国有企业参与精准扶贫。此外，《"十三五"脱贫攻坚规划》中强调中央企业要起到引领示范作用，国有企业增强帮扶责任。由此可见，政府会优先动员国有企业帮扶。

另一方面，国有企业高管的晋升激励使国有企业相较于民营企业更可能主动承担国家战略导向的任务。我国政府负责国有企业高管的任命与委派，从而维持和强化政府对国有企业的干预（陈信元等，2009）。因此，国有企业高管同时具备经理人和政治人的双重身份（余明桂等，2016），面临封闭体制内的晋升竞争（Chen et al.，2018a）。这使国企高管为追求自身政治地位而把更多的资源配置在非生产性活动上（逯东等，2012）。郑志刚等（2012）发现国有高管受晋升激励而投入更多的公益性捐款。陈仕华等（2015）发现有较高晋升机会的国有企业高管更可能选择企业并购的成长方式。刘青松和肖星（2015）发现高管晋升与业绩不相关而是与承担的社会责任正相关。因此，为了取悦上级政府而获得晋升（Tullock，1965），国有企业高管相较于民营企业高管更可能主动承担精准扶贫任务。

因此，基于以上分析，本书提出研究假设：

假设1：国有企业比民营企业更有可能参与精准扶贫，并且投入水平可能会更高。

### 5.2.2 政商关系与企业精准扶贫

一方面，企业一旦获得政商关系，就会有很强的内在经济利益驱动其维护政商关系（潘克勤，2009），而精准扶贫是企业维护政商关系的优选方式。Detomasi（2008）认为国家的制度环境决定了公司获得和维护政商关系的方式。由于中国不存在竞选捐款、游说等手段，而贿赂官员需要承担更大的法律风险（张建君和张志学，2005），因此公司履行企业社会责任被普遍用作构建和维护政商关系的方法（薛爽和肖星，2011；张建君，2012；李四海等，2012；戴亦一等，2014；李维安等，2015；李增福等，2016；Ma & Parish，2006）。

在脱贫攻坚战的背景下，精准扶贫是更加突出国家战略导向、符合地方政府官员偏好、有利于树立企业社会形象的行为。因此，结合各自优势参与精准扶贫很可能成为近几年企业用来维护政商关系的首选方式。由于地方政府官员受到精准扶贫成效考核，帮助政府应对考核的行为可能成为公司保持与政府间互惠关系的绝佳途径，有利于增强政府对企业的信任，从而强化政企间的互相依赖程度（贾明和张喆，2010）。

另一方面，有政商关系的企业会受政府干预及政府对其有更高的预期，而承担政治性成本。Fan等（2007）认为具有政府背景的高管更容易受政府干预来实现社会功能。已有文献表明有政商关系的企业也会受政府干预，如有政商关系的企业会雇佣更多的劳动力（熊琪等，2015），会造成企业过度投资（梁莱歆和冯延超，2010），会加剧固定资产投资对R&D（研究与试验发展）投资的挤占（连军等，2011）。此外，政商关系本身也代表着公司应当承担更多的社会责任（贾明和张喆，2010），因此，当地方政府受精准扶贫考核而需要企业帮助时，政府对具有政商关系的企业预期可能会更高，从而更可能驱动有政商关系的企业参与精准扶贫。

因此，基于以上分析，本书提出研究假设：

假设2：具有政商关系的企业相较于非政商关系的企业更有可能参与精准扶贫，并且投入水平可能会更高。

# 5.3  研究设计

## 5.3.1  样本选择与数据来源

2016年12月，上海证券交易所和深圳证券交易所先后进一步对完善上市公司扶贫工作信息披露提出要求。自2016年以后，上市公司在年报的重要事项部分以固定表格单独列示上市公司年度精准扶贫工作情况，其中包含扶贫对象、扶贫内容、扶贫分项投入金额及获奖情况等信息，并标明计量单位。其中，总体情况分为资金、物资折款和帮助建档立卡贫困人口脱贫数；分项情况分为各类扶贫项目个数、投入金额和帮助建档立卡贫困人口脱贫数。

因此，本书选取中国2016—2020年沪深两市A股上市公司作为研究样本，经剔除以下情况样本：①475个金融行业样本；②1 031个ST样本；③257个年报中未披露扶贫工作情况的样本；④25个变量缺失样本，最终得到16 370个有效样本。

本书所需的精准扶贫数据从年报中手工收集。财务数据和高管特征数据均来自国泰安（CSMAR）数据库，宏观经济数据来自国家统计局。为了消除极端值的影响，本书对企业层面连续变量进行分年度1%水平的缩尾处理。

## 5.3.2  研究模型和变量设计

为了检验假设1，本书将待检验的回归方程设定为

$$Povref_{i,t} = \alpha + \beta_1 Soe_{i,t} + \beta_2 Control_{i,t} + \varphi + \mu + \varepsilon \qquad （5.1）$$

其中，被解释变量 $Povref$ 是企业精准扶贫行为的代理变量，本书分别采用企业是否精准扶贫 $Povref\_D$，以及年报所披露的总扶贫投入金额加1再取自然对数 $Povref\_dis$ 来衡量[①]。由于部分年报扶贫分项投入金额的加总与其披露的总金额不相等，因此本书在下文的稳健性检验部分，还会以扶贫分项投入金额加

---

① 本书将 $Povref\_dis$ 定义为总体情况披露中资金与物资折算的合计数，并统一单位为万元。为了让该变量趋近于正态分布，本书在回归分析部分对上述扶贫投入总金额数进行加1并取自然对数的转换处理。在手工收集数据的过程中，本书对异常值都进行核对检查，以避免整理失误造成的数据偏差。

总数加1再取自然对数，以及对扶贫投入进行营业收入和总资产标准化来衡量企业精准扶贫情况。

主要解释变量 Soe 是将企业分为国有企业和民营企业的虚拟变量。若最终控制人性质为国有法人、国有政府机关及事业单位和自治组织等国有控股企业，则为国有企业 Soe 取值为1，否则为民营企业 Soe 取值为0。

Control 为一组控制变量。参考以往研究捐赠影响因素相关文献（李四海等，2016；许年行和李哲，2016；祝继高等，2017；Borghesi et al.，2014；Boubakri et al.，2016；McGuinness et al.，2017）的做法，本书加入以下控制变量：企业规模 Size、负债率 Lev、资产收益率 Roa、现金比率 Cashratio、股权集中度 Shrhfd、董事会规模 Bsize、省份财政赤字 Deficit。此外，本书还控制了年度固定效应 $\varphi$ 和行业固定效应 $\mu$。模型中各变量的具体定义和度量见表5.1。

由于 Povref_D 是虚拟变量，Povref_dis 是受限因变量，因此，分别采用 Logit 回归和 Tobit 回归，并且标准误差经过企业群聚效应调整。若假设1成立，则 $\beta_1$ 应显著为正。

表5.1　变量定义

| 变量名称 | 变量符号 | 变量衡量方式 |
|---|---|---|
| 精准扶贫 | Povref_D | 企业若当年参与精准扶贫则取1，否则取0 |
| | Povref_dis | 企业精准扶贫投入的总金额加1，然后取自然对数。若未参与精准扶贫，则精准扶贫投入总金额为0 |
| 产权性质 | Soe | 若最终控制人为国有法人、国有政府机关及事业单位和自治组织等国有控股企业，则为国有企业 Soe 取值为1，否则取值为0 |
| 政商关系 | Pc | 若上市公司的董事长或总经理曾经或者正在人大、政协和政府机关任职，则取值为1，否则取值为0 |
| 公司规模 | Size | Size=log（期末总资产） |
| 负债率 | Lev | Lev=期末总负债/期末总资产 |
| 资产收益率 | Roa | Roa=净利润/总资产 |
| 现金比率 | Cashratio | （货币资金＋交易性金融资产＋应收票据）/流动负债合计 |
| 股权集中度 | Shrhfd | 前五大股东持股比例的平方和 |
| 董事会规模 | Bsize | 董事会董事总人数的自然对数 |
| 省份财政赤字 | Deficit | 各省份当年财政赤字取自然对数 |

为了检验假设2，本书将待检验的回归方程设定为

$$Povref_{i,t} = \alpha + \beta_1 Pc_{i,t} + \beta_2 Control_{i,t} + \varphi + \mu + \varepsilon \qquad （5.2）$$

其中，被解释变量 *Povref* 是企业精准扶贫行为的代理变量，本书分别采用企业是否精准扶贫 *Povref_D*，以及年报所披露的总扶贫投入金额加1再取自然对数 *Povref_dis* 来衡量。由于部分年报扶贫分项投入金额的加总与其披露的总金额不相等，因此本书在下文的稳健性检验部分，还会以扶贫分项投入金额加总数加1再取自然对数，以及对扶贫投入进行营业收入和总资产标准化来衡量企业精准扶贫情况。

参考余明桂和潘红波（2008）、罗党论和刘晓龙（2009）对政商关系的衡量方法，本书主要解释变量 *Pc* 是通过判断上市公司的董事长或总经理是否曾任或现任人大、政协和政府机构来衡量上市公司是否具有政商关系，设定虚拟变量。

*Control* 为一组控制变量。参考以往研究捐赠影响因素相关文献（李四海等，2016；许年行和李哲，2016；祝继高等，2017；Borghesi et al.，2014；Boubakri et al.，2016；McGuinness et al.，2017）的做法，本书加入以下控制变量：企业规模 *Size*、负债率 *Lev*、资产收益率 *Roa*、现金比率 *Cashratio*、股权集中度 *Shrhfd*、董事会规模 *Bsize*、省份财政赤字 *Deficit*。此外，本书还控制了年度固定效应 $\varphi$ 和行业固定效应 $\mu$。模型中各变量的具体定义和度量见表5.1。

由于 *Povref_D* 是虚拟变量，*Povref_dis* 是受限因变量，因此，分别采用Logit回归和Tobit回归，并且标准误差经过企业群聚效应调整。若假设2成立，则 $\beta_1$ 应显著为正。

# 5.4 实证检验

## 5.4.1 描述性统计与相关性检验

### 5.4.1.1 主要变量描述性统计

表5.2列示了主要变量的描述性统计。所有企业层面的连续变量均分年度地在1%和99%水平上缩尾处理，数据显示：有将近31.9%的样本企业参与精准扶贫，而扶贫投入金额加1取对数后，$Povref\_dis$ 均值为1.344，最大值为9.612，标准差为2.349，这说明企业扶贫投入差异很大。有31.5%的样本为国有企业，68.5%的样本为民营企业。此外，有26.4%的样本企业具有政商关系。

表5.2 主要变量描述性统计

| Variable | N | Mean | Sd | Min | Max |
|---|---|---|---|---|---|
| $Povref\_D$ | 16 370 | 0.319 | 0.466 | 0.000 | 1.000 |
| $Povref\_dis$ | 15 808 | 1.344 | 2.349 | 0.000 | 9.612 |
| $Soe$ | 16 370 | 0.315 | 0.464 | 0.000 | 1.000 |
| $Pc$ | 16 370 | 0.264 | 0.441 | 0.000 | 1.000 |
| $Size$ | 16 370 | 22.240 | 1.314 | 19.660 | 26.410 |
| $Lev$ | 16 370 | 0.412 | 0.200 | 0.057 | 0.899 |
| $Roa$ | 16 370 | 0.038 | 0.072 | $-0.431$ | 0.230 |
| $Cashratio$ | 16 370 | 0.775 | 1.089 | 0.023 | 8.593 |
| $Shrhfd$ | 16 370 | 0.156 | 0.109 | 0.013 | 0.551 |
| $Bsize$ | 16 370 | 2.271 | 0.256 | 1.609 | 2.944 |
| $Deficit$ | 16 370 | 7.899 | 0.529 | 6.240 | 8.845 |

注：所有连续变量均分年度地在1%和99%水平上缩尾处理。

### 5.4.1.2 相关系数检验

表5.3列示了主要回归变量进行Pearson相关系数分析。数据显示：$Povref\_D$、$Povref\_dis$ 与 $Soe$ 和 $Pc$ 呈正相关关系，初步证明假设1和假设2。除衡量精准扶贫的指标间存在很大的相关系数外，其他变量之间相关系数均小于0.6，

因此不存在严重共线性。

表5.3　主要变量相关系数

| Panel A: *Povref_D~Size*相关系数 | | | | | |
|---|---|---|---|---|---|
| | *Povref_D* | *Povref_dis* | *Soe* | *Pc* | *Size* |
| *Povref_D* | 1 | | | | |
| *Povref_dis* | 0.885 *** | 1 | | | |
| *Soe* | 0.276 *** | 0.259 *** | 1 | | |
| *Pc* | 0.078 *** | 0.087 *** | −0.002 00 | 1 | |
| *Size* | 0.338 *** | 0.448 *** | 0.379 *** | 0.064 *** | 1 |
| *Lev* | 0.145 *** | 0.188 *** | 0.268 *** | 0.020 0 | 0.518 *** |
| *Roa* | 0.043 *** | 0.049 *** | −0.078 *** | −0.004 00 | −0.028 ** |
| *Cashratio* | −0.077 *** | −0.093 *** | −0.108 *** | −0.049 *** | −0.280 *** |
| *Shrhfd* | 0.118 *** | 0.150 *** | 0.202 *** | −0.015 0 | 0.192 *** |
| *Bsize* | 0.119 *** | 0.130 *** | 0.278 *** | 0.003 00 | 0.248 *** |
| *Deficit* | 0.076 *** | 0.065 *** | −0.051 *** | 0.002 00 | −0.032 *** |
| Panel B: Lev~Deficit相关系数 | | | | | |
| | *Lev* | *Roa* | *Cashratio* | *Shrhfd* | *Bsize* | *Deficit* |
| *Lev* | 1 | | | | | |
| *Roa* | −0.330 *** | 1 | | | | |
| *Cashratio* | −0.560 *** | 0.195 *** | 1 | | | |
| *Shrhfd* | 0.023 0 | 0.167 *** | 0.019 0 | 1 | | |
| *Bsize* | 0.173 *** | −0.106 *** | −0.092 *** | −0.003 00 | 1 | |
| *Deficit* | 0.011 0 | 0.004 00 | −0.040 *** | −0.057 *** | −0.017 0 | 1 |

注: ***、 **和*分别表示0.01、0.05和0.1的显著性水平。

### 5.4.2　单变量差异分析

表5.4列示了样本分组下企业精准扶贫的差异。数据显示：无论是精准扶贫可能性*Povref_D*还是精准扶贫投入水平*Povref_dis*，国有企业均显著大于民营企业；有政商关系的企业显著大于没有政商关系的企业，且显著性均在1%的置信水平上。这初步验证了假设1和假设2。本书后续进一步控制企业特征

变量进行多元回归分析，得出更稳健的结果。

表5.4　企业精准扶贫差异性检验

| Panel A: 区分产权性质 | | | | | |
|---|---|---|---|---|---|
| | 民营企业 | | 国有企业 | | 均值差异 | |
| Variables | N | Mean | N | Mean | Mean Diff | t-Value |
| *Povref_D* | 11 215 | 0.232 | 5 155 | 0.509 | −0.277 | −36.767*** |
| *Povref_dis* | 10 909 | 0.936 | 4 899 | 2.253 | −1.318 | −33.767*** |
| Panel B: 区分政商关系 | | | | | |
| | 没有政商关系 | | 有政商关系 | | 均值差异 | |
| Variables | N | Mean | N | Mean | Mean Diff | t-Value |
| *Povref_D* | 12 049 | 0.297 | 4 321 | 0.380 | −0.083 0 | −10.038*** |
| *Povref_dis* | 11 650 | 1.222 | 4 158 | 1.687 | −0.466 | −11.019*** |

注：\*\*\*、\*\*和\*分别表示0.01、0.05和0.1的显著性水平。

### 5.4.3　多元回归分析

表5.5检验了政企关系对企业精准扶贫的影响，回归均控制了行业和年度固定效应，且采用企业层面聚类稳健的标准误以消除自相关（Petersen，2009）。其中，第1列和第2列以区分产权性质来衡量政企关系，结果显示：无论是对企业是否扶贫还是对企业扶贫投入金额的影响，*Soe*的系数均在1%的置信水平上显著为正。第3列和第4列以区分政商关系来衡量政企关系，结果显示：无论是对企业是否扶贫还是对企业扶贫投入金额的影响，*Pc*的系数均在1%的置信水平上显著为正。上述结果说明，相较于民营企业，国有企业更有可能参与精准扶贫，且精准扶贫投入更大；相较于没有政商关系的企业，有政商关系的企业更有可能参与精准扶贫，且精准扶贫投入更大。因此，表5.5回归结果均支持本章的假设1和假设2。

表5.5　政企关系与企业精准扶贫

| | （1） | （2） | （3） | （4） |
|---|---|---|---|---|
| | *Povref_D* | *Povref_dis* | *Povref_D* | *Povref_dis* |
| *Soe* | 0.764 2*** | 1.704 6*** | | |
| | （9.672 3） | （8.001 3） | | |
| *Pc* | | | 0.305 8*** | 0.956 4*** |
| | | | （4.254 9） | （4.993 7） |
| *Size* | 0.517 1*** | 1.727 8*** | 0.556 8*** | 1.816 8*** |
| | （15.606 8） | （20.505 1） | （17.175 1） | （22.388 7） |
| *Lev* | −0.208 8 | −0.507 6 | −0.006 0 | −0.011 9 |
| | （−0.895 2） | （−0.822 9） | （−0.025 7） | （−0.019 1） |
| *Roa* | 2.088 8*** | 6.654 0*** | 1.779 8*** | 5.918 3*** |
| | （4.886 5） | （5.562 9） | （4.424 8） | （5.114 3） |
| *Cashratio* | −0.008 4 | −0.007 3 | 0.008 8 | 0.039 0 |
| | （−0.259 0） | （−0.088 3） | （0.272 8） | （0.469 9） |
| *Shrhfd* | 0.377 1 | 0.883 4 | 0.840 3*** | 1.972 5** |
| | （1.199 4） | （1.064 5） | （2.761 5） | （2.457 3） |
| *Bsize* | 0.071 8 | 0.117 5 | 0.325 9*** | 0.679 5** |
| | （0.645 7） | （0.393 5） | （2.978 1） | （2.291 3） |
| *Deficit* | 0.260 8*** | 0.730 6*** | 0.224 1*** | 0.655 3*** |
| | （3.769 3） | （4.034 5） | （3.254 1） | （3.603 2） |
| *_cons* | −14.338 4*** | −45.875 9*** | −15.376 1*** | −48.297 0*** |
| | （−13.988 4） | （−17.128 8） | （−15.557 1） | （−18.740 0） |
| *Year FE* | Yes | Yes | Yes | Yes |
| *Industry FE* | Yes | Yes | Yes | Yes |
| *Pseudo R-sq* | 0.181 | 0.104 | 0.170 | 0.101 |
| *N* | 16 326 | 15 808 | 16 326 | 15 808 |

注：***、**和*分别表示0.01、0.05和0.1的显著性水平。Logit回归对应括号中的数字为Z值，Tobit回归对应括号中的数字为t值。标准误差经过企业群聚效应调整。

本书进一步地综合考虑了产权性质与政商关系两种形式的政企关系。一方面，Du等（2012）认为有过政府工作经验的国有企业高管往往对地方政府官员有更高的群体认同感和忠诚度，有助于地方政府官员进行说服和协商。因此，有过政府工作经验的国企高管更有可能被地方政府官员动员而参与精准扶贫。另一方面，由于国有企业受政府直接控股，已经与政府形成天然的政商关系，无须利用高管的政治背景与政府构建联系。相较于国有企业，民营企业是否拥有政商关系，对精准扶贫行为决策起更显著的作用。针对上述两种猜测，本书将样本按照国有企业和民营企业分组，检验政商关系对企业精准扶贫的影响。结果如表5.6所示：无论是对企业是否扶贫还是对企业扶贫投入金额的影响，国有企业子样本组的 $Pc$ 系数及其显著性均小于民营企业子样本组的 $Pc$ 系数及其显著性。基于似无相关模型（Suest方法），该系数差异在1%的显著水平下通过组间差异检验。这说明对于国有企业而言，其产权性质决定了是否会受政府官员的动员，无关乎领导人是否具有政府工作背景。而民营企业的政商关系对企业精准扶贫行为起了显著促进作用。

表5.6　政企关系与企业精准扶贫的综合考虑

| | （1） | （2） | （3） | （4） |
|---|---|---|---|---|
| | 国有企业 | 民营企业 | 国有企业 | 民营企业 |
| | *Povref_D* | *Povref_D* | *Povref_dis* | *Povref_dis* |
| *Pc* | 0.117 8 （1.039 2） | 0.459 2*** （5.014 7） | 0.467 6** （2.048 0） | 1.516 7*** （5.206 0） |
| *Size* | 0.589 7*** （10.753 8） | 0.468 5*** （10.610 8） | 1.579 3*** （15.098 5） | 1.863 0*** （13.690 7） |
| *Lev* | −0.812 8** （−2.032 2） | 0.254 7 （0.867 1） | −1.572 6* （−1.852 2） | 0.603 0 （0.648 4） |
| *Roa* | 0.868 2 （1.013 4） | 2.767 5*** （5.443 6） | 2.656 4 （1.395 6） | 9.685 1*** （5.941 2） |
| *Cashratio* | 0.087 5 （1.238 5） | −0.012 3 （−0.326 5） | 0.202 8 （1.553 0） | −0.030 9 （−0.273 6） |
| *Shrhfd* | 0.477 3 （0.969 7） | 0.140 9 （0.321 9） | 0.717 0 （0.732 0） | 0.776 0 （0.558 6） |
| *Bsize* | −0.012 5 （−0.068 1） | 0.103 1 （0.717 3） | 0.168 4 （0.458 8） | 0.071 3 （0.155 5） |
| *Deficit* | 0.313 0*** （2.916 8） | 0.245 5*** （2.655 3） | 0.674 8*** （3.030 5） | 0.835 0*** （2.895 1） |

续　表

| | （1） | （2） | （3） | （4） |
|---|---|---|---|---|
| | 国有企业 | 民营企业 | 国有企业 | 民营企业 |
| | *Povref_D* | *Povref_D* | *Povref_dis* | *Povref_dis* |
| _cons | −15.432 8*** | −13.330 5*** | −40.123 1*** | −50.609 8*** |
| | （−9.255 8） | （−10.310 3） | （−12.208 7） | （−12.037 8） |
| Year FE | Yes | Yes | Yes | Yes |
| Industry FE | Yes | Yes | Yes | Yes |
| Pseudo R-sq | 0.164 | 0.131 | 0.096 | 0.083 |
| N | 5 122 | 11 159 | 4 899 | 10 909 |
| chi2（1） | 5.53 | | 8.08 | |
| Prob > chi2 | 0.018 7 | | 0.004 5 | |

注：***、**和*分别表示 0.01、0.05 和 0.1 的显著性水平。Logit 回归对应括号中的数字为 Z 值，Tobit 回归对应括号中的数字为 t 值。标准误差经过企业群聚效应调整。

### 5.4.4　稳健性检验

#### 5.4.4.1　改变精准扶贫投入的衡量方式

首先，由于部分年报披露不规范，导致扶贫投入总金额与扶贫分项投入金额的总数不相等，存在测度误差。本书采用扶贫明细项扶贫投入金额的总数再做加 1 取对数的处理 *Povref_t*，衡量精准扶贫投入水平。其次，本书参照许年行和李哲（2016）对捐赠标准化的方法，用扶贫投入总额占总资产的比例 *Povref_a* 和扶贫投入总额占营业收入的比例 *Povref_r* 来衡量企业精准扶贫投入水平。关于官员扶贫考核的重要性对企业精准扶贫影响的检验结果，如表 5.7 所示：在三种精准扶贫投入的替代性衡量下，*Soe* 的系数均在 1% 的置信度上显著为正，*Pc* 的系数均在 1% 的置信水平上显著为正。该结果与主检验结果保持一致，这说明变量测量误差对主检验结果不造成影响。

表5.7　改变精准扶贫投入的衡量方式

| | （1） | （2） | （3） | （4） | （5） | （6） |
|---|---|---|---|---|---|---|
| | *Povref_t* | *Povref_t* | *Povref_a* | *Povref_a* | *Povref_r* | *Povref_r* |
| *Soe* | 1.679 2*** | | 0.000 3*** | | 0.000 7*** | |
| | （7.891 2） | | （5.202 1） | | （4.925 5） | |
| *Pc* | | 0.952 0*** | | 0.000 2*** | | 0.000 5*** |
| | | （4.983 1） | | （4.320 9） | | （4.159 0） |
| *Size* | 1.729 1*** | 1.816 2*** | 0.000 3*** | 0.000 3*** | 0.000 7*** | 0.000 7*** |
| | （20.563 9） | （22.404 5） | （10.070 2） | （10.637 8） | （10.240 4） | （10.732 7） |
| *Lev* | −0.520 6 | −0.031 0 | 0.000 1 | 0.000 2 | 0.000 0 | 0.000 2 |
| | （−0.843 1） | （−0.049 8） | （0.346 7） | （0.908 8） | （0.012 2） | （0.546 0） |
| *Roa* | 6.500 7*** | 5.779 2*** | 0.001 8*** | 0.001 6*** | 0.003 1*** | 0.002 8*** |
| | （5.454 7） | （5.010 5） | （5.472 0） | （5.153 6） | （4.301 9） | （3.965 5） |
| *Cashratio* | −0.004 5 | 0.041 2 | −0.000 0 | 0.000 0 | 0.000 0 | 0.000 0 |
| | （−0.054 9） | （0.496 2） | （−0.068 7） | （0.347 7） | （0.455 5） | （0.844 2） |
| *Shrhfd* | 0.843 5 | 1.918 1** | −0.000 0 | 0.000 2 | −0.000 2 | 0.000 3 |
| | （1.015 9） | （2.392 2） | （−0.009 1） | （0.996 5） | （−0.407 6） | （0.556 9） |
| *Bsize* | 0.149 4 | 0.703 0** | 0.000 0 | 0.000 1 | 0.000 1 | 0.000 3* |
| | （0.502 0） | （2.379 5） | （0.344 8） | （1.612 7） | （0.470 6） | （1.690 6） |
| *Deficit* | 0.731 4*** | 0.656 7*** | 0.000 2*** | 0.000 2*** | 0.000 4*** | 0.000 4*** |
| | （4.045 3） | （3.617 3） | （3.485 4） | （3.184 1） | （3.168 9） | （2.881 5） |
| *_cons* | −46.019 7*** | −48.392 9*** | −0.008 2*** | −0.008 6*** | −0.019 1*** | −0.020 0*** |
| | （−17.157 9） | （−18.712 1） | （−8.354 3） | （−8.904 8） | （−8.247 2） | （−8.740 8） |
| *Year FE* | Yes | Yes | Yes | Yes | Yes | Yes |
| *Industry FE* | Yes | Yes | Yes | Yes | Yes | Yes |
| *Pseudo R-sq* | 0.103 | 0.100 | −0.062 | −0.061 | −0.077 | −0.076 |
| *N* | 15 808 | 15 808 | 15 808 | 15 808 | 15 807 | 15 807 |

注：***、** 和 * 分别表示 0.01、0.05 和 0.1 的显著性水平。Logit回归对应括号中的数字为Z值，Tobit回归对应括号中的数字为t值。标准误差经过企业群聚效应调整。

### 5.4.4.2　倾向得分匹配

由于企业是否建立政商关系是存在自选择问题的，本书采用倾向得分匹配方法保证在企业特征无显著差异的情况下，检验政商关系对企业参与精准扶贫的影响。具体地，本书将样本是否拥有政商关系分为实验组和对照组，以企

业规模 *Size*、负债率 *Lev*、资产收益率 *Roa*、现金比率 *Cashratio*、股权集中度 *Shrhfd*、董事会规模 *Bsize*、省份财政赤字 *Deficit* 作为匹配变量，对其进行一对二最近邻有放回式匹配。最终得到 4 319 个实验组的样本和 5 805 个控制组的样本。匹配前后的平衡性检验结果如表 5.8 所示：在 PSM 后实验组和对照组的所有控制变量均不存在显著差异，说明 PSM 过程有效。

进一步地，本书利用 PSM 后挑选出的实验组和对照组样本，重新检验政商关系对企业精准扶贫的影响。检验结果如表 5.9 所示：*Pc* 的系数分别在 1% 的置信水平上显著为正。该结果与主检验结果保持一致，再次证实了假设 2 的稳健性。

表 5.8　PSM 平衡性检验

| Variable | Unmatched | Mean | | %bias | %reduct\|bias\| | t-test | | V(T) |
| | Matched | Treated | Control | | | t | p>\|t\| | V(C) |
|---|---|---|---|---|---|---|---|---|
| *Size* | U | 22.381 | 22.192 | 14.4 | | 8.15 | 0.000 | 1.04 |
| | M | 22.380 | 22.376 | 0.3 | 97.9 | 0.14 | 0.888 | 0.96 |
| *Lev* | U | 0.418 61 | 0.409 66 | 4.5 | | 2.53 | 0.011 | 0.91* |
| | M | 0.418 71 | 0.416 12 | 1.3 | 71 | 0.62 | 0.535 | 0.98 |
| *Roa* | U | 0.037 65 | 0.038 28 | −0.9 | | −0.49 | 0.622 | 0.83* |
| | M | 0.037 58 | 0.038 11 | −0.8 | 15.5 | −0.36 | 0.718 | 0.91* |
| *Cashratio* | U | 0.685 79 | 0.806 64 | −11.7 | | −6.26 | 0.000 | 0.62* |
| | M | 0.685 86 | 0.683 34 | 0.2 | 97.9 | 0.13 | 0.896 | 1.04 |
| *Shrhfd* | U | 0.152 85 | 0.156 58 | −3.4 | | −1.92 | 0.055 | 0.99 |
| | M | 0.152 83 | 0.154 34 | −1.4 | 59.6 | −0.64 | 0.523 | 0.98 |
| *Bsize* | U | 2.272 | 2.270 4 | 0.6 | | 0.36 | 0.720 | 0.92* |
| | M | 2.272 | 2.275 3 | −1.3 | −97.6 | −0.59 | 0.558 | 0.90* |
| *Deficit* | U | 7.901 5 | 7.898 5 | 0.6 | | 0.32 | 0.750 | 0.96 |
| | M | 7.901 4 | 7.899 9 | 0.3 | 50.6 | 0.13 | 0.897 | 0.96 |

注：***、** 和 * 分别表示 0.01、0.05 和 0.1 的显著性水平。

表5.9　PSM后回归

| | （1） | （2） |
|---|---|---|
| | *Povref_D* | *Povref_dis* |
| *Pc* | 0.319 0*** | 0.946 1*** |
| | （4.195 5） | （4.731 7） |
| *Size* | 0.538 1*** | 1.747 4*** |
| | （14.236 6） | （18.658 8） |
| *Lev* | 0.006 7 | 0.257 7 |
| | （0.024 2） | （0.355 5） |
| *Roa* | 1.918 6*** | 6.234 6*** |
| | （3.821 7） | （4.472 1） |
| *Cashratio* | −0.001 0 | 0.055 5 |
| | （−0.022 8） | （0.485 1） |
| *Shrhfd* | 0.715 4** | 1.870 5** |
| | （1.986 3） | （2.001 4） |
| *Bsize* | 0.405 0*** | 0.800 9** |
| | （3.116 3） | （2.341 3） |
| *Deficit* | 0.245 7*** | 0.714 7*** |
| | （3.049 4） | （3.402 5） |
| *_cons* | −15.112 2*** | −46.794 0*** |
| | （−13.155 7） | （−15.802 2） |
| *Year FE* | Yes | Yes |
| *Province FE* | Yes | Yes |
| *Pseudo R-sq* | 0.175 | 0.101 |
| *N* | 10 091 | 9 778 |

注：***、** 和 * 分别表示 0.01、0.05 和 0.1 的显著性水平。Logit回归对应括号中的数字为Z值，Tobit回归对应括号中的数字为T值。标准误差经过企业群聚效应调整。

### 5.4.4.3　排除替代性假说

第四章的描述性统计结果发现产业扶贫是企业扶贫的最主要形式，而大多数企业的注册地或办公地就在当地省份。因此，有可能即使没有扶贫考核和脱贫需求，这些省份的企业本身也要在当地进行产业发展。那么，产业扶贫行为的本质是产业发展行为，并不是由地方政府扶贫考核压力驱动的，而是在扶贫政策出台后加上了"产业扶贫"的帽子。

首先，本书认为行业特征变量是潜在的替代性影响因素。由于中央政府明确指出一些特定行业开展产业扶贫工作，因此，这些行业的企业更有可能让原本的产业发展活动戴上"产业扶贫"的帽子。这使行业特征变量与企业的产业扶贫决策高度相关。对此，本书所有回归检验均控制了行业固定效应，消除不可观测的行业层面变量对结果的干扰。主回归结果表明，即使控制住了行业特征变量，产权性质和政商关系仍是企业扶贫决策的主导因素。

其次，本书认为如果替代性假说成立，那么国有企业和政商关系的企业对产业扶贫决策不会存在政策导向性，即国有企业与民营企业在产业扶贫决策上没有显著差异，企业是否存在政商关系也不会对产业扶贫决策有显著影响。对此，本书计算企业投入产业扶贫项目的金额占总投入金额的比例。若产业扶贫投入占比大于50%，则定义为产业扶贫相关度较高的企业，虚拟变量 $Povref\_ind$ 取值为1；若企业未参与扶贫，则将虚拟变量 $Povref\_ind$ 取值为0。本章检验了政企关系对产业扶贫决策的影响。回归结果如表5.10所示：$Soe$ 的系数在1%的置信水平上显著为正，这说明国有企业比民营企业更有可能进行产业扶贫。$Pc$ 的系数在10%的置信水平上显著为正，这说明有政商关系的企业更有可能进行产业扶贫。因此，上述结论同样能排除替代性假说。

表5.10　所有权性质对产业扶贫的影响

|  | （1） | （2） |
|---|---|---|
|  | *Povref_ind* | *Povref_ind* |
| *Soe* | 1.183 1*** | |
|  | （8.311 4） | |
| *Pc* | | 0.205 7* |
|  | | （1.692 6） |
| *Size* | 0.632 3*** | 0.693 6*** |
|  | （10.432 1） | （11.965 0） |
| *Lev* | −0.196 6 | 0.127 3 |
|  | （−0.521 6） | （0.340 7） |

续　表

|  | （1） | （2） |
|---|---|---|
|  | *Povref_ind* | *Povref_ind* |
| *Roa* | 0.368 7 | −0.022 4 |
|  | （0.560 9） | （−0.037 8） |
| *Cashratio* | −0.022 9 | −0.006 0 |
|  | （−0.379 2） | （−0.108 1） |
| *Shrhfd* | 1.056 3* | 1.685 4*** |
|  | （1.957 3） | （3.171 1） |
| *Bsize* | 0.053 8 | 0.413 4** |
|  | （0.262 4） | （2.071 0） |
| *Deficit* | 0.437 7*** | 0.390 2*** |
|  | （3.430 7） | （3.018 4） |
| *_cons* | −19.167 8*** | −20.462 0*** |
|  | （−10.375 1） | （−11.534 0） |
| *Year FE* | Yes | Yes |
| *Industry FE* | Yes | Yes |
| *Pseudo R-sq* | 0.258 | 0.232 |
| *N* | 11 780 | 11 780 |

注：***、**和*分别表示 0.01、0.05 和 0.1 的显著性水平。Logit 回归对应括号中的数字为 Z 值。标准误差经过企业群聚效应调整。

### 5.4.4.4　排除其他动机

已有文献研究发现，企业履行社会责任除了出于政治动机，还主要存在慈善动机和声誉动机。许年行和李哲（2016）发现慈善捐赠是一种源自道德情感体验的利他主义行为。山立威等（2008）、傅超和吉利（2017）发现企业会通过慈善行为提高企业声誉，塑造良好的企业形象以谋求经济利益。因此，本书基于前人理论，检测企业参与精准扶贫是否也存在慈善动机和声誉动机。

首先，本书参考许年行和李哲（2016）从 CEO 或董事长是否经历大饥荒来检验企业精准扶贫决策是否存在利他主义的慈善动机。具体地，本书将 CEO 或董事长的出生年份和我国三年严重困难时期进行对比。本书将 1959—1961年定为大饥荒经历，而 0—14 岁定义为高管的童年时期。因此，若高管出生年份在1947—1961年，则高管童年时期经历过大饥荒*Famine*取1，否则取0。本书按照CEO或董事长是否经历过大饥荒对样本进行分组，检验政企关系对精准扶贫投入的影响。结果如表5.11所示：*Soe*的系数和*Pc*的系数均在1%的置信水平上显著为正，并且两组间的系数大小没有显著差异。这说明，企业高管是否在早期经历过大饥荒对企业的精准扶贫决策并无显著影响，从而不支持慈善动机。

表5.11　排除慈善动机的影响

| | （1） | （2） | （3） | （4） |
|---|---|---|---|---|
| | *Povref_dis* | *Povref_dis* | *Povref_dis* | *Povref_dis* |
| | 饥荒经历 | 非饥荒经历 | 饥荒经历 | 非饥荒经历 |
| *Soe* | 1.362 9*** | 1.902 1*** | | |
| | （3.678 8） | （7.745 3） | | |
| *Pc* | | | 1.154 9*** | 0.944 4*** |
| | | | （3.708 0） | （4.029 5） |
| *Size* | 1.666 0*** | 1.719 3*** | 1.745 7*** | 1.810 6*** |
| | （12.088 4） | （16.438 2） | （13.176 8） | （18.070 1） |
| *Lev* | 1.360 6 | −1.173 6 | 2.018 3* | −0.700 2 |
| | （1.281 0） | （−1.616 5） | （1.922 5） | （−0.954 6） |
| *Roa* | 7.697 7*** | 6.477 1*** | 7.189 3*** | 5.674 5*** |
| | （3.303 0） | （4.896 4） | （3.164 9） | （4.448 3） |
| *Cashratio* | 0.183 2 | −0.091 8 | 0.255 0* | −0.048 8 |
| | （1.171 7） | （−0.973 3） | （1.661 8） | （−0.512 0） |
| *Shrhfd* | 2.484 5* | 0.370 6 | 3.330 7*** | 1.571 2 |
| | （1.804 9） | （0.376 0） | （2.582 2） | （1.622 5） |
| *Bsize* | −0.128 4 | 0.103 0 | 0.222 7 | 0.772 5** |
| | （−0.263 3） | （0.285 3） | （0.459 8） | （2.156 8） |
| *Deficit* | 0.843 9*** | 0.734 0*** | 0.729 9** | 0.683 0*** |
| | （2.898 0） | （3.404 9） | （2.536 3） | （3.151 8） |
| *_cons* | −44.244 7*** | −45.504 4*** | −45.321 9*** | −48.450 4*** |
| | （−11.010 3） | （−14.259 9） | （−11.592 0） | （−15.845 3） |
| *Year FE* | Yes | Yes | Yes | Yes |
| *Industry FE* | Yes | Yes | Yes | Yes |

|  | （1） | （2） | （3） | （4） |
|---|---|---|---|---|
|  | *Povref_dis* | *Povref_dis* | *Povref_dis* | *Povref_dis* |
|  | 饥荒经历 | 非饥荒经历 | 饥荒经历 | 非饥荒经历 |
| *Pseudo R-sq* | 0.119 | 0.102 | 0.119 | 0.098 |
| *N* | 4 659 | 11 020 | 4 659 | 11 020 |
| *chi2*（1） | 1.6 | | 0.30 | |
| *Prob > chi2* | 0.205 8 | | 0.583 6 | |

注：***、**和*分别表示0.01、0.05和0.1的显著性水平。标准误差经过企业群聚效应调整。

其次，徐莉萍等（2011）的研究发现媒体关注及舆论监督在上市公司的社会责任履行方面发挥着一定程度的积极作用，明显地提高了上市公司的捐赠可能性。这说明，企业受外界越多的关注，越会出于声誉动机履行社会责任。本书参考徐莉萍等（2011），从网络关注度的角度来判断企业精准扶贫是否存在声誉动机。具体地，本书利用滞后一期的网络搜索指数取自然对数 *Svi_lag* 衡量上市公司关注度。进一步地，将样本按照 *Svi_lag* 分年度的中位数大小进行分组，检验政企关系对精准扶贫投入的影响。结果如表5.12所示：*Soe* 的系数在1%的置信水平上显著为正，并且低关注度组的 *Soe* 系数显著加大。而 *Pc* 的系数在1%的置信水平上显著为正，并且两组间的系数大小没有显著差异。这说明，企业的网络关注度会削弱国有企业的精准扶贫投入。这与声誉动机所强调的媒体关注促进慈善行为相悖。因此，在精准扶贫场景下，本书不支持声誉动机。

表5.12　排除慈善动机的影响

|  | （1） | （2） | （3） | （4） |
|---|---|---|---|---|
|  | *Povref_dis* | *Povref_dis* | *Povref_dis* | *Povref_dis* |
|  | 高关注度 | 低关注度 | 高关注度 | 低关注度 |
| *Soe* | 1.359 1*** <br>（5.519 7） | 2.450 7*** <br>（7.841 4） | | |

| | （1） | （2） | （3） | （4） |
|---|---|---|---|---|
| | *Povref_dis* | *Povref_dis* | *Povref_dis* | *Povref_dis* |
| | 高关注度 | 低关注度 | 高关注度 | 低关注度 |
| *Pc* | | | 1.036 2*** | 0.740 9*** |
| | | | （4.692 2） | （2.649 7） |
| *Size* | 1.809 7*** | 1.480 7*** | 1.871 6*** | 1.600 0*** |
| | （19.179 4） | （9.523 8） | （20.692 8） | （10.316 6） |
| *Lev* | −1.216 4* | 0.680 8 | −0.857 5 | 1.483 1 |
| | （−1.653 2） | （0.744 7） | （−1.154 0） | （1.622 7） |
| *Roa* | 5.143 9*** | 8.329 9*** | 4.520 7*** | 7.471 9*** |
| | （3.536 0） | （4.491 5） | （3.191 6） | （4.243 8） |
| *Cashratio* | −0.000 2 | −0.101 3 | 0.031 8 | −0.010 3 |
| | （−0.001 9） | （−0.747 6） | （0.348 3） | （−0.075 5） |
| *Shrhfd* | 0.865 8 | 1.061 9 | 1.821 2** | 2.463 3** |
| | （0.919 9） | （0.828 0） | （1.999 9） | （1.994 7） |
| *Bsize* | −0.062 9 | 0.487 9 | 0.373 5 | 1.285 3*** |
| | （−0.184 6） | （1.045 6） | （1.114 1） | （2.713 1） |
| *Deficit* | 0.813 9*** | 0.628 8** | 0.745 2*** | 0.544 5* |
| | （3.982 6） | （2.281 6） | （3.644 8） | （1.930 1） |
| _cons | −47.964 9*** | −39.829 1*** | −49.328 4*** | −44.243 6*** |
| | （−16.128 0） | （−8.778 4） | （−16.940 7） | （−10.013 7） |
| Year FE | Yes | Yes | Yes | Yes |
| Industry FE | Yes | Yes | Yes | Yes |
| Pseudo R-sq | 0.112 | 0.095 | 0.111 | 0.086 |
| N | 10 158 | 5 650 | 10 158 | 5 650 |
| chi2（1） | 9.21 | | 0.87 | |
| Prob > chi2 | 0.002 4 | | 0.352 2 | |

注：***、**和*分别表示0.01、0.05和0.1的显著性水平。标准误差经过企业群聚效应调整。

# 5.5 进一步异质性分析

本书前面检验结果发现，企业会因为与政府存在关联而受政府号召，从而参与精准扶贫。那么，在不同的政商关系强度下，企业参与精准扶贫的政治动机是否不同？此外，本书进一步分析地方政府对企业的动员是否受其他人际关系等非正式制度的影响。本书将从高管的校友关系和同乡关系两个角度来检验该种人际关系对企业精准扶贫的影响。

## 5.5.1 政商关系程度分析

本书进一步区分不同的高管政商关系级别，来反映企业不同的政商关系强度（胡旭阳和史晋川，2008；罗党论和唐清泉，2009）。政商关系级别越高，企业越接近与中央政府的关系，因此越有可能受中央政府的号召而参与精准扶贫。具体地，若企业董事长或CEO曾经或当前在政府、党委（纪委）、人大或政协常设机构、检察院和法院任职，则分四级对 Pclevel 赋值：科级干部 Pclevel 取值为1、处级干部 Pclevel 取值为2、厅级干部 Pclevel 取值为3、部级干部 Pclevel 取值为4，无政商关系 Pclevel 取值为0。若企业董事长或CEO曾经或当前担任党代表、人大代表或者政协委员，同样分四级对 Pclevel 赋值：区县级及以下 Pclevel 取值为1、市级 Pclevel 取值为2、省级 Pclevel 取值为3、国家级 Pclevel 取值为4，无政商关系 Pclevel 取值为0。若 Pclevel 两种级别定义方式都有数据，取两者的最大值作为企业的政商关系级别的取值。

本书检验政商关系强度对企业精准扶贫的影响，结果如表5.13所示：无论是对企业是否扶贫还是对企业扶贫投入金额的影响，Pclevel 的系数均在1%的置信水平上显著为正。上述结果说明政商关系强度越大的企业，越有可能参与精准扶贫，且精准扶贫投入越大。

表5.13 政商关系强度对企业精准扶贫的影响

| | （1） | （2） |
|---|---|---|
| | *Povref_D* | *Povref_dis* |
| *Pclevel* | 0.093 9*** <br> （4.286 0） | 0.285 1*** <br> （4.878 0） |
| *Size* | 0.552 6*** <br> （17.021 6） | 1.802 2*** <br> （22.107 7） |
| *Lev* | −0.001 1 <br> （−0.004 6） | 0.010 7 <br> （0.017 3） |
| *Roa* | 1.776 1*** <br> （4.429 4） | 5.918 5*** <br> （5.125 2） |
| *Cashratio* | 0.008 9 <br> （0.277 2） | 0.039 7 <br> （0.479 1） |
| *Shrhfd* | 0.834 8*** <br> （2.746 2） | 1.946 4** <br> （2.426 6） |
| *Bsize* | 0.331 5*** <br> （3.027 3） | 0.693 9** <br> （2.338 5） |
| *Deficit* | 0.226 6*** <br> （3.292 3） | 0.663 2*** <br> （3.648 4） |
| *_cons* | −15.301 5*** <br> （−15.467 7） | −48.025 2*** <br> （−18.563 7） |
| *Year FE* | Yes | Yes |
| *Industry FE* | Yes | Yes |
| *Pseudo R-sq* | 0.170 | 0.101 |
| *N* | 16 326 | 15 808 |

注：***、** 和 * 分别表示 0.01、0.05 和 0.1 的显著性水平。Logit 回归对应括号中的数字为 Z 值。标准误差经过企业群聚效应调整。

## 5.5.2 其他社会关系分析

基于社会认同理论（Tajfel，1982），相同的背景经历会提高群体的信任感和忠诚度。以往文献主要从同乡关系、校友关系和工作关系三种形式来定义社会关系（李维安和孙林，2017；申宇等，2017；Du et al.，2012；Jia et al.，2015；Fisman et al.，2018；Fisman et al.，2020）。这里笔者一般化政商关系的概念，分析地方政府对企业扶贫动员是否受社会关系这种非正式制度的影响。因此，除了高管是否具有政府工作背景，本书还进一步分析了企业高管与省级政府官员的校友关系和同乡关系是否对企业精准扶贫产生影响。

### 5.5.2.1 高管与地方政府官员的校友关系

Fisman等（2020）认为校友关系能促进软信息的传递，政府官员更愿意与校友共事从而形成忠诚网络。因此，本书认为具有校友关系的国企高管更可能被地方政府官员动员而参与扶贫。具体地，本书将校友关系定义为若企业的董事长/总经理与当地省委书记/省长上过同所学校，则取值为1，否则取值为0。首先，本书以是否具有校友关系将样本分组，检验产权性质对企业精准扶贫的影响，结果如表5.14所示：*Soe*的系数均在1%的置信水平上显著为正。而*Soe*系数的大小均在校友的子样本组更大，且通过了组间系数差异检验。这说明，高管与地方政府官员的校友关系会加强产权性质对企业精准扶贫的促进作用。因此，校友关系这类人际关系也对企业精准扶贫有正向影响。

表5.14  区分校友关系

|  | （1） | （2） | （3） | （4） |
| --- | --- | --- | --- | --- |
|  | *Povref_D* | *Povref_D* | *Povref_dis* | *Povref_dis* |
|  | 校友 | 非校友 | 校友 | 非校友 |
| *Soe* | 1.545 1*** | 0.835 5*** | 3.076 9*** | 1.736 9*** |
|  | （4.762 2） | （6.844 5） | （4.581 8） | （5.615 6） |
| *Size* | 0.669 4*** | 0.560 6*** | 1.582 6*** | 1.782 9*** |
|  | （4.323 9） | （11.425 0） | （6.069 6） | （14.837 5） |
| *Lev* | −0.728 6 | −0.244 8 | −2.331 4 | −0.349 6 |
|  | （−0.620 3） | （−0.705 7） | （−1.006 7） | （−0.391 6） |
| *Roa* | 1.873 0 | 1.509 3*** | 2.893 9 | 5.200 0*** |
|  | （0.820 4） | （2.578 6） | （0.626 6） | （3.298 4） |
| *Cashratio* | −0.288 7 | −0.014 6 | −0.560 9* | −0.028 3 |
|  | （−1.437 9） | （−0.295 8） | （−1.860 7） | （−0.232 1） |
| *Shrhfd* | 2.226 7 | 0.682 2 | 6.239 1* | 1.241 6 |
|  | （1.356 5） | （1.320 9） | （1.940 8） | （0.988 4） |

| | （1） | （2） | （3） | （4） |
|---|---|---|---|---|
| | *Povref_D* | *Povref_D* | *Povref_dis* | *Povref_dis* |
| | 校友 | 非校友 | 校友 | 非校友 |
| *Bsize* | −0.483 0 | −0.063 8 | −1.118 2 | −0.216 5 |
| | （−1.012 1） | （−0.364 6） | （−1.260 8） | （−0.489 2） |
| *Deficit* | −0.012 9 | 0.134 9 | 0.213 0 | 0.383 3 |
| | （−0.045 0） | （1.333 4） | （0.373 7） | （1.528 3） |
| *_cons* | −13.988 4*** | −13.906 5*** | −36.654 3*** | −43.395 6*** |
| | （−3.551 2） | （−8.479 1） | （−5.189 2） | （−10.797 6） |
| *Year FE* | Yes | Yes | Yes | Yes |
| *Industry FE* | Yes | Yes | Yes | Yes |
| *Pseudo R-sq* | 0.329 | 0.215 | 0.214 | 0.127 |
| *N* | 667 | 6 725 | 716 | 6 544 |
| *chi2（1）* | 4.35 | | 3.40 | |
| *Prob > chi2* | 0.036 9 | | 0.065 2 | |

注：***、**和*分别表示0.01、0.05和0.1的显著性水平。Logit回归对应括号中的数字为Z值。标准误差经过企业群聚效应调整。

### 5.5.2.2　高管与地方政府官员的同乡关系

李维安和孙林（2017）认为"同乡关系"能让地方政府官员与国企高管因乡土共性特征而形成良好的信息沟通，降低协调成本。因此，同乡的国企高管更可能被认同而获得信任，从而分担更多的精准扶贫任务。具体地，本书将同乡关系定义为若国有企业的董事长/总经理与当地省委书记/省长的籍贯地省份相同，则取值为1，否则取值为0。首先，本书以是否具有同乡关系将样本分组，检验产权性质对企业精准扶贫的影响，结果如表5.15所示：非同乡子样本组的*Soe*系数略大，并且显著性更高。但是该系数大小未通过组间差异检验。这说明，高管与地方政府官员的同乡关系不会显著影响产权性质对企业精准扶贫的促进作用。

表5.15　区分同乡关系

| | （1） | （2） | （3） | （4） |
|---|---|---|---|---|
| | *Povref_D* | *Povref_D* | *Povref_dis* | *Povref_dis* |
| | 同乡 | 非同乡 | 同乡 | 非同乡 |
| *Soe* | 0.513 4* | 0.742 6*** | 0.901 9 | 1.625 5*** |
| | （1.874 2） | （5.408 8） | （1.463 7） | （4.590 3） |
| *Size* | 0.733 4*** | 0.587 1*** | 1.861 8*** | 1.791 8*** |
| | （5.462 2） | （9.843 5） | （8.175 5） | （12.872 3） |
| *Lev* | 0.683 1 | −0.590 1 | 1.563 8 | −1.153 4 |
| | （0.723 6） | （−1.345 4） | （0.829 0） | （−1.032 0） |
| *Roa* | 0.800 9 | 2.583 7*** | 1.068 2 | 8.462 2*** |
| | （0.469 8） | （3.276 6） | （0.239 3） | （4.001 3） |
| *Cashratio* | −0.100 5 | −0.021 9 | −0.170 0 | 0.038 7 |
| | （−0.539 4） | （−0.369 1） | （−0.476 6） | （0.256 9） |
| *Shrhfd* | −0.639 6 | −0.295 5 | −1.649 1 | −0.624 9 |
| | （−0.488 6） | （−0.527 8） | （−0.718 8） | （−0.449 6） |
| *Bsize* | 0.118 7 | 0.354 8* | −0.291 3 | 0.968 8* |
| | （0.248 4） | （1.780 5） | （−0.323 6） | （1.938 2） |
| *Deficit* | 1.201 1*** | 0.289 4** | 2.325 5*** | 0.678 3** |
| | （4.366 3） | （2.326 4） | （4.482 6） | （2.207 0） |
| *_cons* | −28.630 8*** | −16.510 1*** | −84.422 9*** | −49.516 5*** |
| | （−7.278 6） | （−9.151 7） | （−11.242 5） | （−11.921 6） |
| Year FE | Yes | Yes | Yes | Yes |
| Industry FE | Yes | Yes | Yes | Yes |
| Pseudo R-sq | 0.305 | 0.203 | 0.178 | 0.118 |
| *N* | 866 | 4 834 | 924 | 4 727 |
| chi2（1） | 0.62 | | 1.16 | |
| Prob > chi2 | 0.431 9 | | 0.280 5 | |

注：***、**和*分别表示 0.01、0.05 和 0.1 的显著性水平。Logit回归对应括号中的数字为Z值。标准误差经过企业群聚效应调整。

# 5.6　本章小结

　　根据第四章的研究，本书认为地方政府官员有动机动员上市公司参与精准扶贫来帮助其完成扶贫考核。那么，在动员对象的选择上，地方政府官员会有一个优选顺序，即不同类型的企业被动员的可能性和力度会有不同。因此，本书有必要研究哪种类型的企业更有可能被地方政府官员动员，来加强整体逻辑的完整性。

　　由于政府与企业的关系主要体现在政府对企业的控制权和高管的政治背景两个方面，因此本书从产权性质和政商关系两个维度展开讨论。基于产权性质而言，国有企业承担着大量的行政责任和社会责任，并且国有企业高管具有晋升需求。因此，国有企业相较于民营企业更有可能主动承担国家战略导向的任务。而基于政商关系而言，一方面，在脱贫攻坚战的背景下，精准扶贫是企业维护政商关系的优选方式；另一方面，政府对有政商关系的企业会有更高的预期，这使具有政商关系的企业更容易受政府干预。因此，具有政商关系的企业相较于非政商关系的企业更有可能参与精准扶贫，并且投入水平可能会更高。

　　本书基于2016—2020年A股上市公司样本，通过实证分析研究发现：国有企业相较于民营企业更有可能参与精准扶贫，并且投入水平可能会更高。具有政商关系的企业相较于非政商关系的企业更有可能参与精准扶贫，并且投入水平可能会更高。进一步地，本书研究发现政商关系级别越高，关系越接近中央政府，企业越有可能参与精准扶贫且投入水平越高。此外，当企业高管与地方政府官员存在校友关系时，会加强产权性质对企业精准扶贫的促进作用。

　　本书研究不仅有助于从企业帮扶的视角丰富了企业社会责任的相关研究，而且有助于从精准扶贫的视角丰富了政企互动的相关研究。对于捐赠而言，企业是想通过主动捐赠的行为来构建政商关系，从而获取一定的政府回馈。虽然都是研究政府和企业在企业社会责任上的互动，本书发现企业参与精准扶贫则是履行责任和义务。此外，本书研究为全面推进乡村振兴提供理论依据和政策参考。

# 6　企业精准扶贫与企业绩效

# 6.1  研究问题

关于企业是否应该履行企业社会责任，学术界一直存在争论。以 Friedman（1970）为代表的反对派认为，企业唯一的社会责任是利用其资源参与能提高利润的活动。因为企业产生的利润会带来社会和经济回报，如就业和培训、供应商的收入、创新的研发投资等。由于企业经营决策者的能力有限，那些自愿履行社会责任的企业反而会损害股东利益，从而对经济造成破坏。与此同时，以 Freeman（1984）为代表的支持派，提出了"利益相关者价值最大化"的竞争性观点。他们认为，企业应该考虑所有可能影响企业价值的利益相关者。企业应该处理好与企业各种利益相关者的关系，从而增加他们支持企业运营的意愿，创造经济效益（Kitzmueller & Shimshack，2012）。此外，各种利益相关者之间可能持续存在潜在的利益冲突（Chen et al.，2018b），以及许多社会责任活动的开展缺乏规划者导致无法明确和清晰地定义其社会利益（Shleifer & Vishny，1994；Masulis & Reza，2015；Cheng et al.，2013），这些企业社会责任的特征加剧了争论。

在各级政府广泛鼓励社会各界力量参与扶贫的新格局下，企业精准扶贫被视为一种政府发起的、特殊的企业社会责任形式。本书认为政府发起的企业社会责任有助于调和上述两派竞争性的观点。竞争性观点之间的关键区别在于企业是否能决定社会利益，以及企业社会责任的投资是否有回报。当企业社会责任活动能明确界定社会利益，并且该投资会为股东带来回报时，该企业社会责任则有利于企业绩效。反之，则企业社会责任有损于企业绩效。首先，精准扶贫是由政府作为规划者发起的，以阐明社会利益是减少贫困。其次，为了实现减贫目标，各级政府会向参与精准扶贫的企业提供支持，如向企业提供政府补贴、消除当地的进入障碍、提供廉价劳动力等，从而可能为企业带来一定的投资回报。但是，精准扶贫也可能使企业偏离正常的经营模式，选择次优的投资决策，从而破坏企业价值。因此，企业社会责任对企业带来的经济后果是模糊的，亟待进一步深入研究。

由于缺乏系统而详细的相关数据，政府发起的企业社会责任并没有得到充分的研究。2016年12月，上海证券交易所和深圳证券交易所先后对进一步完善上市公司扶贫工作信息披露提出要求。精准扶贫信息披露的完善，给予本书针对政府发起的企业社会责任如何影响企业绩效的研究机会。

本书拟回答以下两个问题。

第一，企业精准扶贫是否会提高未来企业绩效？一方面，政府发起的企业社会责任可能会干预企业自身的企业社会责任战略，削弱企业在企业社会责任战略中的自主权，因此可能会对股东造成伤害（Chen et al., 2018b）。另一方面，政府发起的企业社会责任活动可能会有助于它们获得政府的经济资源、建立声誉资本、节省生产要素成本，从而有利于企业绩效。对此，笔者预期提出竞争性假说，加以实证检验。本书主要用Tobin Q衡量企业市场绩效，并从毛利率、净资产收益率、资产周转率等多个方面分析企业会计绩效。

第二，企业精准扶贫是否会被提供更多的政府补助、政府合同和债务融资？正如前文所述，笔者认为精准扶贫是企业和政府共赢的事情，企业会接收到政府的资源倾斜，这里包括政府补助、政府合同这类显性扶持和债务融资这类隐性扶持。

## 6.2 理论分析与研究假设

在新古典主义范式下，Friedman（1970）提出的股东模型强调，企业的唯一目标是股东价值的最大化。而在利益相关者的观点（Freeman，1984）中，企业在公司管理决策过程中需要权衡和考虑各种利益相关者的利益，包括员工、客户、供应商、政府等。当管理者仅局限于股东利益最大化来作出企业决策时，会出现负外部性、道德风险问题和垄断（Friedman & Miles，2006），因此企业会受法律和经济上的约束。精准扶贫作为政府发起的企业社会责任对企业绩效同样存在正反两种可能的影响。

首先，精准扶贫可能给企业绩效带来的负面影响，主要有以下三个方面的原因：

第一，企业精准扶贫行为作为一种企业社会责任，虽然对利益相关者提供了价值，但对企业来说是一种财务成本。Di Giuli 和 Kostovetsky（2014）实证研究了企业社会责任与利益相关者偏好之间的关系，证实了亲社会的行动主义假设，同时也发现企业社会责任的实施对企业未来经营和股票市场绩效有负面影响。Brammer 和 Millington（2008）也发现了当企业社会责任投入与行业平均水平相当时，企业捐赠对企业绩效有负面影响。企业精准扶贫行为是一种长期性、持续性行为，其投入形式众多、投入金额大，很可能导致成本大于收益，不利于企业经营。

第二，企业精准扶贫行为受政府干预和强制信息披露的影响，会促使企业以股东利益为代价而参与精准扶贫。Chen 等（2018）研究中国上市公司强制披露企业社会责任的经济后果，发现政府的干预可能会减弱企业在企业社会责任战略中的自主性，因此对股东来说是潜在的伤害。Manchiraju 和 Rajgopal（2017）的研究发现，强制要求印度企业在 CSR 上投入资金会导致 CSR 价值的下降。如果没有脱贫攻坚工作的推动，企业可能会选择更合适的企业社会责任战略来优化其企业绩效。从股东的角度来看，任何形式的企业社会责任活动都有可能损害股东利益。因为，即使参与精准扶贫对某些企业来说是增值的，但精准扶贫决策可能与股东的选择不一致。因此，企业精准扶贫行为可能是以牺牲股东利益为代价的。

第三，企业社会责任与代理问题有关（Barnea & Rubin 2010；Cheng et al.，2013；Masulis & Reza，2015）。Cheng 等（2013）的研究表明，公司董事会监督的改善降低了企业社会责任得分，这意味着企业社会责任活动的实施是代理动机导致的。Masulis 和 Walid（2015）的研究表明，慈善捐赠金额与 CEO 的内部所有权负相关，并且体现了 CEO 的个人慈善偏好。因此，本书认为精准扶贫可能是企业高管用来提高个人声誉或实现个人晋升的工具。当企业社会责任成为企业高管的获利工具（权小锋等，2015），或为了掩盖企业不当行为（高勇强等，2012；Hoi et al.，2013）时，该行为会损害股东利益，并进一步恶化信息不对称程度，从而降低企业绩效。

其次，精准扶贫可能给企业绩效带来的正面影响，主要有以下两个方面的原因：

第一，根据利益相关者观点，企业社会责任可以通过提供获得有价值资源的更优途径（Cochran & Wood，1984），从而保持或增加企业绩效。各级政府会通过给予企业政府控制的资源（Shleifer & Vishny，1994）动员企业力量参与扶贫，以企业愿意接受且有利于贫困人口的方式实现互利共赢（刘磊和吴理财，2019）。具体地，陆汉文等（2018）的研究发现，中央和地方政府会出台各类优惠政策，如土地使用、税收减免、行政审批、项目支持、贷款贴息等各方面给予的优惠措施，方便企业在贫困地区开展扶贫行动。在中国这样的转型经济体中，中央政府将地方政府补贴的管理权下放，因此，地方政府也可以提供政府补贴来激励企业参与精准扶贫，从而可能提高企业绩效。

第二，参与社会责任的企业往往会因履行与利益相关者的承诺而建立声誉资本（Menon & Kahn，2003；Edmans，2011）。在脱贫攻坚工作的开展中，政府和媒体对参与精准扶贫的企业进行奖励和宣传，使企业建立声誉资本，有助于提高企业盈利能力。首先，参与精准扶贫的企业可以进入当地要素市场，直接雇佣当地贫困县居民并且采购当地产品作为原材料。当地贫困县居民作为企业的潜在利益相关者，因受企业履行社会责任的关照而更有可能为企业贡献资源和努力，并接受比市场水平较低的合同。因此，企业可以通过参与精准扶贫减少劳动力成本和原材料成本，从而增加企业盈利能力。其次，参与精准扶贫的企业还可以在销售产品方面利用并提高市场优势。地方政府还为企业参与扶贫开发提供了服务保障，激发了企业参与的积极性。比如，简化扶贫项目行政审批程序、构建涉及面更广的市场营销平台、加强市场风险保障、推广区域内商业品牌等。在政府的服务保障下，企业可以通过品牌效应吸引新的客户、有社会意识的消费者，增强企业的市场竞争力（Flammer，2015）。此外，省际贸易壁垒抑制了非本地企业进入本地市场，实际上形成了一个分散的市场（Young，2000；Poncet，2005；Holz，2009）。如果企业跨地区参与产业扶贫，就能享受到消除潜在进入障碍的好处，提高其市场份额，从而提高企业绩效。

因此，基于以上分析，本书提出备择假设：

假设1a：企业精准扶贫会改善企业绩效。

假设1b：企业精准扶贫会损害企业绩效。

# 6.3　研究设计

## 6.3.1　样本选择与数据来源

自2016年以后，上市公司在年报的重要事项部分单独列示了年度精准扶贫工作情况，其中包含扶贫内容、分项投入金额及获奖情况等信息（黄玉菁等，2021）。其中，总体情况分为资金、物资折款和帮助建档立卡贫困人口脱贫数。分项情况分为各类扶贫项目个数、投入金额和帮助建档立卡贫困人口脱贫数。

因此，本书选取中国2016—2019年沪深两市A股上市公司作为研究样本[1]，得到初始样本13 908个。经剔除以下情况样本：①352个金融行业样本；②848个ST样本；③257个年报中未披露扶贫工作情况的样本；④41个变量缺失样本，最终得到12 410个有效样本。

本书所需的精准扶贫数据是从年报中人工收集的。财务数据和高管特征数据均来自国泰安（CSMAR）数据库，宏观经济数据来自国家统计局官方网站。为了消除极端值的影响，本书对企业层面连续变量进行分年度1%水平的缩尾处理。

---

[1] 回归分析需要用到未来一期的数据，因此样本区间截至2019年。

### 6.3.2 研究模型和变量设计

为了检验假设1，本书将待检验的回归方程设定为

$$Tobin\ Q_{i,t+1} = \alpha + \beta_1 Povref_{i,t} + \beta_2 Control_{i,t} + \varphi + \mu + \varepsilon \qquad (6.1)$$

$$Firm\ Performance_{i,t+1} = \alpha + \beta_1 Povref_{i,t} + \beta_2 Control_{i,t} + \varphi + \mu + \varepsilon \qquad (6.2)$$

其中，模型（6.1）检验企业精准扶贫对企业市场绩效的影响。被解释变量采用未来一期的 $Tobin\ Q$ 衡量企业市场绩效。解释变量 $Povref$ 是企业精准扶贫行为的代理变量，本书分别采用企业是否精准扶贫 $Povref\_D$，以及年报所披露的总扶贫投入金额加1再取自然对数 $Povref\_dis$ 来衡量[①]。由于部分年报扶贫分项投入金额的加总与其披露的总金额不相等，本书在下文的稳健性检验部分中，还会以扶贫分项投入金额加总数加1再取自然对数，以及对扶贫投入进行营业收入和总资产标准化来衡量企业精准扶贫情况。

$Control$ 为一组控制变量。参考以往研究企业价值影响因素相关文献（Roll et al.，2009；Lim et al.，2018）的做法，本书加入以下控制变量：企业规模 $Size$、负债率 $Lev$、企业年龄 $Firmage$、产权性质 $Soe$、资本支出 $Capx$、董事会规模 $Bsize$、董事会独立性 $Indep$。此外，本书还控制了年度固定效应 $\varphi$ 和行业固定效应 $\mu$。模型中各变量的具体定义和度量见表6.1。若假设1a成立，则 $\beta_1$ 显著为正。若假设1b成立，则 $\beta_1$ 显著为负。

模型（6.2）检验企业精准扶贫对企业会计绩效的影响。参考杜邦分析的思想，被解释变量分别采用未来一期的净资产利润率 $Roe$、净利率 $Pm$、毛利率 $Gpm$、资产周转率 $At$、扣除政府补助的资产回报率 $Roa\_sub$ 多维度衡量企业会计绩效。解释变量 $Povref$ 是企业精准扶贫行为的代理变量，本书分别采用企业是否精准扶贫 $Povref\_D$，以及年报所披露的总扶贫投入金额加1再取自然对数 $Povref\_dis$ 来衡量。由于部分年报扶贫分项投入金额的加总与其披露的总金额不相等，本书在下文的稳健性检验部分中，还会以扶贫分项投入金额加总数加

---

[①] 本书将 $Povref\_dis$ 定义为总体情况披露中资金与物资折算的合计数，并统一单位为万元。为了让该变量趋近于正态分布，本书在回归分析部分对上述扶贫投入总金额数进行加1并取自然对数的转换处理。在手工收集数据的过程中，本书对异常值都进行核对检查，以避免因整理失误造成的数据偏差。

1再取自然对数，以及对扶贫投入进行营业收入和总资产标准化来衡量企业精准扶贫情况。

*Control*为一组控制变量。参考以往研究捐赠影响因素相关文献（Lev et al.，2010；Byun & Oh，2018；Lim et al.，2018）的做法，本书加入以下控制变量：企业规模*Size*、负债率*Lev*、企业年龄*Firmage*、产权性质*Soe*、资本支出*Capx*、董事会规模*Bsize*、董事会独立性*Indep*、销售费用率*Saleratio*、研发支出*Rd*。此外，本书还控制了年度固定效应$\varphi$和行业固定效应$\mu$。模型中各变量的具体定义和度量见表6.1。若假设1a成立，则$\beta_1$应显著为正。若假设1b成立，则$\beta_1$应显著为负。

### 表6.1　变量定义

| 变量名称 | 变量符号 | 变量衡量方式 |
| --- | --- | --- |
| 企业市场绩效 | *Tobin Q* | 企业市场绩效=（流通股市值+非流通股数×每股净资产+负债账面价值）/总资产账面价值 |
| 净资产利润率 | *Roe* | 净资产利润率=净利润/所有者权益×100% |
| 净利率 | *Pm* | 净利率=息税前利润/营业总收入×100% |
| 毛利率 | *Gpm* | 毛利率=（营业总收入-营业总成本）/营业总收入×100% |
| 资产周转率 | *At* | 资产周转率=营业总收入/总资产×100% |
| 调整的资产回报率 | *Roa_sub* | 调整的资产回报率=（净利润-政府补助）/总资产×100% |
| 精准扶贫 | *Povref_D* | 企业若当年参与精准扶贫则取1，否则取0 |
| | *Povref_dis* | 企业精准扶贫投入的总金额加1，然后取自然对数。若未参与精准扶贫，则精准扶贫投入总金额为0 |
| 公司规模 | *Size* | 公司规模=log（期末总资产） |
| 负债率 | *Lev* | 负债率=期末总负债/期末总资产 |
| 企业年龄 | *Firmage* | 截至研究年度的成立年限 |
| 产权性质 | *Soe* | 若最终控制人为国有法人、国有政府机关及事业单位和自治组织等国有控股企业，则为国有企业*Soe*取值为1，否则取值为0 |
| 资本支出 | *Capx* | 资本支出=购置固定资产无形资产支付的现金/总资产 |
| 董事会规模 | *Bsize* | 董事会董事总人数的自然对数 |
| 董事会独立性 | *Indep* | 独立董事人数占董事会总人数的比例 |
| 销售费用率 | *Saleratio* | 销售费用率=销售费用/营业总收入 |
| 研发支出 | *Rd* | 研发支出=期末无形资产净额/总资产比例 |

# 6.4 实证检验

## 6.4.1 描述性统计与相关性检验

### 6.4.1.1 主要变量描述性统计

表6.2列示了主要变量的描述性统计。所有企业层面的连续变量均分年度地在1%和99%水平上缩尾处理，数据显示：由于部分企业没有披露扶贫投入的具体数额，$Povref\_dis$的样本量为11 964。上市公司参与扶贫的平均比例为31.9%。企业未来一期$Tobin\ Q$的均值为1.882，未来一期平均净资产利润率$Roe$为5.008%，未来一期的平均净利率$Pm$为9.510%，未来一期的平均毛利率$Gpm$为6.024%，未来一期的平均资产周转率$At$为59.735%，未来一期扣除政府补助后的平均资产回报率$Roa\_sub$为2.703%。此外，有32.2%的样本为国有企业，企业成立的平均年限为18年。

表6.2 主要变量描述性统计

| Variable | N | Mean | Sd | Min | Max |
|---|---|---|---|---|---|
| $Tobin\ Q_{t+1}$ | 12 410 | 1.882 | 1.237 | 0.782 | 10.282 |
| $Roe_{t+1}$ | 12 410 | 5.008 | 16.578 | −117.030 | 36.692 |
| $Pm_{t+1}$ | 12 410 | 9.510 | 21.225 | −120.702 | 65.616 |
| $Gpm_{t+1}$ | 12 410 | 6.024 | 16.308 | −121.002 | 43.747 |
| $At_{t+1}$ | 12 410 | 59.735 | 38.842 | 7.186 | 241.462 |
| $Roa\_sub_{t+1}$ | 12 410 | 2.703 | 7.565 | −43.524 | 19.936 |
| $Povref\_D$ | 12 410 | 0.319 | 0.466 | 0.000 | 1.000 |
| $Povref\_dis$ | 11 964 | 1.327 | 2.329 | 0.000 | 9.612 |
| $Size$ | 12 410 | 22.238 | 1.312 | 19.658 | 26.408 |
| $Lev$ | 12 410 | 0.413 | 0.200 | 0.057 | 0.899 |
| $Firmage$ | 12 410 | 18.086 | 5.577 | 5.000 | 33.000 |
| $Soe$ | 12 410 | 0.322 | 0.467 | 0.000 | 1.000 |
| $Capx$ | 12 410 | 0.045 | 0.043 | 0.000 | 0.215 |
| $Bsize$ | 12 410 | 2.273 | 0.254 | 1.609 | 2.944 |

| Variable | N | Mean | Sd | Min | Max |
|---|---|---|---|---|---|
| *Indep* | 12 410 | 0.380 | 0.073 | 0.250 | 0.600 |
| *Saleratio* | 12 410 | 0.078 | 0.093 | 0.000 | 0.513 |
| *Rd* | 12 410 | 0.045 | 0.049 | 0.000 | 0.325 |

注：所有连续变量均分年度地在1%和99%水平上缩尾处理。

### 6.4.1.2 相关系数检验

表6.3列示了主要回归变量进行Pearson相关系数分析。数据显示：除衡量精准扶贫的指标间存在很大相关系数外，其他变量之间相关系数均小于0.6，因此不存在严重共线性。

表6.3 主要变量相关系数

| Panel A: *Tobin Q~Size* 相关系数 | | | | | | | | | |
|---|---|---|---|---|---|---|---|---|---|
| | $Tobin\ Q_{t+1}$ | $Roe_{t+1}$ | $Pm_{t+1}$ | $Gpm_{t+1}$ | $At_{t+1}$ | $Roa\_sub_{t+1}$ | $Povref\_D$ | $Povref\_dis$ | $Size$ |
| $Tobin\ Q_{t+1}$ | 1 | | | | | | | | |
| $Roe_{t+1}$ | 0.082 *** | 1 | | | | | | | |
| $Pm_{t+1}$ | 0.055 *** | 0.716 *** | 1 | | | | | | |
| $Gpm_{t+1}$ | 0.091 *** | 0.576 *** | 0.719 *** | 1 | | | | | |
| $At_{t+1}$ | 0.011 0 | 0.115 *** | −0.099 *** | 0.008 00 | 1 | | | | |
| $Roa\_sub_{t+1}$ | 0.138 *** | 0.860 *** | 0.820 *** | 0.698 *** | 0.124 *** | 1 | | | |
| $Povref\_D$ | −0.083 *** | 0.080 *** | 0.064 *** | 0.064 *** | 0.035 ** | 0.061 *** | 1 | | |
| $Povref\_dis$ | −0.099 *** | 0.085 *** | 0.064 *** | 0.059 *** | 0.039 *** | 0.061 *** | 0.884 *** | 1 | |
| $Size$ | −0.354 *** | 0.038 *** | 0.050 *** | 0.016 0 | 0.022 0 | −0.017 0 | 0.330 *** | 0.436 *** | 1 |
| $Lev$ | −0.237 *** | −0.067 *** | −0.106 *** | −0.212 *** | 0.117 *** | −0.193 *** | 0.141 *** | 0.185 *** | 0.529 *** |
| $Firmage$ | −0.043 *** | −0.030 0 | −0.012 0 | −0.066 *** | 0.005 00 | −0.050 *** | 0.133 *** | 0.107 *** | 0.180 *** |
| $Soe$ | −0.155 *** | 0.020 0 | 0.031 * | −0.034 ** | 0.024 0 | −0.018 0 | 0.266 *** | 0.244 *** | 0.378 *** |
| $Capx$ | 0.028 0 | 0.089 *** | 0.071 *** | 0.090 *** | −0.008 00 | 0.103 *** | 0.027 0 | 0.055 *** | −0.039 *** |
| $Bsize$ | −0.071 *** | −0.033 ** | −0.014 0 | −0.044 *** | −0.004 00 | −0.053 *** | 0.113 *** | 0.124 *** | 0.235 *** |
| $Indep$ | 0.047 *** | 0.017 0 | 0.015 0 | 0.021 0 | −0.014 0 | 0.030 0 | −0.065 *** | −0.047 *** | −0.108 *** |
| $Saleratio$ | 0.178 *** | 0.025 0 | 0.000 0 | 0.024 0 | −0.052 *** | 0.052 *** | −0.022 0 | −0.035 ** | −0.176 *** |
| $Rd$ | −0.033 ** | 0.002 00 | 0.021 0 | 0.007 00 | −0.044 *** | −0.011 0 | 0.060 *** | 0.071 *** | 0.049 *** |

| Panel A: *Tobin Q~Size*相关系数 | | | | | | | | |
|---|---|---|---|---|---|---|---|---|
| *Tobin Q$_{t+1}$* | *Roe$_{t+1}$* | *Pm$_{t+1}$* | *Gpm$_{t+1}$* | *At$_{t+1}$* | *Roa_sub$_{t+1}$* | *Povref_D* | *Povref_dis* | *Size* |
| Panel B: *Lev~Rd*相关系数 | | | | | | | | |
| | *Lev* | *Firmage* | *Soe* | *Capx* | *Bsize* | *Indep* | *Saleratio* | *Rd* |
| *Lev* | 1 | | | | | | | |
| *Firmage* | 0.194 *** | 1 | | | | | | |
| *Soe* | 0.271 *** | 0.268 *** | 1 | | | | | |
| *Capx* | −0.053 *** | −0.121 *** | −0.129 *** | 1 | | | | |
| *Bsize* | 0.165 *** | 0.125 *** | 0.264 *** | −0.055 *** | 1 | | | |
| *Indep* | −0.094 *** | −0.105 *** | −0.185 *** | 0.055 *** | −0.240 *** | 1 | | |
| *Saleratio* | −0.236 *** | −0.050 *** | −0.172 *** | −0.013 0 | −0.051 *** | 0.053 *** | 1 | |
| *Rd* | 0.017 0 | 0.010 0 | 0.075 *** | 0.154 *** | 0.053 *** | −0.032 ** | 0.016 0 | 1 |

注：\*\*\*、\*\* 和 \* 分别表示 0.01、0.05 和 0.1 的显著性水平。

### 6.4.2　多元回归分析

表6.4检验了精准扶贫对企业市场绩效的影响，回归均控制了行业和年度固定效应，且采用企业层面聚类稳健的标准误以消除自相关（Petersen，2009）。所关注的变量系数是企业扶贫的代理变量 *Povref_D* 和 *Povref_dis*。结果显示：*Povref_D* 的系数在10%置信水平上显著为正，而 *Povref_dis* 的系数在1%的置信水平上显著为正。这说明，企业精准扶贫对企业市场绩效有明显的正向影响。平均而言，企业参与精准扶贫会在未来一年增加5.2%的 *Tobin Q*。该结果证实了假设1a。

表6.4　精准扶贫对企业市场绩效的影响

| | （1） | （2） |
|---|---|---|
| | *Tobin Q$_{t+1}$* | *Tobin Q$_{t+1}$* |
| *Povref_D* | 0.052* <br> （1.69） | |
| *Povref_dis* | | 0.027*** <br> （3.79） |

续　表

| | （1） | （2） |
|---|---|---|
| | *Tobin Q$_{t+1}$* | *Tobin Q$_{t+1}$* |
| *Size* | −0.298\*\*\* | −0.316\*\*\* |
| | （−12.59） | （−12.75） |
| *Lev* | −0.198 | −0.153 |
| | （−1.54） | （−1.18） |
| *Firmage* | 0.004 | 0.005\* |
| | （1.35） | （1.69） |
| *Soe* | −0.047 | −0.058 |
| | （−1.14） | （−1.42） |
| *Capx* | 0.258 | 0.120 |
| | （0.75） | （0.35） |
| *Bsize* | 0.092\* | 0.089 |
| | （1.66） | （1.58） |
| *Indep* | 0.022 | 0.019 |
| | （0.13） | （0.11） |
| *_cons* | 8.694\*\*\* | 9.093\*\*\* |
| | （16.83） | （16.90） |
| Year FE | Yes | Yes |
| Industry FE | Yes | Yes |
| adj. R-sq | 0.235 | 0.237 |
| N | 12 410 | 11 964 |

注：\*\*\*、\*\* 和 \* 分别表示 0.01、0.05 和 0.1 的显著性水平。标准误差经过企业群聚效应调整。

表6.5检验了精准扶贫对企业会计绩效的影响。本书从净资产利润率 *Roe*、净利率 *Pm*、毛利率 *Gpm*、资产周转率 *At*、扣除政府补助的资产回报率 *Roa_sub* 多维度衡量企业业绩。结果显示：在第1列至第6列和第9列至第10列回归中，*Povref_D* 和 *Povref_dis* 对 *Roe*、*Pm*、*Gpm*、*Roa_sub* 的回归系数均在1%的置信水平上显著为正。这说明，参与精准扶贫的企业在未来会提高经营业绩。平均而言，企业参与精准扶贫会在未来一年增加2.67%的净资产利润率、2.34%的净利率、1.65%的毛利率、1.02%的资产回报率。此外，在第7列至第8列回归

表6.5 精准扶贫对企业会计绩效的影响

| | $Roe_{t+1}$ | | $Pm_{t+1}$ | | $Gpm_{t+1}$ | | $At_{t+1}$ | | $Roa\_sub_{t+1}$ | |
| | (1) | (2) | (3) | (4) | (5) | (6) | (7) | (8) | (9) | (10) |
|---|---|---|---|---|---|---|---|---|---|---|
| $Povref\_D$ | 2.667*** (7.47) | | 2.341*** (5.02) | | 1.647*** (4.32) | | 1.884* (1.71) | | 1.023*** (5.95) | |
| $Povref\_dis$ | | 0.553*** (7.37) | | 0.407*** (4.15) | | 0.251*** (3.07) | | 0.481** (2.01) | | 0.205*** (5.75) |
| $Size$ | 0.956*** (5.17) | 0.787*** (3.98) | 1.592*** (7.02) | 1.534*** (6.32) | 1.880*** (9.44) | 1.846*** (8.68) | -0.989* (-1.68) | -1.150* (-1.88) | 0.531*** (6.68) | 0.473*** (5.55) |
| $Lev$ | -10.128*** (-7.18) | -9.787*** (-6.80) | -21.321*** (-13.42) | -21.203*** (-12.97) | -25.553*** (-16.94) | -25.669*** (-16.62) | 30.773*** (8.96) | 30.844*** (8.94) | -9.672*** (-16.90) | -9.593*** (-16.40) |
| $Firmage$ | -0.071** (-1.97) | -0.067* (-1.82) | -0.085* (-1.84) | -0.084* (-1.76) | -0.168*** (-4.04) | -0.171*** (-4.03) | -0.120 (-1.17) | -0.096 (-0.93) | -0.033* (-1.94) | -0.032* (-1.80) |
| $Soe$ | 1.224*** (2.74) | 1.363*** (3.01) | 0.228 (0.40) | 0.379 (0.65) | -0.486 (-0.93) | -0.291 (-0.55) | 2.829* (1.84) | 2.772* (1.80) | 0.369* (1.81) | 0.404* (1.96) |
| $Capx$ | 36.236*** (9.03) | 34.764*** (8.51) | 36.402*** (6.79) | 35.044*** (6.36) | 30.144*** (5.97) | 30.323*** (5.85) | -7.932 (-0.75) | -5.425 (-0.51) | 17.097*** (9.19) | 16.678*** (8.76) |
| $Bsize$ | -2.561*** (-3.84) | -2.680*** (-3.92) | -2.414*** (-2.82) | -2.409*** (-2.73) | -1.890*** (-2.65) | -1.859** (-2.52) | -1.167 (-0.68) | -1.010 (-0.58) | -1.199*** (-3.86) | -1.193*** (-3.74) |
| $Indep$ | 0.602 (0.27) | 0.264 (0.11) | 3.879 (1.31) | 4.040 (1.33) | 0.729 (0.30) | 0.775 (0.31) | -2.740 (-0.51) | -3.877 (-0.71) | 0.570 (0.53) | 0.517 (0.47) |
| $Saleratio$ | 5.754** (2.05) | 5.575* (1.96) | -4.273 (-1.14) | -3.965 (-1.03) | -11.073*** (-3.64) | -11.421*** (-3.67) | -12.939* (-1.92) | -13.866** (-2.03) | 0.345 (0.23) | 0.242 (0.16) |

续　表

| | $Roe_{t+1}$ | | $Pm_{t+1}$ | | $Gpm_{t+1}$ | | $At_{t+1}$ | | $Roa\_sub_{t+1}$ | |
| --- | --- | --- | --- | --- | --- | --- | --- | --- | --- | --- |
| | (1) | (2) | (3) | (4) | (5) | (6) | (7) | (8) | (9) | (10) |
| Rd | −9.812** | −9.548** | −11.554* | −11.490* | −12.379** | −11.246** | −51.361*** | −50.879*** | −7.613*** | −7.425*** |
| | (−2.33) | (−2.22) | (−1.85) | (−1.80) | (−2.21) | (−1.97) | (−4.36) | (−4.29) | (−4.11) | (−3.92) |
| _cons | −9.170* | −5.347 | −13.470** | −12.327* | −22.505*** | −21.828*** | 62.084*** | 65.540*** | −3.751 | −2.516 |
| | (−1.90) | (−1.04) | (−1.97) | (−1.72) | (−3.56) | (−3.30) | (4.22) | (4.30) | (−1.62) | (−1.03) |
| Year FE | Yes | Yes | Yes | Yes | Yes | Yes | Yes | Yes | Yes | Yes |
| Industry FE | Yes | Yes | Yes | Yes | Yes | Yes | Yes | Yes | Yes | Yes |
| adj. R-sq | 0.061 | 0.061 | 0.103 | 0.100 | 0.134 | 0.131 | 0.297 | 0.298 | 0.104 | 0.103 |
| N | 12 410 | 11 964 | 12 410 | 11 964 | 12 410 | 11 964 | 12 410 | 11 964 | 12 410 | 11 964 |

注：***、** 和 * 分别表示 0.01、0.05 和 0.1 的显著性水平。标准误差经过企业群聚效应调整。

中，*Povref_D*和*Povref_dis*对*At*的回归系数分别在10%和5%的置信水平上显著为正，这表明企业经营效率有所改善。换言之，企业的运营不能因参与扶贫而中断。总体而言，企业精准扶贫会通过大幅提高利润率而改善企业业绩。该结果证实了假设1a。

### 6.4.3 稳健性检验

#### 6.4.3.1 改变精准扶贫投入的衡量方式

首先，由于部分年报披露不规范，导致扶贫投入总金额与扶贫分项投入金额的加总数不相等，存在测度误差。本书采用各扶贫形式投入金额的加总数再做加1取对数的处理*Povref_t*，衡量精准扶贫投入水平。其次，本书参照许年行和李哲（2016）对捐赠标准化的方法，将扶贫投入总额占总资产的比例*Povref_a*和扶贫投入总额占营业收入的比例*Povref_r*来衡量企业精准扶贫投入水平。关于官员扶贫考核重要性对企业精准扶贫影响的检验结果，如表6.6所示：*Povref_a*的系数均在5%的置信度上显著为正，*Povref_r*的系数均在10%的置信度上显著为正，*Povref_t*的系数均在1%的置信度上显著为正。虽然在标准化之后系数显著性下降，但该结果仍证实企业精准扶贫行为能显著提高企业市场绩效。

表6.6　改变精准扶贫投入的衡量方式

|  | （1） | （2） | （3） |
| --- | --- | --- | --- |
|  | *Tobin Q_{t+1}* | *Tobin Q_{t+1}* | *Tobin Q_{t+1}* |
| *Povref_a* | 37.601** <br>（2.20） |  |  |
| *Povref_r* |  | 12.368* <br>（1.94） |  |
| *Povref_t* |  |  | 0.026*** <br>（3.73） |
| *Size* | −0.298*** <br>（−12.50） | −0.298*** <br>（−12.47） | −0.316*** <br>（−12.74） |

|  | （1） | （2） | （3） |
|---|---|---|---|
|  | *Tobin Q*$_{t+1}$ | *Tobin Q*$_{t+1}$ | *Tobin Q*$_{t+1}$ |
| *Lev* | −0.169 | −0.169 | −0.154 |
|  | （−1.31） | （−1.30） | （−1.18） |
| *Firmage* | 0.005$^*$ | 0.005$^*$ | 0.005$^*$ |
|  | （1.67） | （1.67） | （1.68） |
| *Soe* | −0.045 | −0.045 | −0.057 |
|  | （−1.12） | （−1.12） | （−1.40） |
| *Capx* | 0.134 | 0.150 | 0.125 |
|  | （0.39） | （0.43） | （0.36） |
| *Bsize* | 0.092 | 0.091 | 0.089 |
|  | （1.63） | （1.63） | （1.58） |
| *Indep* | 0.044 | 0.045 | 0.021 |
|  | （0.25） | （0.26） | （0.12） |
| _cons | 8.708$^{***}$ | 8.704$^{***}$ | 9.081$^{***}$ |
|  | （16.62） | （16.63） | （16.89） |
| Year FE | Yes | Yes | Yes |
| Industry FE | Yes | Yes | Yes |
| adj. R-sq | 0.236 | 0.236 | 0.237 |
| N | 11 964 | 11 964 | 11 964 |

注：$^{***}$、$^{**}$ 和 $^*$ 分别表示 0.01、0.05 和 0.1 的显著性水平。标准误差经过企业群聚效应调整。

### 6.4.3.2　倾向得分匹配

由于企业是否参与精准扶贫是企业自愿决策的结果，因此存在OLS回归样本自选择问题。本书采用倾向得分匹配方法保证在企业特征无显著差异的情况下，检验企业精准扶贫对企业市场绩效的影响。具体地，本书将样本是否参与精准扶贫分为实验组和对照组，以企业规模 *Size*、负债率 *Lev*、企业年龄 *Firmage*、产权性质 *Soe*、资本支出 *Capx*、董事会规模 *Bsize*、董事会独立性 *Indep*、行业虚拟变量 *Ind* 作为匹配变量，对其进行一对二最近邻有放回式匹配。最终得到 3 940 个实验组的样本和 3 740 个控制组样本。匹配前后的平衡性检验结果如表6.7所示：在PSM后实验组和对照组的所有控制变量均不存在显著差异，说明PSM过程有效。

进一步地，本书利用PSM后挑选出的实验组和对照组样本，重新检验政商关系对企业精准扶贫的影响。检验结果如表6.8所示：$Povref\_D$的系数在5%的置信水平上显著为正。$Povref\_dis$的系数在1%的置信水平上显著为正。该结果与主检验结果保持一致，再次证实了假设1a的稳健性。

表6.7　PSM平衡性检验

| Variable | Unmatched | Mean | | %reduct |bias| | t-test | | V(T) |
|---|---|---|---|---|---|---|---|
| | Matched | Treated | Control | %bias | | t | p>|t| | V(C) |
| Size | U | 22.871 | 21.96 | 70.3 | | 38.170 | 0.000 | 1.70* |
| | M | 22.871 | 22.861 | 0.7 | 98.9 | 0.310 | 0.757 | 1.19* |
| Lev | U | 0.454 52 | 0.394 15 | 30.4 | | 15.750 | 0.000 | 1.01 |
| | M | 0.454 52 | 0.460 66 | −3.1 | 89.8 | −1.350 | 0.177 | 0.94 |
| Firmage | U | 19.18 | 17.627 | 28.2 | | 14.560 | 0.000 | 0.98 |
| | M | 19.18 | 18.962 | 4 | 85.9 | 1.760 | 0.078 | 0.98 |
| Soe | U | 0.504 57 | 0.239 36 | 57.1 | | 30.360 | 0.000 | . |
| | M | 0.504 57 | 0.511 68 | −1.5 | 97.3 | −0.630 | 0.528 | |
| Capx | U | 0.046 52 | 0.043 72 | 6.6 | | 3.390 | 0.001 | 0.96 |
| | M | 0.046 52 | 0.046 87 | −0.8 | 87.4 | −0.360 | 0.716 | 0.90* |
| Bsize | U | 2.315 3 | 2.255 1 | 23.7 | | 12.310 | 0.000 | 1.05 |
| | M | 2.315 3 | 2.321 4 | −2.4 | 89.8 | −1.060 | 0.291 | 0.98 |
| Indep | U | 0.373 08 | 0.382 98 | −13.7 | | −7.050 | 0.000 | 0.93* |
| | M | 0.373 08 | 0.371 34 | 2.4 | 82.4 | 1.090 | 0.274 | 1.02 |

注：***、**和*分别表示0.01、0.05和0.1的显著性水平。

表6.8 PSM后回归

| | （1） | （2） |
|---|---|---|
| | *Tobin Q$_{t+1}$* | *Tobin Q$_{t+1}$* |
| *Povref_D* | 0.079** | |
| | （2.48） | |
| *Povref_dis* | | 0.022*** |
| | | （3.10） |
| *Size* | −0.186*** | −0.197*** |
| | （−8.68） | （−8.84） |
| *Lev* | −0.631*** | −0.587*** |
| | （−5.20） | （−4.77） |
| *Firmage* | −0.005 | −0.004 |
| | （−1.39） | （−1.05） |
| *Soe* | −0.047 | −0.053 |
| | （−1.15） | （−1.31） |
| *Capx* | 0.857** | 0.698* |
| | （2.21） | （1.77） |
| *Bsize* | 0.053 | 0.048 |
| | （0.88） | （0.80） |
| *Indep* | −0.088 | −0.069 |
| | （−0.45） | （−0.34） |
| *_cons* | 6.550*** | 6.823*** |
| | （14.00） | （14.07） |
| *Year FE* | Yes | Yes |
| *Industry FE* | Yes | Yes |
| *adj. R-sq* | 0.254 | 0.255 |
| *N* | 7 680 | 7 236 |

注：***、** 和 * 分别表示 0.01、0.05 和 0.1 的显著性水平。标准误差经过企业群聚效应调整。

### 6.4.3.3 工具变量两阶段OLS回归

为了进一步缓解内生性问题，本书使用当地省份的贫困县数量作为工具变量，重新检验企业精准扶贫对企业市场绩效的影响。根据第四章的研究，当地省份存在贫困县越多，当地政府官员的扶贫考核重要性越高，因此政府官员越有可能鼓励企业参与精准扶贫。然而，当地的贫困程度不太可能直接影响企业绩效。因此，在理论推导上，贫困县数量*Poor*具有外生性。

表6.9检验了贫困县数量作为工具变量时精准扶贫对企业市场绩效的影响。结果显示：在第一阶段估计中，*Poor*对*Povref_D*和*Povref_dis*的系数均在1%的置信水平上显著为正，并且*Cragg-Donald Wald F statistic*大于16.38，说明该工具变量具有很强的相关性。此外，*Kleibergen-Paap rk LM statistic*的P值小于0.05，说明工具变量可识别。在第二阶段估计中，*Povref_D*和*Povref_dis*对*Tobin Q*的系数均在1%的置信水平上显著为正，该结果与本书主检验的结果保持一致，因此本书发现企业精准扶贫与企业产生的积极价值影响是存在因果关系的。

表6.9　工具变量两阶段OLS回归

| | （1） | （2） | （3） | （4） |
| --- | --- | --- | --- | --- |
| | *Povref_D* | *Tobin Q$_{t+1}$* | *Povref_dis* | *Tobin Q$_{t+1}$* |
| *Poor* | 0.460$^{***}$<br>（20.78） | | 2.010$^{***}$<br>（18.52） | |
| *Povref_D* | | 0.461$^{***}$<br>（3.60） | | |
| *Povref_dis* | | | | 0.117$^{***}$<br>（3.91） |
| *Size* | 0.101$^{***}$<br>（27.43） | −0.338$^{***}$<br>（−21.25） | 0.744$^{***}$<br>（41.02） | −0.382$^{***}$<br>（−15.95） |
| *Lev* | −0.137$^{***}$<br>（−5.87） | −0.154$^{**}$<br>（−2.43） | −0.717$^{***}$<br>（−6.30） | −0.100<br>（−1.52） |
| *Firmage* | 0.002$^{**}$<br>（2.10） | 0.004$^{*}$<br>（1.90） | −0.002<br>（−0.61） | 0.006$^{***}$<br>（2.82） |
| *Soe* | 0.122$^{***}$<br>（12.67） | −0.105$^{***}$<br>（−3.34） | 0.335$^{***}$<br>（7.07） | −0.095$^{***}$<br>（−3.29） |
| *Capx* | 0.385$^{***}$<br>（4.12） | 0.125<br>（0.50） | 3.097$^{***}$<br>（6.79） | −0.136<br>（−0.51） |
| *Bsize* | 0.010<br>（0.66） | 0.084$^{**}$<br>（2.01） | 0.080<br>（1.04） | 0.078$^{*}$<br>（1.82） |

|  | （1） | （2） | （3） | （4） |
|---|---|---|---|---|
|  | *Povref_D* | *Tobin Q<sub>t+1</sub>* | *Povref_dis* | *Tobin Q<sub>t+1</sub>* |
| *Indep* | 0.066 | 0.005 | 0.872*** | −0.051 |
|  | （1.25） | （0.03） | （3.36） | （−0.35） |
| *Year FE* | Yes | Yes | Yes | Yes |
| *Industry FE* | Yes | Yes | Yes | Yes |
| *_cons* | −1.983*** | 9.440*** | −15.309*** | 10.414*** |
|  | （−19.26） | （26.22） | （−30.30） | （20.06） |
| *N* | 12 410 | 12 410 | 11 964 | 11 964 |
| *Centered R2* | 0.221 3 | | 0.221 8 | |
| *Anderson canonical correlation LM statistic （p-value）* | 420.244 （0.000） | | 335.958 （0.000） | |
| *Cragg-Donald Wald F statistic* | 431.889 | | 343.122 | |

注：***、**和*分别表示 0.01、0.05 和 0.1 的显著性水平。标准误差经过企业群聚效应调整。

#### 6.4.3.4 排除信息透明度的影响

由于 2016 年证券交易所颁布了关于改善上市公司精准扶贫信息披露的政策，上市公司以表格的形式清楚地列出了不同精准扶贫项目上的支出和脱贫效果。相较之下，2016 年之前在年报中披露精准扶贫活动的企业，其精准扶贫项目的支出和实施效果披露得较为粗略（Hirshleifer & Teoh，2003）。Lambert 等（2007）的研究表明，强制性信息披露改善了信息环境，从而降低了对企业形象的风险评估，进而降低了风险补偿和资金成本。因此，精准扶贫对未来的企业市场绩效的正向影响，可能是由于信息透明度的增强有助于投资者有效预期企业的未来现金流，而不是由于精准扶贫行为对企业经营产生的真实效应。

为了排除信息透明度对企业市场绩效的影响，表 6.10 根据企业在 2015 年财务报告中是否披露扶贫信息进行分组，检验精准扶贫对企业绩效的影响。结果显示：在 2015 年年报未披露扶贫信息的组内，*Povref_D* 和 *Povref_dis* 的系数分别在10%和1%的置信水平上显著为正。而在2015年年报披露扶贫信息的组内，Povref_D和Povref_dis的系数不显著。这说明，如果在2016年之前就参与了精准扶贫的企业，不会因为信息透明度的提高而促进企业绩效。因此，该结果排除了替代性假说。

表6.10 排除信息透明度的影响

| | 2015年年报披露扶贫 | | 2015年年报未披露扶贫 | |
| --- | --- | --- | --- | --- |
| | （1） | （2） | （3） | （4） |
| | *Tobin Q*$_{t+1}$ | *Tobin Q*$_{t+1}$ | *Tobin Q*$_{t+1}$ | *Tobin Q*$_{t+1}$ |
| *Povref_D* | 0.089<br>（0.63） | | 0.052*<br>（1.67） | |
| *Povref_dis* | | 0.023<br>（1.01） | | 0.028***<br>（3.70） |
| *Size* | −0.277***<br>（−3.16） | −0.298***<br>（−3.10） | −0.302***<br>（−12.42） | −0.320***<br>（−12.59） |
| *Lev* | −0.714*<br>（−1.78） | −0.726*<br>（−1.66） | −0.196<br>（−1.48） | −0.148<br>（−1.11） |
| *Firmage* | −0.013<br>（−0.86） | −0.013<br>（−0.79） | 0.005<br>（1.53） | 0.006*<br>（1.85） |
| *Soe* | −0.149<br>（−1.04） | −0.084<br>（−0.60） | −0.039<br>（−0.91） | −0.052<br>（−1.24） |
| *Capx* | 0.191<br>（0.19） | −0.170<br>（−0.17） | 0.257<br>（0.73） | 0.118<br>（0.33） |
| *Bsize* | 0.227<br>（1.23） | 0.258<br>（1.37） | 0.092<br>（1.61） | 0.089<br>（1.54） |
| *Indep* | 0.184<br>（0.32） | 0.047<br>（0.08） | 0.011<br>（0.06） | 0.014<br>（0.08） |
| *_cons* | 8.436***<br>（4.35） | 8.822***<br>（4.19） | 8.752***<br>（16.39） | 9.150***<br>（16.48） |
| *Year FE* | Yes | Yes | Yes | Yes |
| *Industry FE* | Yes | Yes | Yes | Yes |
| *adj. R-sq* | 0.373 | 0.382 | 0.232 | 0.235 |
| *N* | 464 | 442 | 11 946 | 11 522 |

注：***、**和*分别表示0.01、0.05和0.1的显著性水平。标准误差经过企业群聚效应调整。

# 6.5　影响机制分析

社会交换理论的核心是双方通过交换资源达到互惠目的（Homans，1958；Lawler & Thye，1999；Aronson et al.，2005）。由于长期受制度和政策上的约束，企业会依赖于一些非正规机制来保证其生存和发展（余明桂和潘红波，2008），其中与政府互惠互利是非常重要的非正规机制（Shleifer & Vishny，1994；Fisman，2001；Faccio et al.，2005；Schoenherr，2019）。由于中国不存在竞选捐款、游说等手段，而贿赂官员需要承担更大的法律风险（张建君和张志学，2005），因此公司履行企业社会责任成为与政府互惠互利的有效途径（梁建等，2010；戴亦一等，2014；李维安等，2015；李增福等，2016）。正如前文所述，本书认为精准扶贫是一个企业和政府互惠互利的行为，企业会获得政府的显性或隐性的资源倾斜，以及市场相关的服务保障。因此，本书进一步分析了企业精准扶贫对政府补助、政府采购合同和债务融资三个方面的影响是不是促进企业绩效的重要影响机制。

## 6.5.1　政府补助

为了检验精准扶贫对政府补助的影响，本书将待检验的回归方程设定为

$$Subsidy_{i,t+1} = \alpha + \beta_1 Povref_{i,t} + \beta_2 Control_{i,t} + \varphi + \mu + \varepsilon \quad （6.3）$$

其中，被解释变量 $Subsidy$ 采用未来一期政府补助的总金额并取自然对数来衡量。解释变量 $Povref$ 是企业精准扶贫行为的代理变量，本书分别采用企业是否精准扶贫 $Povref\_D$，以及年报所披露的总扶贫投入金额加1再取自然对数 $Povref\_dis$ 来衡量。$Control$ 为一组控制变量。参考以往研究政府补助影响因素相关文献（杜勇和陈建英，2016；Firth et al.，2014；Lin et al.，2015；Feng et al.，2015；Duchin et al.，2020）的做法，本书加入以下控制变量：企业规模 $Size$、负债率 $Lev$、产权性质 $Soe$、资产回报率 $Roa$、股权集中度 $Shrhfd$、薄利 $Smlprofit$、财政赤字 $Deficit$。此外，本书还控制了年度固定效应 $\varphi$ 和行业固定效应 $\mu$。

由于2017年重新修订了政府补助的相关会计准则，因此该检验的样本区间设置为2017—2019年。表6.11列示了精准扶贫对政府补助的影响，结果显示：*Povref_D*和*Povref_dis*的系数均在1%的置信水平上显著为正。这说明，企业参与精准扶贫会在未来获得更多的政府补助。该结果证实了政府补助这一显性资源支持的影响机制。

表6.11　精准扶贫对政府补助的影响

| | （1） | （2） |
|---|---|---|
| | *Subsidy*$_{t+1}$ | *Subsidy*$_{t+1}$ |
| *Povref_D* | 0.092*** | |
| | （2.60） | |
| *Povref_dis* | | 0.022*** |
| | | （2.84） |
| *Size* | 0.854*** | 0.848*** |
| | （42.13） | （39.76） |
| *Soe* | −0.075* | −0.065 |
| | （−1.65） | （−1.41） |
| *Lev* | 0.078 | 0.070 |
| | （0.58） | （0.51） |
| *Roa* | 1.409*** | 1.361*** |
| | （6.66） | （6.38） |
| *Shrhfd* | 0.401** | 0.454** |
| | （2.07） | （2.43） |
| *Smlprofit* | −0.254*** | −0.255*** |
| | （−3.48） | （−3.46） |
| *Deficit* | −0.079** | −0.080** |
| | （−2.19） | （−2.21） |
| *_cons* | −1.406** | −1.276** |
| | （−2.52） | （−2.20） |
| *Year FE* | Yes | Yes |
| *Industry FE* | Yes | Yes |
| *adj. R-sq* | 0.496 | 0.499 |
| *N* | 9 667 | 9 267 |

注：***、**和*分别表示0.01、0.05和0.1的显著性水平。标准误差经过企业群聚效应调整。

### 6.5.2 政府采购合同

为了检验精准扶贫对政府采购合同的影响，本书将待检验的回归方程设定为

$$Govctr_{i,t+1} = \alpha + \beta_1 Povref_{i,t} + \beta_2 Control_{i,t} + \varphi + \mu + \varepsilon \qquad （6.4）$$

其中，被解释变量 $Govctr$ 采用未来一期政府采购合同数量 $Govctr\_n$ 和未来一期政府采购合同总金额 $Govctr\_m$ 来衡量。解释变量 $Povref$ 是企业精准扶贫行为的代理变量，本书分别采用企业是否精准扶贫 $Povref\_D$，以及年报所披露的总扶贫投入金额加1再取自然对数 $Povref\_dis$ 来衡量。$Control$ 作为一组控制变量。参考 Faccio 和 Hsu（2017）检验政府采购合同影响因素的做法，本书加入以下控制变量：员工人数 $Employee$、营业收入 $Sale$、企业成长性 $Growth$。此外，本书还控制了年度固定效应 $\varphi$ 和行业固定效应 $\mu$。

本书从中国政府采购网上人工收集、整理了上市公司及其子公司的政府采购合同信息。表6.12列示了精准扶贫对政府采购合同的影响，结果显示：$Povref\_D$ 和 $Povref\_dis$ 的系数均在5%的置信水平上显著为正。这说明，企业参与精准扶贫会在未来获得更多的政府采购合同。该结果证实了政府采购合同是另一个显性资源支持的影响机制。

**表6.12　精准扶贫对政府采购合同的影响**

|  | （1）<br>$Govctr\_n_{t+1}$ | （2）<br>$Govctr\_n_{t+1}$ | （3）<br>$Govctr\_m_{t+1}$ | （4）<br>$Govctr\_m_{t+1}$ |
|---|---|---|---|---|
| $Povref\_D$ | 0.824 2** <br> （2.107 3） |  | 0.343 1** <br> （2.336 0） |  |
| $Povref\_dis$ |  | 0.163 0** <br> （2.043 9） |  | 0.068 5** <br> （2.220 8） |
| $Employee$ | 0.000 0 <br> （1.535 2） | 0.000 0 <br> （1.069 9） | 0.000 0** <br> （2.498 1） | 0.000 0** <br> （2.202 7） |
| $Saleratio$ | 1.791 6 <br> （0.851 3） | 1.495 5 <br> （0.699 9） | 1.926 5** <br> （2.079 9） | 1.878 1** <br> （1.985 7） |
| $Growth$ | −0.250 2 <br> （−1.316 8） | −0.253 1 <br> （−1.337 3） | −0.012 5 <br> （−0.111 3） | −0.039 1 <br> （−0.343 6） |

| | （1） | （2） | （3） | （4） |
|---|---|---|---|---|
| | $Govctr\_n_{t+1}$ | $Govctr\_n_{t+1}$ | $Govctr\_m_{t+1}$ | $Govctr\_m_{t+1}$ |
| _cons | −0.829 3** | −0.316 8 | −0.529 9*** | −0.349 1** |
| | （−2.397 1） | （−1.075 1） | （−3.647 4） | （−2.528 2） |
| Year FE | Yes | Yes | Yes | Yes |
| Industry FE | Yes | Yes | Yes | Yes |
| adj. R-sq | 0.115 | 0.118 | 0.180 | 0.180 |
| N | 9 113 | 8 728 | 8 932 | 8 557 |

注：***、** 和 * 分别表示 0.01、0.05 和 0.1 的显著性水平。标准误差经过企业群聚效应调整。

### 6.5.3　债务融资

为了检验精准扶贫对债务融资的影响，本书将待检验的回归方程设定为

$$Debt_{i,t+1} = \alpha + \beta_1 Povref_{i,t} + \beta_2 Control_{i,t} + \varphi + \mu + \varepsilon \qquad （6.5）$$

其中，被解释变量 Debt 分别用上市公司在未来一年的长期借款占总资产的比例 Debt1，以及长期借款占总借款的比例 Debt2 衡量债务融资水平。解释变量 Povref 是企业精准扶贫行为的代理变量，本书分别采用企业是否精准扶贫 Povref_D，以及年报所披露的总扶贫投入金额加 1 再取自然对数 Povref_dis 来衡量。Control 为一组控制变量。参考倪娟等（2019）和 Lim 等（2018）的做法，控制了企业规模 Size、负债率 Lev、资产收益率 Roa、企业年龄 Firmage、产权性质 Soe、有形资产率 Tar、利息保障倍数 Icr、董事会规模 Bsize、董事会独立性 Indep。此外，本书还控制了年度固定效应 φ 和行业固定效应 μ，并且标准误差经过企业群聚效应调整。

表 6.13 列示了精准扶贫对债务融资的影响，结果显示：Povref_D 和 Povref_dis 对 Debt1 的系数在 1%、5% 的置信水平上显著为正。Povref_D 和 Povref_dis 对 Debt2 的系数均在 1% 的置信水平上显著为正。这说明，企业参与精准扶贫会在未来获得政府在债务融资方面的隐性资源倾斜。该结果证实了债务融资这一影响机制。

表6.13  精准扶贫对债务融资的影响

| | （1） | （2） | （3） | （4） |
|---|---|---|---|---|
| | $Debt1_{t+1}$ | $Debt1_{t+1}$ | $Debt2_{t+1}$ | $Debt2_{t+1}$ |
| Povref_D | 0.007 2*** | | 0.036 2*** | |
| | （3.079 9） | | （4.436 9） | |
| Povref_dis | | 0.001 2** | | 0.008 0*** |
| | | （2.402 8） | | （4.819 2） |
| Size | 0.008 4*** | 0.008 0*** | 0.037 8*** | 0.034 5*** |
| | （6.534 9） | （6.122 8） | （8.935 2） | （7.869 0） |
| Roa | 0.016 6 | 0.021 9 | 0.066 1 | 0.072 4 |
| | （1.197 4） | （1.555 5） | （1.231 0） | （1.324 4） |
| Lev | 0.117 9*** | 0.119 6*** | 0.073 7** | 0.082 2*** |
| | （13.636 8） | （13.746 7） | （2.507 2） | （2.756 8） |
| Firmage | 0.000 1 | 0.000 1 | 0.000 0 | −0.000 0 |
| | （0.577 7） | （0.311 9） | （0.060 3） | （−0.051 3） |
| Soe | −0.000 8 | −0.000 9 | 0.021 9** | 0.023 8** |
| | （−0.270 6） | （−0.304 2） | （2.140 6） | （2.332 8） |
| Tar | −0.075 9*** | −0.077 0*** | −0.241 7*** | −0.247 0*** |
| | （−6.027 9） | （−6.048 7） | （−5.615 3） | （−5.683 5） |
| Icr | −0.002 2*** | −0.002 1** | 0.009 0* | 0.010 2** |
| | （−2.717 2） | （−2.561 3） | （1.831 1） | （2.000 9） |
| Bsize | 0.000 3 | 0.002 2 | −0.011 4 | −0.007 2 |
| | （0.075 3） | （0.573 6） | （−0.817 9） | （−0.515 9） |
| Indep | 0.006 3 | 0.009 5 | 0.009 0 | 0.008 3 |
| | （0.508 4） | （0.764 2） | （0.202 9） | （0.183 4） |
| _cons | −0.114 1*** | −0.118 6*** | −0.424 1*** | −0.388 9*** |
| | （−3.068 7） | （−3.223 2） | （−3.622 8） | （−3.355 6） |
| Year FE | Yes | Yes | Yes | Yes |
| Industry FE | Yes | Yes | Yes | Yes |
| adj. R-sq | 0.385 | 0.385 | 0.294 | 0.292 |
| N | 8 050 | 7 756 | 8 050 | 7 756 |

注：***、**和*分别表示 0.01、0.05 和 0.1 的显著性水平。标准误差经过企业群聚效应调整。

# 6.6 本章小结

关于企业是否应该履行企业社会责任，学术界一直存在争论。以Friedman（1970）为代表的反对派认为，企业要以股东利益最大化为目标，不应履行额外的社会责任而破坏股东利益。然而，以Freeman（1984）为代表的支持派认为，企业应该履行社会责任来维系与各利益相关者之间的隐性契约，有助于让各利益相关者为企业创造价值。本书将精准扶贫定义为一种政府发起的、特殊的企业社会责任形式，研究精准扶贫如何影响企业绩效，有助于调和上述两派竞争性观点。这是因为精准扶贫是由政府作为规划者发起的，可以清晰、明确地定义社会利益。而且，各级政府向精准扶贫的企业提供资源支持，也可能为企业带来一定的收益。

关于企业精准扶贫是否会提高企业业绩并且为企业创造价值，在理论上也存在两种可能的情况。一方面，企业精准扶贫行为可能会使成本大于收益。企业精准扶贫行为受政府干预和强制信息披露的影响，会促使企业以股东利益为代价而参与精准扶贫。此外，精准扶贫可能是企业高管用来提高个人声誉或实现个人晋升的工具，从而产生代理成本，有损于股东利益。另一方面，地方政府也可以提供政府资源来激励企业参与精准扶贫，从而可能提高企业绩效。而且政府和媒体对参与精准扶贫的企业进行奖励与宣传，使企业建立声誉资本，有助于提高企业盈利能力。因此，企业精准扶贫如何影响企业绩效，有待进一步深入研究。

本书基于2016—2019年沪深两市A股上市公司作为研究样本，研究发现：第一，参与精准扶贫会增加企业市场绩效。平均而言，企业参与精准扶贫会在未来一年增加5.2%的 *Tobin Q*。第二，本书研究细化了精准扶贫对企业会计绩效的影响。平均而言，企业参与精准扶贫会在未来一年增加2.67%的净资产利润率、2.34%的净利率、1.65%的毛利率、1.02%的资产回报率。这种增长主要来自利润率，并且没有破坏经营效率。第三，本书进一步发现企业参与精准扶贫会获得更多的政府补贴、政府采购合同这类显性资源支持，获得更多债务融资这类隐性资源支持，进而提升企业绩效。

本书研究有助于从企业帮扶的视角丰富和拓展企业社会责任与企业绩效的相关研究。精准扶贫作为一种政府发起的企业社会责任新形式，为企业究竟是否应该履行社会责任提供了新证据，而且有助于从精准扶贫的视角丰富和拓展政企互惠互利的相关研究。本书研究结果表明，政府给予企业资源支持的方法不仅能有效动员企业积极参与精准扶贫，还能真实地提升企业绩效，实现双赢。此外，本书研究还为全面推进乡村振兴提供理论依据和政策参考。

# 7　研究结论与政策建议

# 7.1 研究结论

党的十八大以来，中国政府自上而下推进精准扶贫，举全国之力打赢脱贫攻坚战，其中企业广泛参与进来。精准扶贫作为特殊形式的社会责任，企业的参与形式和参与程度与其他社会责任形式大有不同，因此企业基于什么动机参与精准扶贫值得深入研究。

由于各级地方政府官员均受到严格的扶贫成效考核，并且考核结果关乎官员个人仕途，因此，本书推测官员会因考核而动员企业参与扶贫，形成政企合力脱贫。那么，在动员对象的选择上，地方政府官员会有一个优选顺序，即不同类型的企业被动员的可能性和力度会有不同。因此，本书有必要研究哪种类型的企业更有可能被地方政府官员动员，来加强整体逻辑的完整性。

此外，关于企业是否应该履行企业社会责任，学术界一直存在争论。以Friedman（1970）为代表的反对派认为，企业要以股东利益最大化为目标，不应因履行额外的社会责任而破坏股东利益。然而，以Freeman（1984）为代表的支持派认为企业应实现利益相关者价值最大化，这有助于让各利益相关者为企业创造价值。本书将精准扶贫定义为一种政府发起的、特殊的企业社会责任形式，研究精准扶贫如何影响企业绩效，有待进一步深入研究。

本书基于2016—2020年A股上市公司样本，手工收集上市公司精准扶贫数据，运用Probit模型、Tobit模型、OLS模型、IV两阶段回归模型、倾向得分匹配等实证分析方法，得出如下三个子研究的结论：

第一，本书研究发现，官员扶贫考核越重要的省份，企业越有可能参与精准扶贫且投入水平越高；官员晋升激励程度越大的省份，企业越有可能参与精准扶贫且投入水平越高。本书进一步检验了官员特征异质性和地区政府干预程度异质性，研究发现，省内晋升和中央调任的官员所管辖的企业会更倾向于参与精准扶贫；相较于非出生地任职的官员，出生地任职的官员所管辖的企业会更倾向于参与精准扶贫；政府干预程度较强地区的企业更倾向于参与精准扶贫。

第二，本书研究发现，国有企业相较于民营企业更有可能主动承担国家战略导向的任务。而对于政商关系而言，具有政商关系的企业相较于非政商关系的企业更有可能参与精准扶贫，并且投入水平可能会更高。进一步地，本书研究发现，政商关系级别越高，关系越接近中央政府，企业越有可能参与精准扶贫且投入水平越高。此外，当企业高管与地方政府官员存在校友关系时，会加强产权性质对企业精准扶贫的促进作用。

第三，本书研究发现参与精准扶贫会增加企业绩效。平均而言，企业参与精准扶贫会在未来一年增加5.2%的 *Tobin Q*。本书研究细化了精准扶贫对企业会计绩效的影响。平均而言，企业参与精准扶贫会在未来一年增加2.67%的净资产利润率、2.34%的净利率、1.65%的毛利率、1.02%的资产回报率。这种增长主要来自利润率，并且没有破坏经营效率。本书进一步分析发现，参与精准扶贫的企业会获得更多的政府补贴、政府采购合同和债务融资，最终提升了企业绩效。

## 7.2　政策建议

本书研究结果表明，在政府官员的扶贫考核机制下，不仅政府能有效动员企业共同扶贫，而且企业还能在政府给予的资源支持下真实地提升企业绩效，实现双赢。本书的研究对完善政府官员考核评估机制具有参考和借鉴意义，也为全面推进乡村振兴、加快农业农村现代化提供理论依据和政策参考。具体的政策建议如下：

第一，虽然当前已阶段性打赢脱贫攻坚战，我国仍应高度重视企业在帮扶提高整体扶贫开发工作效率方面发挥的作用，将其运用到全面推进乡村振兴、加快农业农村现代化的战略中去，以求实现最终的共同富裕。在政府、市场和社会力量合作参与公共管理的格局下，政府需要一个绩效的"合作生产"过程。实现精准扶贫需要有充足的多渠道资源投入作为保障，除了政府自身对精准扶贫的投入，企业帮扶在精准扶贫的实践中也十分重要。企业以多种形式加入扶贫工作，引入市场机制，将"输血"式扶贫提升为"造血"式扶贫，从而提升扶贫效率，降低返贫可能性。

第二，本书的研究对完善政府官员治理中的考核评估工作具有参考和借鉴意义。考核评估体系应该充分体现特定时期内党和政府的施政重心。随着精准扶贫在治国理政中的位置日益突出，中央政府对精准扶贫的高度重视程度决定了扶贫成效考核在晋升激励机制设计中的"相对"重要地位。这种机制设计在保证了地方政府实现经济利益的同时，还将企业经营管理活动与政府脱贫目标关联起来，真正发挥企业的带头作用，实现社会福利最大化。

第三，国有企业激励机制的引入，使政府与国有企业在扶贫开发工作上目标有所重合，并且资源相互依赖。所以国有企业力量能够在国家的控制下获取行动上的自主性和独立性，最终成为企业扶贫的主力军，有效推动了多维度的社会扶贫。在此基础上，政府还需要通过给予国有企业和民营企业必要的政策支持、外部环境支持及服务支持等方式，加大了对企业力量参与扶贫的动员。

# 7.3  研究展望

本书虽然从地方政府官员的激励和政企关系的角度研究了企业精准扶贫的行为动机及经济后果，但是随着企业参与减贫治理和乡村振兴工作的不断推进，未来还有以下三个方面值得深入思考。

第一，虽然本书在检验企业精准扶贫的经济后果时，采用工具变量两阶段回归的方法缓解内生性，但是没能完全解决内生性问题。本书尝试寻找外生冲击，利用DID（双重差分法）的方法解决内生性问题。然而，多个外生政策均在样本区间之外或是没有事件前年份样本，满足不了DID检验的前提条件。未来研究可以寻找关于全面推进乡村振兴的相关政策作为外生冲击，利用DID的方法，直接检验企业精准扶贫在城市层面和企业层面的多种经济后果。

第二，本书无法穷尽企业精准扶贫改善企业业绩的影响机制。企业参与精准扶贫的企业可以进入当地要素市场，直接雇佣当地贫困县居民并且采购当地产品作为原材料。然而，由于农民工通常以劳务派遣方式被雇佣而无法获得新增农民工员工数量，以及无法直接获得产品原材料成本和产品价格。所以，本书无法对原材料成本和农民工雇佣的影响机制进行实证检验。未来研究可以通过案例研究和问卷调查研究方法，调查企业精准扶贫的具体模式，挖掘促进企业绩效的多种影响机制。

第三，由于企业精准扶贫包含多种扶贫形式，上市公司年度财务报告中会用文字形式披露各种扶贫形式的具体实施情况。未来研究可以结合文本分析的方法，深入分析各种扶贫形式的运行机理、决定因素和经济后果有何差异。

# 参考文献

（一）中文参考文献

[1] 白俊，连立帅.国企过度投资溯因：政府干预抑或管理层自利?[J].会计研究，2014，（2）：41-48.

[2] 毕娅，陶君成.基于城乡资源互补的社会众筹扶贫模式及其实现路径研究[J].管理世界，2016，（8）：174-175.

[3] 步丹璐，刘静.政策性负担与民营企业行为：基于三一重工变更注册地的案例研究[J].财经研究，2017，43（5）：65-75.

[4] 步丹璐，张晨宇，林腾.晋升预期降低了国有企业薪酬差距吗?[J].会计研究，2017，（1）：82-88.

[5] 曹春方.政治权力转移与公司投资：中国的逻辑[J].管理世界，2013，（1）：143-155.

[6] 曹春方，傅超.官员任期与地方国企捐赠：官员会追求"慈善"吗?[J].财经研究，2015，（4）：122-133.

[7] 曹春方，马连福，沈小秀.财政压力、晋升压力、官员任期与地方国企过度投资[J].经济学（季刊），2014，（4）：1415-1436.

[8] 曹伟，杨德明，赵璨.政治晋升预期与高管腐败：来自国有上市公司的经验证据[J].经济学动态，2016，（2）：59-77.

[9] 曹春方，周大伟，吴澄澄，等.市场分割与异地子公司分布[J].管理世界，2015，（9）：92-103.

[10] 陈昌佳，浣毅，杨志强.实践者的困惑与期待：基于政府绩效管理与考核推行运用的现实思考[J].公共管理学报，2015，12（3）：151-154.

[11] 陈立辉，杨奇明，刘西川，等.村级发展互助资金组织治理：问题类型、制度特点及其有效性：基于5省160个样本村调查的实证分析[J].管理世界，2015，（11）：106-118.

[12] 陈丽红, 张龙平, 李青原, 等. 会计信息会影响捐赠者的决策吗?: 来自中国慈善基金会的经验证据[J]. 会计研究, 2015, (2): 28-35.

[13] 陈丽红, 张龙平, 叶馨. 产权性质、审计质量、产品类型与慈善捐赠: 基于战略慈善观的分析[J]. 审计研究, 2015, (5): 68-75.

[14] 陈凌, 陈华丽. 家族涉入、社会情感财富与企业慈善捐赠行为: 基于全国私营企业调查的实证研究[J]. 管理世界, 2014, (8): 90-101.

[15] 陈仕华, 卢昌崇, 姜广省, 等. 国企高管政治晋升对企业并购行为的影响: 基于企业成长压力理论的实证研究[J]. 管理世界, 2015, (9): 125-136.

[16] 陈信元, 陈冬华, 万华林, 等. 地区差异、薪酬管制与高管腐败[J]. 管理世界, 2009, (11): 130-143.

[17] 陈艳艳, 罗党论. 地方官员更替与企业投资[J]. 经济研究, 2012, 47(S2): 18-30.

[18] 程仲鸣, 夏新平, 余明桂. 政府干预、金字塔结构与地方国有上市公司投资[J]. 管理世界, 2008, (9): 37-47.

[19] 戴亦一, 潘越, 冯舒. 中国企业的慈善捐赠是一种"政治献金"吗?: 来自市委书记更替的证据[J]. 经济研究, 2014, (2): 74-86.

[20] 邓建平, 曾勇. 政治关联能改善民营企业的经营绩效吗[J]. 中国工业经济, 2009, (2): 98-108.

[21] 邓新明. 我国民营企业政治关联、多元化战略与公司绩效[J]. 南开管理评论, 2011, 14(4): 4-15.

[22] 邓新明, 龙贤义, 刘禹, 等. 善行必定有善报吗: 消费者抵制企业社会责任行为的内在机理研究[J]. 南开管理评论, 2017, (6): 129-139.

[23] 丁友刚, 宋献中. 政府控制、高管更换与公司业绩[J]. 会计研究, 2011, (6): 70-76.

[24] 丁肇启, 萧鸣政. 年度业绩、任期业绩与国企高管晋升: 基于央企控股公司样本的研究[J]. 南开管理评论, 2018, 21(3): 142-151.

[25] 杜世风, 石恒贵, 张依群. 中国上市公司精准扶贫行为的影响因素研究:

基于社会责任的视角 [J]. 财政研究, 2019, （2）: 104-115.

[26] 杜兴强, 曾泉, 吴洁雯. 官员历练、经济增长与政治擢升: 基于1978—2008年中国省级官员的经验证据 [J]. 金融研究, 2012, （2）: 30-47.

[27] 杜勇, 陈建英. 政治关联、慈善捐赠与政府补助: 来自中国亏损上市公司的经验证据 [J]. 财经研究, 2016, （5）: 4-14.

[28] 方迎风. 国家级贫困县的经济增长与减贫效应: 基于中国县级面板数据的实证分析 [J]. 社会科学研究, 2019, （1）: 15-25.

[29] 冯丽艳, 肖翔, 程小可. 社会责任对企业风险的影响效应: 基于我国经济环境的分析 [J]. 南开管理评论, 2016, 19（6）: 141-154.

[30] 傅超, 吉利. 诉讼风险与公司慈善捐赠: 基于"声誉保险"视角的解释 [J]. 南开管理评论, 2017, （2）: 108-121.

[31] 傅勇, 张晏. 中国式分权与财政支出结构偏向: 为增长而竞争的代价 [J]. 管理世界, 2007, （3）: 4-12.

[32] 高勇强, 陈亚静, 张云均. "红领巾"还是"绿领巾": 民营企业慈善捐赠动机研究 [J]. 管理世界, 2012, （8）: 106-114.

[33] 高勇强, 何晓斌, 李路路. 民营企业家社会身份、经济条件与企业慈善捐赠 [J]. 经济研究, 2011, （12）: 111-123.

[34] 干春晖, 邹俊, 王健. 地方官员任期、企业资源获取与产能过剩 [J]. 中国工业经济, 2015, （3）: 44-56.

[35] 宫留记. 政府主导下市场化扶贫机制的构建与创新模式研究: 基于精准扶贫视角 [J]. 中国软科学, 2016, （5）: 154-162.

[36] 龚强, 雷丽衡, 袁燕. 政策性负担、规制俘获与食品安全 [J]. 经济研究, 2015, 50（8）: 4-15.

[37] 龚强, 徐朝阳. 政策性负担与长期预算软约束 [J]. 经济研究, 2008, （2）: 44-55.

[38] 古志辉. 公司治理与公司捐赠: 来自中国上市公司的经验研究 [J]. 管理评论, 2015, （9）: 69-84.

[39] 顾元媛，沈坤荣. 地方政府行为与企业研发投入：基于中国省际面板数据的实证分析[J]. 中国工业经济，2012，（10）：77-88.

[40] 顾元媛，沈坤荣. 地方官员创新精神与地区创新：基于长三角珠三角地级市的经验证据[J]. 金融研究，2012，（11）：89-102.

[41] 郭峰，胡军. 官员任期、政绩压力和城市房价：基于中国35个大中城市的经验研究[J]. 经济管理，2014，（4）：9-18.

[42] 郭剑花. 中国企业的捐赠：自愿抑或摊派？：基于中国上市公司的经验证据[J]. 财经研究，2012，38（8）：49-59.

[43] 郭剑花，杜兴强. 政治联系、预算软约束与政府补助的配置效率：基于中国民营上市公司的经验研究[J]. 金融研究，2011，（2）：114-128.

[44] 郭玉清，何杨，李龙. 救助预期、公共池激励与地方政府举债融资的大国治理[J]. 经济研究，2016，51（3）：81-95.

[45] 韩超，刘鑫颖，王海. 规制官员激励与行为偏好：独立性缺失下环境规制失效新解[J]. 管理世界，2016，（2）：82-94.

[46] 郝项超. 高管薪酬、政治晋升激励与银行风险[J]. 财经研究，2015，41（6）：94-106.

[47] 何轩，马骏. 被动还是主动的社会行动者？：中国民营企业参与社会治理的经验性研究[J]. 管理世界，2018，34（2）：34-48.

[48] 贺小刚，张远飞，连燕玲，等. 政治关联与企业价值：民营企业与国有企业的比较分析[J]. 中国工业经济，2013，（1）：103-115.

[49] 胡晗，司亚飞，王立剑. 产业扶贫政策对贫困户生计策略和收入的影响：来自陕西省的经验证据[J]. 中国农村经济，2018，（1）：78-89.

[50] 胡建华，钟刚华. 社会组织参与社会治理的理论基础、现实困境与创新路径[J]. 宜春学院学报，2020，42（1）：22-29.

[51] 胡旭阳，史晋川. 民营企业的政治资源与民营企业多元化投资：以中国民营企业500强为例[J]. 中国工业经济，2008，（4）：5-14.

[52] 黄策，张书瑶. 地方政府规模、产权性质与企业税负：基于中国上市公司

的实证研究[J].世界经济文汇，2018，（2）：85-104.

[53] 黄俊，李增泉.政府干预、企业雇员与过度投资[J].金融研究，2014，（8）：118-130.

[54] 黄伟，陈钊.外资进入、供应链压力与中国企业社会责任[J].管理世界，2015，（2）：91-100.

[55] 黄薇.医保政策精准扶贫效果研究：基于URBMI试点评估入户调查数据[J].经济研究，2017，52（9）：117-132.

[56] 黄玉菁，余明桂，张庆.企业精准扶贫的激励机制：基于地方国有企业高管的研究[J]，管理评论，2021，33（10）：263-272.

[57] 黄志平.国家级贫困县的设立推动了当地经济发展吗?：基于PSM-DID方法的实证研究[J].中国农村经济，2018，（5）：98-111.

[58] 纪志宏，周黎安，王鹏，等.地方官员晋升激励与银行信贷：来自中国城市商业银行的经验证据[J].金融研究，2014，（1）：1-15.

[59] 贾俊雪，秦聪，刘勇政."自上而下"与"自下而上"融合的政策设计：基于农村发展扶贫项目的经验分析[J].中国社会科学，2017，（9）：68-89.

[60] 贾明，向翼，张喆.政商关系的重构：商业腐败还是慈善献金[J].南开管理评论，2015，18（5）：4-17.

[61] 贾明，张喆.高管的政治关联影响公司慈善行为吗?[J].管理世界，2010，（4）：99-113.

[62] 姜雅婷，柴国荣.目标考核、官员晋升激励与安全生产治理效果：基于中国省级面板数据的实证检验[J].公共管理学报，2017，14（3）：44-59.

[63] 蒋德权，姜国华，陈冬华.地方官员晋升与经济效率：基于政绩考核观和官员异质性视角的实证考察[J].中国工业经济，2015，（10）：21-36.

[64] 靳小翠，郑宝红.国有企业董事长的自恋性与企业社会责任研究[J].管理评论，2020，32（10）：229-244.

[65] 金宇超，靳庆鲁，宣扬."不作为"或"急于表现"：企业投资中的政治动机[J].经济研究，2016，51（10）：126-139.

[66] 李敬强，刘凤军.企业慈善捐赠对市场影响的实证研究：以"5·12"地震慈善捐赠为例[J].中国软科学，2010，（6）：160-166.

[67] 李培林，魏后凯.中国扶贫开发报告（2016）[M].北京：社会科学文献出版社，2016.

[68] 李盛基，吕康银，孙晔.中国扶贫资金支出结构的动态减贫效果研究[J].技术经济与管理研究，2014，（8）：117-120.

[69] 李姝，谢晓嫣.民营企业的社会责任、政治关联与债务融资：来自中国资本市场的经验证据[J].南开管理评论，2014，17（6）：30-40.

[70] 李四海.制度环境、政治关系与企业捐赠[J].中国会计评论，2010，8（2）：161-178.

[71] 李四海，陈旋，宋献中.穷人的慷慨：一个战略性动机的研究[J].管理世界，2016，（5）：116-127.

[72] 李四海，陆琪睿，宋献中.亏损企业慷慨捐赠的背后[J].中国工业经济，2012，（8）：148-160.

[73] 李维安，孙林.同乡关系在晋升中会起作用吗？：基于省属国有企业负责人的实证检验[J].财经研究，2017，43（1）：17-28.

[74] 李维安，王鹏程，徐业坤.慈善捐赠、政治关联与债务融资：民营企业与政府的资源交换行为[J].南开管理评论，2015，18（1）：4-14.

[75] 李祥进，杨东宁，徐敏亚，等.中国劳动密集型制造业的生产力困境：企业社会责任的视角[J].南开管理评论，2012，（3）：122-130.

[76] 李新春，肖宵.制度逃离还是创新驱动？：制度约束与民营企业的对外直接投资[J].管理世界，2017，（10）：99-112.

[77] 李增福，汤旭东，连玉君.中国民营企业社会责任背离之谜[J].管理世界，2016，（9）：136-148.

[78] 李正.企业社会责任与企业价值的相关性研究：来自沪市上市公司的经验证据[J].中国工业经济，2006，（2）：77-83.

[79] 李正，官峰，李增泉.企业社会责任报告鉴证活动影响因素研究：来自我

国上市公司的经验证据[J].审计研究，2013，（3）：102-112.

[80] 李正，李增泉.企业社会责任报告鉴证意见是否具有信息含量：来自我国上市公司的经验证据[J].审计研究，2012，（1）：78-86.

[81] 连军，刘星，杨晋渝.政治联系、银行贷款与公司价值[J].南开管理评论，2011，14（5）：48-57.

[82] 梁建，陈爽英，盖庆恩.民营企业的政治参与、治理结构与慈善捐赠[J].管理世界，2010，（7）：109-118.

[83] 梁莱歆，冯延超.政治关联与企业过度投资：来自中国民营上市公司的经验证据[J].经济管理，2010，32（12）：56-62.

[84] 廖冠民，沈红波.国有企业的政策性负担：动因、后果及治理[J].中国工业经济，2014，（6）：96-108.

[85] 廖冠民，张广婷.盈余管理与国有公司高管晋升效率[J].中国工业经济，2012，（4）：115-127.

[86] 林毅夫，李志赟.政策性负担、道德风险与预算软约束[J].经济研究，2004，（2）：17-27.

[87] 刘凤军，孔伟，李辉.企业社会责任对消费者抵制内化机制研究：基于AEB理论与折扣原理的实证[J].南开管理评论，2015，（1）：52-63.

[88] 刘海建.制度环境、组织冗余与捐赠行为差异：在华中外资企业捐赠动机对比研究[J].管理评论，2013，（8）：77-91.

[89] 刘慧龙，吴联生，肖泽忠.国有企业改制与IPO融资规模[J].金融研究，2014，（3）：164-179.

[90] 刘建生，陈鑫，曹佳慧.产业精准扶贫作用机制研究[J].中国人口·资源与环境，2017，27（6）：127-135.

[91] 刘磊，吴理财.精准扶贫进程中地方政府的动员式治理及其改进：鄂西H县政府扶贫行为分析[J].南京农业大学学报（社会科学版），2019，19（1）：40-48.

[92] 刘圻，杨德伟.民营企业政治关联影响研发投资的实证研究：来自深市中

小板的证据[J]. 财政研究，2012，（5）：61-65.

[93] 刘青松，肖星. 败也业绩，成也业绩？：国企高管变更的实证研究[J]. 管理世界，2015，（3）：151-163.

[94] 刘行. 政府干预的新度量：基于最终控制人投资组合的视角[J]. 金融研究，2016，（9）：145-160.

[95] 刘媛媛，马建利. 政府干预视域的国有资本投资效率问题研究[J]. 宏观经济研究，2014，（6）：35-43.

[96] 柳庆刚，姚洋. 地方政府竞争和结构失衡[J]. 世界经济，2012，35（12）：3-22.

[97] 卢盛峰，陈思霞，杨子涵. "官出数字"：官员晋升激励下的GDP失真[J]. 中国工业经济，2017，（7）：118-136.

[98] 卢盛峰，陈思霞，时良彦. 走向收入平衡增长：中国转移支付系统"精准扶贫"了吗?[J]. 经济研究，2018，53（11）：49-64.

[99] 卢馨，何雨晴，吴婷. 国企高管政治晋升激励是长久之计吗?[J]. 经济管理，2016，（7）：94-106.

[100] 陆汉文，梁爱有，彭堂超，等. 政府市场社会大扶贫格局[M]. 湖南：湖南人民出版社，2018.

[101] 逯东，林高，黄莉，等. "官员型"高管、公司业绩和非生产性支出：基于国有上市公司的经验证据[J]. 金融研究，2012，（6）：139-153.

[102] 逯东，孙岩，周玮，等. 地方政府政绩诉求、政府控制权与公司价值研究[J]. 经济研究，2014，49（1）：56-69.

[103] 罗党论，刘璐. 民营上市公司"出身"、政治关系与债务融资[J]. 经济管理，2010，32（7）：112-119.

[104] 罗党论，刘晓龙. 政治关系、进入壁垒与企业绩效：来自中国民营上市公司的经验证据[J]. 管理世界，2009，（5）：97-106.

[105] 罗党论，佘国满，陈杰. 经济增长业绩与地方官员晋升的关联性再审视：新理论和基于地级市数据的新证据[J]. 经济学（季刊），2015，（3）：

1145-1172.

[106] 罗党论, 唐清泉. 中国民营上市公司制度环境与绩效问题研究[J]. 经济研究, 2009, 44 (2): 106-118.

[107] 罗党论, 杨玉萍. 产权、政治关系与企业税负: 来自中国上市公司的经验证据[J]. 世界经济文汇, 2013, (4): 1-19.

[108] 罗党论, 应千伟. 政企关系、官员视察与企业绩效: 来自中国制造业上市企业的经验证据[J]. 南开管理评论, 2012, (5): 74-83.

[109] 吕方, 梅琳. "复杂政策"与国家治理: 基于国家连片开发扶贫项目的讨论[J]. 社会学研究, 2017, 32 (3): 144-168.

[110] 马光荣, 郭庆旺, 刘畅. 财政转移支付结构与地区经济增长[J]. 中国社会科学, 2016, (9): 105-125.

[111] 马连福, 王元芳, 沈小秀. 国有企业党组织治理、冗余雇员与高管薪酬契约[J]. 管理世界, 2013, (5): 100-115.

[112] 毛捷, 汪德华, 白重恩. 扶贫与地方政府公共支出: 基于"八七扶贫攻坚计划"的经验研究[J]. 经济学 (季刊), 2012, 11 (4): 1365-1388.

[113] 倪娟, 彭凯, 胡熠. 连锁董事的"社会人"角色与企业债务成本[J]. 中国软科学, 2019, (2): 93-109.

[114] 倪羌莉, 童雅平. 富裕中的贫困现状及精准扶贫对策: 以江苏省南通市低收入农户为例[J]. 管理世界, 2016, (12): 176-177.

[115] 聂辉华, 蒋敏杰. 政企合谋与矿难: 来自中国省级面板数据的证据[J]. 经济研究, 2011, 46 (6): 146-156.

[116] 潘红波, 夏新平, 余明桂. 政府干预、政治关联与地方国有企业并购[J]. 经济研究, 2008, (4): 41-52.

[117] 潘红波, 余明桂. 政治关系、控股股东利益输送与民营企业绩效[J]. 南开管理评论, 2010, 13 (4): 14-27.

[118] 潘克勤. 实际控制人政治身份降低债权人对会计信息的依赖吗: 基于自我约束型治理视角的解释和实证检验[J]. 南开管理评论, 2009, 12 (5):

38-46.

[119] 潘孝挺，左翔.地方官员激励和产权保护：基于企业微观数据的研究[J].财经研究，2012，38（7）：49-58.

[120] 潘越，宁博，肖金利.地方政治权力转移与政企关系重建：来自地方官员更替与高管变更的证据[J].中国工业经济，2015，（6）：135-147.

[121] 潘越，王宇光，戴亦一.税收征管、政企关系与上市公司债务融资[J].中国工业经济，2013，（8）：109-121.

[122] 潘越，翁若宇，刘思义.私心的善意：基于台风中企业慈善捐赠行为的新证据[J].中国工业经济，2017，（5）：133-151.

[123] 皮建才，殷军，周愚.新形势下中国地方官员的治理效应研究[J].经济研究，2014，（10）：89-101.

[124] 钱先航，曹廷求，李维安.晋升压力、官员任期与城市商业银行的贷款行为[J].经济研究，2011，（12）：72-85.

[125] 权小锋，吴世农，尹洪英.企业社会责任与股价崩盘风险："价值利器"或"自利工具"?[J].经济研究，2015，（11）：49-64.

[126] 山立威，甘犁，郑涛.公司捐款与经济动机：汶川地震后中国上市公司捐款的实证研究[J].经济研究，2008，（11）：51-61.

[127] 申宇，赵玲，吴风云.创新的母校印记：基于校友圈与专利申请的证据[J].中国工业经济，2017，（8）：156-173.

[128] 沈弋，徐光华，吕明晗，等.企业慈善捐赠与税收规避：基于企业社会责任文化统一性视角[J].管理评论，2020，32（2）：254-265.

[129] 沈红波，张广婷，阎竣.银行贷款监督、政府干预与自由现金流约束：基于中国上市公司的经验证据[J].中国工业经济，2013，（5）：96-108.

[130] 宋冉，陈广汉.官员特征、经历与地方政府教育支出偏好：来自中国地级市的经验证据[J].经济管理，2016，38（12）：149-169.

[131] 宋献中，胡珺，李四海.社会责任信息披露与股价崩盘风险：基于信息效应与声誉保险效应的路径分析[J].金融研究，2017，（4）：161-175.

[132] 孙晓华, 李明珊. 国有企业的过度投资及其效率损失[J]. 中国工业经济, 2016, (10): 109-125.

[133] 谭之博, 周黎安. 官员任期与信贷和投资周期[J]. 金融研究, 2015, (6): 80-93.

[134] 唐跃军, 左晶晶, 李汇东. 制度环境变迁对公司慈善行为的影响机制研究[J]. 经济研究, 2014, (2): 61-73.

[135] 陶然, 苏福兵, 陆曦, 等. 经济增长能够带来晋升吗?: 对晋升锦标竞赛理论的逻辑挑战与省级实证重估[J]. 管理世界, 2010, (12): 13-26.

[136] 陶文杰, 金占明. 媒体关注下的CSR信息披露与企业财务绩效关系研究及启示: 基于我国A股上市公司CSR报告的实证研究[J]. 中国管理科学, 2013, (4): 162-170.

[137] 田利辉, 张伟. 政治关联影响我国上市公司长期绩效的三大效应[J]. 经济研究, 2013, 48(11): 71-86.

[138] 田敏, 李纯青, 萧庆龙. 企业社会责任行为对消费者品牌评价的影响[J]. 南开管理评论, 2014, (6): 19-29.

[139] 佟大建, 应瑞瑶. 扶贫政策的减贫效应及其可持续性: 基于贫困县名单调整的准自然试验[J]. 改革, 2019, (11): 126-135.

[140] 汪德华, 邹杰, 毛中根. "扶教育之贫"的增智和增收效应: 对20世纪90年代"国家贫困地区义务教育工程"的评估[J]. 经济研究, 2019, 54(9): 155-171.

[141] 王端旭, 潘奇. 企业慈善捐赠带来价值回报吗: 以利益相关者满足程度为调节变量的上市公司实证研究[J]. 中国工业经济, 2011, (7): 118-128.

[142] 王帆, 陶媛婷, 倪娟. 精准扶贫背景下上市公司的投资效率与绩效研究: 基于民营企业的样本[J]. 中国软科学, 2020, (6): 122-135.

[143] 王凤荣, 高飞. 政府干预、企业生命周期与并购绩效: 基于我国地方国有上市公司的经验数据[J]. 金融研究, 2012, (12): 137-150.

[144] 王刚, 白浩然. 脱贫锦标赛: 地方贫困治理的一个分析框架[J]. 公共管理

学报，2018，15（1）：108-121.

[145] 王海妹，吕晓静，林晚发. 外资参股和高管、机构持股对企业社会责任的影响：基于中国A股上市公司的实证研究 [J]. 会计研究，2014，（8）：81-87.

[146] 王珏，骆力前，郭琦. 地方政府干预是否损害信贷配置效率? [J]. 金融研究，2015，（4）：99-114.

[147] 王珺. 双重博弈中的激励与行为：对转轨时期国有企业经理激励不足的一种新解释 [J]. 经济研究，2001，（8）：71-78.

[148] 王静，庄鹏睿，罗良清. 扶贫工作范式转换的系统仿真与政策模拟：基于江西省典型贫困地区贫困人口调查的研究 [J]. 管理世界，2017，（2）：176-177.

[149] 王立剑，叶小刚，陈杰. 精准识别视角下产业扶贫效果评估 [J]. 中国人口·资源与环境，2018，28（1）：113-123.

[150] 王鹏程，李建标. 谁回报了民营企业的捐赠?：从融资约束看民营企业"穷济天下"的行为 [J]. 经济管理，2015，37（2）：41-52.

[151] 王瑞，田志龙，杨文. 中国情境下消费者CSR响应的群体细分及影响机理研究 [J]. 管理评论，2012，（8）：107-117.

[152] 王世磊，张军. 中国地方官员为什么要改善基础设施?：一个关于官员激励机制的模型 [J]. 经济学（季刊），2008，（2）：383-398.

[153] 王文甫，明娟，岳超云. 企业规模、地方政府干预与产能过剩 [J]. 管理世界，2014，（10）：17-36.

[154] 王新，李彦霖，李方舒. 企业社会责任与经理人薪酬激励有效性研究：战略性动机还是卸责借口? [J]. 会计研究，2015，（10）：51-58.

[155] 王贤彬，董一军. 社会和谐与官员晋升 [J]. 经济学报，2017，（2）：37-64.

[156] 王贤彬，徐现祥. 地方官员来源、去向、任期与经济增长：来自中国省长省委书记的证据 [J]. 管理世界，2008，（3）：16-26.

[157] 王贤彬，徐现祥. 地方官员晋升竞争与经济增长 [J]. 经济科学，2010，

（6）：42-58.

[158] 王贤彬，张莉，徐现祥. 地方政府土地出让、基础设施投资与地方经济增长 [J]. 中国工业经济，2014，（7）：31-43.

[159] 汪侠，甄峰，沈丽珍，等. 基于贫困居民视角的旅游扶贫满意度评价 [J]. 地理研究，2017，36（12）：2355-2368.

[160] 王雨磊，苏杨. 中国的脱贫奇迹何以造就？：中国扶贫的精准行政模式及其国家治理体制基础 [J]. 管理世界，2020，36（4）：195-209.

[161] 王媛，杨广亮. 为经济增长而干预：地方政府的土地出让策略分析 [J]. 管理世界，2016，（5）：18-31.

[162] 王曾，符国群，黄丹阳，等. 国有企业 CEO "政治晋升" 与 "在职消费" 关系研究 [J]. 管理世界，2014，（5）：157-171.

[163] 魏下海，董志强，刘愿. 政治关系、制度环境与劳动收入份额：基于全国民营企业调查数据的实证研究 [J]. 管理世界，2013，（5）：35-46.

[164] 温素彬，方苑. 企业社会责任与财务绩效关系的实证研究：利益相关者视角的面板数据分析 [J]. 中国工业经济，2008，（10）：150-160.

[165] 吴敏，周黎安. 晋升激励与城市建设：公共品可视性的视角 [J]. 经济研究，2018，53（12）：97-111.

[166] 吴文锋，吴冲锋，刘晓薇. 中国民营上市公司高管的政府背景与公司价值 [J]. 经济研究，2008，（7）：130-141.

[167] 吴文锋，吴冲锋，芮萌. 中国上市公司高管的政府背景与税收优惠 [J]. 管理世界，2009，（3）：134-142.

[168] 夏立军，方轶强. 政府控制、治理环境与公司价值：来自中国证券市场的经验证据 [J]. 经济研究，2005，（5）：40-51.

[169] 夏立军，陆铭，余为政. 政企纽带与跨省投资：来自中国上市公司的经验证据 [J]. 管理世界，2011，（7）：128-140.

[170] 熊琪，张永艳，何晓斌. 民营企业家的社会身份与企业雇佣行为 [J]. 经济管理，2015，37（2）：75-83.

[171] 肖翔，孙晓琳，谢诗蕾.企业社会责任对融资约束的影响[J].统计研究，2013，30（6）：106-107.

[172] 徐现祥，王贤彬.晋升激励与经济增长：来自中国省级官员的证据[J].世界经济，2010，（2）：15-36.

[173] 徐现祥，王贤彬，舒元.地方官员与经济增长：来自中国省长、省委书记交流的证据[J].经济研究，2007，（9）：18-31.

[174] 徐莉萍，辛宇，祝继高.媒体关注与上市公司社会责任之履行：基于汶川地震捐款的实证研究[J].管理世界，2011，（3）：135-143.

[175] 许敬轩，王小龙，何振.多维绩效考核、中国式政府竞争与地方税收征管[J].经济研究，2019，54（4）：33-48.

[176] 许年行，李哲.高管贫困经历与企业慈善捐赠[J].经济研究，2016，（12）：133-146.

[177] 许晓敏，张立辉.共享经济模式下我国光伏扶贫产业的商业模式及发展路径研究[J].管理世界，2018，34（8）：182-183.

[178] 薛爽，肖星.捐赠：民营企业强化政治关联的手段?[J].财经研究，2011，37（11）：102-112.

[179] 薛云奎，白云霞.国家所有权、冗余雇员与公司业绩[J].管理世界，2008，（10）：96-105.

[180] 燕继荣.反贫困与国家治理：中国"脱贫攻坚"的创新意义[J].管理世界，2020，36（4）：209-220.

[181] 杨海生，陈少凌，罗党论，等.政策不稳定性与经济增长：来自中国地方官员变更的经验证据[J].管理世界，2014，（9）：13-28.

[182] 杨其静.企业成长：政治关联还是能力建设?[J].经济研究，2011，46（10）：54-66.

[183] 杨瑞龙，王元，聂辉华."准官员"的晋升机制：来自中国央企的证据[J].管理世界，2013，（3）：23-33.

[184] 杨星，田高良，司毅，等.所有权性质、企业政治关联与定向增发：基于

我国上市公司的实证分析[J].南开管理评论,2016,19(1):134-141.

[185] 姚洋,席天扬,李力行,等.选拔、培养和激励:来自CCER官员数据库的证据[J].经济学(季刊),2020,19(3):1017-1040.

[186] 姚洋,张牧扬.官员绩效与晋升锦标赛:来自城市数据的证据[J].经济研究,2013,(1):137-150.

[187] 叶广宇,万庆良,陈静玲.政治资源、商业模式与民营企业总部选址[J].南开管理评论,2010,13(4):62-70.

[188] 叶敬忠,贺聪志.基于小农户生产的扶贫实践与理论探索:以"巢状市场小农扶贫试验"为例[J].中国社会科学,2019,(2):137-158.

[189] 尹志超,郭沛瑶.精准扶贫政策效果评估:家庭消费视角下的实证研究[J].管理世界,2021,37(4):64-83.

[190] 尹志超,郭沛瑶,张琳琬."为有源头活水来":精准扶贫对农户信贷的影响[J].管理世界,2020,36(2):59-71.

[191] 余靖雯,肖洁,龚六堂.政治周期与地方政府土地出让行为[J].经济研究,2015,50(2):88-102.

[192] 余明桂,回雅甫,潘红波.政治联系、寻租与地方政府财政补贴有效性[J].经济研究,2010,45(3):65-77.

[193] 余明桂,潘红波.政治关系、制度环境与民营企业银行贷款[J].管理世界,2008,(8):9-21.

[194] 余明桂,潘红波.政府干预、法治、金融发展与国有企业银行贷款[J].金融研究,2008,(9):1-22.

[195] 余明桂,钟慧洁,范蕊.业绩考核制度可以促进央企创新吗?[J].经济研究,2016,51(12):104-117.

[196] 曾春影,茅宁.女性CEO与企业捐赠:基于利他视角的实证研究[J].经济管理,2018,(1):123-139.

[197] 曾建光,张英,杨勋.宗教信仰与高管层的个人社会责任基调:基于中国民营企业高管层个人捐赠行为的视角[J].管理世界,2016,(4):97-110.

[198] 曾庆生，陈信元. 国家控股、超额雇员与劳动力成本[J]. 经济研究，2006，（5）：74-86.

[199] 张彬斌. 新时期政策扶贫：目标选择和农民增收[J]. 经济学（季刊），2013，12（3）：959-982.

[200] 张敦力，李四海. 社会信任、政治关系与民营企业银行贷款[J]. 会计研究，2012，（8）：17-24.

[201] 张尔升. 地方官员的企业背景与经济增长：来自中国省委书记、省长的证据[J]. 中国工业经济，2010，（3）：129-138.

[202] 张尔升，胡国柳. 地方官员的个人特征与区域产业结构高级化：基于中国省委书记、省长的分析视角[J]. 中国软科学，2013，（6）：71-83.

[203] 张豪，戴静，张建华. 政策不确定、官员异质性与企业全要素生产率[J]. 经济学动态，2017，（8）：49-61.

[204] 张宏亮，王靖宇. 薪酬管制、激励溢出与国企社会成本：一项准自然实验[J]. 中国软科学，2018，（8）：117-124.

[205] 张霖若. CEO变更对会计信息可比性的影响研究[J]. 会计研究，2017，（11）：52-57.

[206] 张建君. 嵌入的自主性：中国著名民营企业的政治行为[J]. 经济管理，2012，34（5）：35-45.

[207] 张建君. 竞争—承诺—服从：中国企业慈善捐款的动机[J]. 管理世界，2013，（9）：118-129.

[208] 张建君，张志学. 中国民营企业家的政治战略[J]. 管理世界，2005，（7）：94-105.

[209] 张军，高远. 官员任期、异地交流与经济增长：来自省级经验的证据[J]. 经济研究，2007，（11）：91-103.

[210] 张军，高远，傅勇，等. 中国为什么拥有了良好的基础设施？[J]. 经济研究，2007，（3）：4-19.

[211] 张凯强. 转移支付与地区经济稳定：基于国家级贫困县划分的断点分析[J]. 财

贸经济，2018，39（1）：54-69.

[212] 张霖琳，刘峰，蔡贵龙.监管独立性、市场化进程与国企高管晋升机制的执行效果：基于2003—2012年国企高管职位变更的数据[J].管理世界，2015，（10）：117-131.

[213] 张敏，马黎珺，张雯.企业慈善捐赠的政企纽带效应：基于我国上市公司的经验证据[J].管理世界，2013，（7）：163-171.

[214] 张振刚，李云健，李莉.企业慈善捐赠、科技资源获取与创新绩效关系研究：基于企业与政府的资源交换视角[J].南开管理评论，2016，（3）：123-135.

[215] 赵璨，王竹泉，杨德明，等.企业迎合行为与政府补贴绩效研究：基于企业不同盈利状况的分析[J].中国工业经济，2015，（7）：130-145.

[216] 赵宇.官员晋升激励与企业负债：地级市层面的经验分析[J].经济管理，2019，41（4）：93-110.

[217] 赵震宇，杨之曙，白重恩.影响中国上市公司高管层变更的因素分析与实证检验[J].金融研究，2007，（8）：76-89.

[218] 甄红线，王三法.企业精准扶贫行为影响企业风险吗?[J].金融研究，2021，（1）：131-149.

[219] 郑果娉，徐永新.慈善捐赠、公司治理与股东财富[J].南开管理评论，2011，（2）：92-101.

[220] 郑志刚，李东旭，许荣，等.国企高管的政治晋升与形象工程：基于N省A公司的案例研究[J].管理世界，2012，（10）：146-156.

[221] 钟马，徐光华.强制型社会责任披露与公司投资效率：基于准自然实验方法的研究[J].经济管理，2015，（9）：146-154.

[222] 周浩，汤丽荣.市场竞争能倒逼企业善待员工吗?：来自制造业企业的微观证据[J].管理世界，2015，（11）：135-144.

[223] 周宏，建蕾，李国平.企业社会责任与债券信用利差关系及其影响机制：基于沪深上市公司的实证研究[J].会计研究，2016，（5）：18-25.

[224] 周黎安. 晋升博弈中政府官员的激励与合作：兼论我国地方保护主义和重复建设问题长期存在的原因[J]. 经济研究，2004，（6）：33-40.

[225] 周黎安. 中国地方官员的晋升锦标赛模式研究[J]. 经济研究，2007，（7）：36-50.

[226] 周黎安. 转型中的地方政府：官员激励与治理[M]. 上海：格致出版社，上海人民出版社，2008.

[227] 周黎安，陶婧. 官员晋升竞争与边界效应：以省区交界地带的经济发展为例[J]. 金融研究，2011，（3）：15-26.

[228] 周黎安，刘冲，厉行，等. "层层加码"与官员激励[J]. 世界经济文汇，2015，（1）：1-15.

[229] 周黎安，赵鹰妍，李力雄. 资源错配与政治周期[J]. 金融研究，2013，（3）：15-29.

[230] 周铭山，张倩倩. "面子工程"还是"真才实干"?：基于政治晋升激励下的国有企业创新研究[J]. 管理世界，2016，（12）：116-132.

[231] 周权雄，朱卫平. 国企锦标赛激励效应与制约因素研究[J]. 经济学（季刊），2010，9（2）：571-596.

[232] 周省时. 政府战略绩效管理与战略规划关系探讨及对领导干部考核的启示[J]. 管理世界，2013，（1）：176-177.

[233] 周祖城，张漪杰. 企业社会责任相对水平与消费者购买意向关系的实证研究[J]. 中国工业经济，2007，（9）：111-118.

[234] 朱梦冰，李实. 精准扶贫重在精准识别贫困人口：农村低保政策的瞄准效果分析[J]. 中国社会科学，2017，（9）：90-112.

[235] 朱英姿，许丹. 官员晋升压力、金融市场化与房价增长[J]. 金融研究，2013，（1）：65-78.

[236] 祝继高，辛宇，仇文妍. 企业捐赠中的锚定效应研究：基于"汶川地震"和"雅安地震"中企业捐赠的实证研究[J]. 管理世界，2017，（7）：129-141.

（二）英文参考文献

[1] Adelino, M., Dinc, I. S. Corporate distress and lobbying: evidence from the Stimulus Act[J]. Journal of Financial Economics, 2014, 114（2）: 256-272.

[2] Ansoff, I. Corporate strategy[M]. New York: McGraw-Hill, 1965.

[3] Aronson, E., Wilson, T. D., Akert, R. M. Social psychology[M]. London: Prentice Hall, 2005.

[4] Atkinson, A. B., Stiglitz, J. E. Lectures on public economics[J]. Economica, 1982, 91（362）.

[5] Balakrishnan, R., Sprinkle, G. B., Williamson, M. G. Contracting benefits of corporate giving: an experimental investigation[J]. The Accounting Review, 2011, 86（6）: 1887-1907.

[6] Barnea, A., Rubin, A. Corporate social responsibility as a conflict between shareholder[J]. Journal of Business Ethics, 2010, 97（1）: 71-86.

[7] Berman, S., Wicks, A., Kotha, S., et al. Does stakeholder orientation matter: The relationship between stakeholder management models and firm financial performance[J]. Academy of Management Journal, 1999, 42（5）: 488-506.

[8] Bernstein M. H. Regulating business by independent commission[M].Princeton University Press, 1955.

[9] Berrone, P., Gomez-Mejia, L. R. Environmental performance and executive compensation: an integrated agency-institutional perspective[J]. Academy of Management Journal, 2009, 52（1）: 103-126.

[10] Bertrand, M., Kramarz, F., Schoar, A., et al. The cost of political connections[J]. Review of Finance, 2018, 22（3）: 849-876.

[11] Bertrand, M., Bombardini, M., Trebbi F. Is it whom you know or what you know? an empirical assessment of the lobbying process[J]. The American Economic Review, 2014, 104（12）: 3885-3920.

[12] Bertrand, M., Bombardini, M., Fisman, R., et al. Hall of mirrors: corporate philanthropy and strategic advocacy[J]. Quarterly Journal of Economics, 2021, 136(4): 2413-2465.

[13] Bertrand, M., Bombardini, M., Fisman, R., et al. Tax-exempt lobbying: corporate philanthropy as a tool for political influence[J]. American Economic Review, 2020, 7(110): 2065-2102.

[14] Birnbaum, P. H. Political strategies of regulated organizations as functions of context and fear[J]. Strategic Management Journal, 1985, 6(2): 135-150.

[15] Blanchard, O., Shleifer, A. Federalism with and without political centralization: China versus russia[J]. IMF Staff Papers, 2001, 48: 171-179.

[16] Borghesi, R., Houston, J. F., Naranjo, A. Corporate socially responsible investments: CEO altruism, reputation and shareholder interests[J]. Journal of Corporate Finance, 2014, 26: 164-181.

[17] Boubakri, N., El Ghoul, S., Wang, H., et al. Cross-listing and corporate social responsibility[J]. Journal of Corporate Finance, 2016, 41: 123-138.

[18] Bradshawa, M., Liao, G., Ma, M. S. Agency costs and tax planning when the government is a major Shareholder[J]. Journal of Accounting and Economics, 2019, 67(2-3): 255-277.

[19] Brammer, S., Millington, A. Does it pay to be different? An analysis of the relationship between corporate social and financial performance[J]. Strategic management journal, 2008, 29(12): 1325-1343.

[20] Brogaard, J., Denes, M., Duchin, R. Political influence and the renegotiation of government contracts[J]. The Review of Financial Studies, 2021, 34(6): 3095-3137.

[21] Brown, J. R., Huang, J. All the president's friends: Political access and firm value[J]. Journal of Financial Economics, 2020, 138(2): 415-431.

[22] Brown, T. J., Dacin, P. A. The company and the product: corporate

associations and consumer product responses[J]. Journal of Marketing, 1997, 61(1): 68-84.

[23] Burns, T., Stalker, G. M. The management of innovation[M]. London: Tavistock, 1961.

[24] Byun, S. K., Oh, J. Local corporate social responsibility, media coverage and shareholder value[J]. Journal of Banking & Finance, 2018, 87: 68-86.

[25] Cahan, S. F., Chen, C., Chen, L., et al. Corporate social responsibility and media coverage[J]. Journal of Banking & Finance, 2015, 59: 409-422.

[26] Cai, Y., Jo, H., Pan, C. Vice or virtue? the impact of corporate social responsibility on executive compensation[J]. Journal of Business Ethics, 2011, 104(2): 159-173.

[27] Cao, J., Lemmon, M., Pan, X., et al. Political promotion, CEO incentives and the relationship between pay and performance[J]. SSRN Working Paper, 2014.

[28] Casey, R. J., Grenier, J. H. Understanding and contributing to the enigma of corporate social responsibility (CSR) assurance in the united states[J]. Auditing: A Journal of Practice & Theory, 2015, 34(1): 97-130.

[29] Chang, Y., He, W., Wang, J. Government initiated corporate social responsibility activities: evidence from a poverty alleviation campaign in China[J]. Journal of Business Ethics, 2021, 173: 661–685.

[30] Chen, D., Liang, S., Li, O. Z., et al. China's closed pyramidal managerial labor market and the stock price crash risk[J]. The Accounting Review, 2018, 93(3): 105-131.

[31] Chen, T., Kung, J. K. Busting the "princelings": the campaign against corruption in China's primary land market[J]. The Quarterly Journal of Economics, 2019, 134(1): 185-226.

[32] Chen, Y., Li, H., Zhou, L. Relative performance evaluation and the turnover

of provincial leaders in China[J]. Economics Letters, 2005, 88（3）: 421-425.

[33] Chen, Y., Hung, M., Wang, Y. The effect of mandatory CSR disclosure on firm profitability and social externalities: evidence from China[J]. Journal of Accounting and Economics, 2018, 65（1）: 169-190.

[34] Cheng, I. H., Hong, H., Shue, K. Do managers do good with other people's money?[J]. NBER Working Papers, 2013.

[35] Chih, H., Shen, C., Kang, F. Corporate social responsibility, investor protection and earnings management: some international evidence[J]. Journal of Business Ethics, 2008, 79（1）: 179-198.

[36] Cho, C. H., Guidry, R. P., Hageman, A. M., et al. Do actions speak louder than words? an empirical investigation of corporate environmental reputation[J]. Accounting, Organizations and Society, 2012, 37（1）: 14-25.

[37] Cho, C. H., Roberts, R. W., Patten, D. M. The language of US corporate environmental disclosure[J]. Accounting, Organizations and Society, 2010, 35（4）: 431-443.

[38] Christensen, H. B., Floyd, E., Liu, L. Y., et al. The real effects of mandated information on social responsibility in financial reports: evidence from mine-safety records[J]. Journal of Accounting and Economics, 2017, 64（2-3）: 284-304.

[39] Claessens, S., Feijen, E., Laeven, L. Political connections and preferential access to finance: the role of campaign contributions[J]. Journal of Financial Economics, 2008, 88（3）: 554-580.

[40] Clarkson, P. M., Fang, X., Li, Y., et al. The relevance of environmental disclosures: are such disclosures incrementally informative?[J]. Journal of Accounting and Public Policy, 2013, 32（5）: 410-431.

[41] Cochran, P. L., Wood, R. A. Corporate social responsibility and financial performance[J]. Academy of Management Journal, 1984, 27（1）: 42-56.

[42] Cormier, D., Magnan, M. Environmental reporting management: a continental european perspective[J]. Journal of Accounting and Public Policy, 2003, 22 (1): 43-62.

[43] Deng, X., Kang, J., Low, B. S. Corporate social responsibility and stakeholder value maximization: evidence from mergers[J]. Journal of Financial Economics, 2013, 110(1): 87-109.

[44] Detomasi, D. A. The political roots of corporate social responsibility[J]. Journal of Business Ethics, 2008, 82(4): 807-819.

[45] Dhaliwal, D. S., Li, O. Z., Tsang, A., et al. Voluntary nonfinancial disclosure and the cost of equity capital: the initiation of corporate social responsibility reporting[J]. The Accounting Review, 2011, 86(1): 59-100.

[46] Dhaliwal, D. S., Radhakrishnan, S., Tsang, A., et al. Nonfinancial disclosure and analyst forecast accuracy: international evidence on corporate social responsibility disclosure[J]. The Accounting Review, 2012, 87(3): 723-759.

[47] Dhaliwal, D., Li, O. Z., Tsang, A., et al. Corporate social responsibility disclosure and the cost of equity capital: the roles of stakeholder orientation and financial transparency[J]. Journal of Accounting and Public Policy, 2014, 33 (4): 328-355.

[48] Di Giuli, A., Kostovetsky, L. Are red or blue companies more likely to go green? politics and corporate social responsibility[J]. Journal of Financial Economics, 2014, 111(1): 158-180.

[49] Donaldson, T., Preston, L. E. The stakeholder theory of the corporation: concepts, evidence and implications[J]. Academy of Management Review, 1995, 20(1): 65-91.

[50] Du, F., Erkens, D. H., Young, S. M., et al. How adopting new performance measures affects subjective performance evaluations: evidence from EVA adoption by Chinese state-owned enterprises[J]. The Accounting Review,

2018, 93（1）: 161-185.

[51] Du, F., Tang, G., Young, S. M. Influence activities and favoritism in subjective performance evaluation: evidence from Chinese state-owned enterprises[J]. The Accounting Review, 2012, 87（5）: 1555-1588.

[52] Duchin, R., Sosyura, D. The politics of government investment[J]. Journal of Financial Economics, 2012, 106（1）: 24-48.

[53] Duchin, R., Gao, Z., Shu, H. The role of government in firm outcomes[J]. The Review of Financial Studies, 2020, 33（12）: 5555–5593.

[54] Dutordoir, M., Strong, N. C., Sun, P. Corporate social responsibility and seasoned equity offerings[J]. Journal of Corporate Finance, 2018, 50: 158-179.

[55] Edmans, A. Does the stock market fully value intangibles? employee satisfaction and equity prices[J]. Journal of Financial Economics, 2011, 101（3）: 621-640.

[56] Faccio, M. Politically connected firms[J]. American Economic Review, 2006, 96（1）: 369-386.

[57] Faccio, M., Hsu, H. Politically connected private equity and employment[J]. The Journal of Finance, 2017, 72（2）: 539-574.

[58] Faccio, M., Masulis, R. W., McConnell, J. J. Political connections and corporate bailouts[J]. The journal of Finance, 2006, 61（6）: 2597-2635.

[59] Fan, J. P. H., Wong, T. J., Zhang, T. Politically connected CEOs, corporate governance and post-IPO performance of China's newly partially privatized firms[J]. Journal of Financial Economics, 2007, 84（2）: 330-357.

[60] Fan, J. P. H., Wong, T. J., Zhang, T. Institutions and organizational structure: the case of state-owned corporate pyramids[J]. Journal of Law, Economics and Organization, 2013, 29（6）: 1217-1252.

[61] Feng, X., Johansson, A. C. CEO incentives in chinese state-controlled firms[J]. Economic Development and Cultural Change, 2017, 65（2）: 223-264.

[62] Feng, X., Johansson, A. C., Zhang, T. Mixing business with politics: political participation by entrepreneurs in China[J]. Journal of Banking & Finance, 2015, 59: 220-235.

[63] Ferrell, A., Liang, H., Renneboog, L. Socially responsible firms[J]. Journal of Financial Economics, 2016, 122(3): 585-606.

[64] Firth, M., He, X., Rui, O. M., et al. Paragon or pariah? the consequences of being conspicuously rich in China's new economy[J]. Journal of Corporate Finance, 2014, 29: 430-448.

[65] Fisman, R. Estimating the value of political connections[J]. American economic review, 2001, 91(4): 1095-1102.

[66] Fisman, R., Shi, J., Wang, Y., et al. Social ties and favoritism in Chinese science[J]. Journal of Political Economy, 2018, 126(3): 1134-1171.

[67] Fisman, R., Shi, J., Wang, Y., et al. Social ties and the selection of China's political elite[J]. American Economic Review, 2020, 110(6): 1752-1781.

[68] Fisman, R., Wang, Y. The mortality cost of political connections[J]. The Review of Economic Studies, 2015, 82(4): 1346-1382.

[69] Flammer, C. Does corporate social responsibility lead to superior financial performance? a regression discontinuity approach[J]. Management Science, 2015, 61(11): 2549-2568.

[70] Flammer, C., Luo, J. Corporate social responsibility as an employee governance tool: evidence from a quasi-experiment[J]. Strategic Management Journal, 2017, 38(2): 163-183.

[71] Freeman, R. E. Strategic management: a stakeholder approach[M]. Boston: Pitman Press, 1984.

[72] Freeman, R. E., Evan, W. M. Corporate governance: a stakeholder interpretation[J]. Journal of Behavioral Economics, 1990, 19(4): 337-359.

[73] Friedman, A. L., Miles, S. Stakeholder: theory and practice[M]. Oxford:

Oxford University Press, 2006.

[74] Friedman, M. The Social Responsibility of Business is to Increase its Profts[N]. New York Times, 1970.

[75] Gao, H., Ru, H., Tang, D. Y. Subnational debt of China: the politics-finance nexus[J]. Journal of Financial Economics, 2021, 141(3): 881-895.

[76] Gao, F., Lisic, L. L., Zhang, I. X. Commitment to social good and insider trading[J]. Journal of Accounting and Economics, 2014, 57(2-3): 149-175.

[77] Godfrey, P. C., Merrill, C. B., Hansen, J. M. The relationship between corporate social responsibility and shareholder value: an empirical test of the risk management hypothesis[J]. Strategic Management Journal, 2009, 30(4): 425-445.

[78] Goldman, J. Government as customer of last resort: the stabilizing effects of government purchases on firms[J]. The Review of Financial Studies, 2020, 33(2): 610-643.

[79] Goss, A., Roberts, G. S. The impact of corporate social responsibility on the cost of bank loans[J]. Journal of Banking & Finance, 2011, 35(7): 1794-1810.

[80] Griffin, P. A., Sun, Y. A. Going green: market reaction to CSR wire news releases[J]. Journal of accounting and public policy, 2013, 32(2): 93-113.

[81] Hahn, R., Kühnen, M. Determinants of sustainability reporting: a review of results, trends, theory and opportunities in an expanding field of research[J]. Journal of Cleaner Production, 2013, 59: 5-21.

[82] Hao, Y., Lu, J. The impact of government intervention on corporate investment allocations and efficiency: evidence from China[J]. Financial Management, 2018, 47(2): 383-419.

[83] Healy, P. M., Palepu, K. G. Information asymmetry, corporate disclosure and the capital markets: a review of the empirical disclosure literature[J]. Journal of

Accounting and Economics, 2001, 31（1）: 405-440.

[84] Hirshleifer, D., Teoh, S. H. Limited attention, information disclosure and financial reporting[J]. Journal of Accounting and Economics, 2003, 36（1）: 337-386.

[85] Hoi, C. K., Wu, Q., Zhang, H. Is corporate social responsibility（CSR）associated with tax avoidance? evidence from irresponsible CSR activities[J]. The Accounting Review, 2013, 88（6）: 2025-2059.

[86] Höllerer, M. A. From taken-for-granted to explicit commitment: the rise of CSR in a corporatist country[J]. Journal of Management Studies, 2013, 50（4）: 573-606.

[87] Holmstrom, B. Moral hazard in teams[J]. The Bell Journal of Economics, 1982, 13（2）: 324-340.

[88] Holmstrom, B., Milgrom, P. Multitask principal-agent analyses: incentive contracts, asset ownership and job design[J]. The Journal of Law, Economics and Organization, 1991, 7: 24-52.

[89] Hong, Y., Andersen, M. L. The relationship between corporate social responsibility and earnings management: an exploratory study[J]. Journal of Business Ethics, 2011, 104（4）: 461-471.

[90] Huang, X. B., Watson, L. Corporate social responsibility research in accounting[J]. Journal of Accounting Literature, 2015, 34: 1-16.

[91] Hung, M., Wong, T. J., Zhang, T. Political considerations in the decision of Chinese SOEs to list in Hong Kong[J]. Journal of Accounting and Economics, 2012, 53（1-2）: 435-449.

[92] Huseynov, F., Klamm, B. K. Tax avoidance, tax management and corporate social responsibility[J]. Journal of Corporate Finance, 2012, 18（4）: 804-827.

[93] Jia, R., Kudamatsu, M., Seim, D. Political selection in China: the complementary roles of connections and performance[J]. Journal of the

European Economic Association, 2015, 13（4）: 631-668.

[94] Jiang, J. Making bureaucracy work: patronage networks, performance incentives and economic development in China[J]. American Journal of Political Science, 2018, 62（4）: 982-999.

[95] Jones, T. M. Instrumental stakeholder theory: a synthesis of ethics and economics[J]. Academy of Management Review, 1995, 20（2）: 404-437.

[96] Jones, T., Wicks, A. Convergent stakeholder theory[J]. Academy of Management Review, 1999, 24（4）: 206-221.

[97] Jordan, W. A. Producer protection, prior market structure and the effects of government regulation[J]. Journal of Law & Economics, 1972, 15（1）: 151-176.

[98] Kahn, M. E., Li, P., Zhao, D. Water pollution progress at borders: the role of changes in China's political promotion incentives[J]. American Economic Journal: Economic Policy, 2015, 7（4）: 223-242.

[99] Kang, K. Policy influence and private returns from lobbying in the energy sector[J]. The Review of Economic Studies, 2016, 83（1）: 269-305.

[100] Katz, D., Kahn, R. L. The social psychology of organizations[M]. New York: Wiley, 1966.

[101] Kim, Y., Park, M. S., Wier, B. Is earnings quality associated with corporate social responsibility?[J]. The Accounting Review, 2012, 87（3）: 761-796.

[102] Kitzmueller, M., Shimshack, J. Economic perspectives on corporate social responsibility[J]. Journal of Economic Literature, 2012, 50（1）: 51-84.

[103] Kong, G., Kong, T. D., Lu, R. Political promotion incentives and within-firm pay gap: evidence from China[J]. Journal of Accounting and Public Policy, 2020, 39（2）: 106715.

[104] Kroszner, R. S., Stratmann, T. Interest-group competition and the organization of congress: theory and evidence from financial services' political

action committees[J]. American Economic Review, 1998, 88（5）: 1163-1187.

[105] Krüger, P. Corporate goodness and shareholder wealth[J]. Journal of Financial Economics, 2015, 115（2）: 304-329.

[106] Lambert, R., Leuz, C., Verrecchia, R. E. Accounting information, disclosure and the cost of capital[J]. Journal of Accounting Research, 2007, 45（2）: 385-420.

[107] Landry, P. F., Lü, X., Duan, H. Does performance matter? evaluating political selection along the Chinese administrative ladder[J]. Comparative Political Studies, 2018, 51（8）: 1074-1105.

[108] Lanis, R., Richardson, G. Corporate social responsibility and tax aggressiveness: an empirical analysis[J]. Journal of Accounting and Public Policy, 2012, 31（1）: 86-108.

[109] LaPorta, R., Lopez-de-Silanes, F., Shleifer, A., et al. Legal determinants of external finance[J]. The Journal of Finance, 1997, 52（3）: 1131-1150.

[110] LaPorta, R., Lopez-de-Silanes, F., Shleifer, A., et al. Law and finance[J]. Journal of Political Economy, 1998, 106（6）: 1113-1155.

[111] Lawler, E. J., Thye, S. R. Bringing emotions into social exchange theory[J]. Annual Review of Sociology, 1999, 25（1）: 217-244.

[112] Lazear, E. P. Pay equality and industrial politics[J]. Journal of political economy, 1989, 97（3）: 561-580.

[113] Lazear, E. P., Rosen, S. Rank-order tournaments as optimum labor contracts[J]. Journal of Political Economy, 1981, 89（5）: 841-864.

[114] Lee, D. S., Schuler, P. Testing the "China Model" of meritocratic promotions: do democracies reward less competent ministers than autocracies?[J]. Comparative Political Studies, 2020, 53（3-4）: 531-566.

[115] Lev, B., Petrovits, C., Radhakrishnan, S. Is doing good good for you?

how corporate charitable contributions enhance revenue growth[J]. Strategic Management Journal, 2010, 31（2）: 182-200.

[116] Leverty, J. T., Grace, M. F. Do elections delay regulatory action?[J]. Journal of Financial Economics, 2018, 130（2）: 409-427.

[117] Li, H. B., Zhou, L. A. Political turnover and economic performance: the incentive role of personnel control in China[J]. Journal of Public Economics, 2005, 89（9-10）: 1743-1762.

[118] Li, X., Liu, C., Weng, X., et al. Target setting in tournaments: theory and evidence from China[J]. SSRN Working Paper, 2018.

[119] Li, X., Liu, C., Weng, X., et al. Target setting in tournaments: theory and evidence from China[J]. The Economic Journal, 2019, 129（623）: 2888-2915.

[120] Liang, H., Renneboog, L. On the foundations of corporate social responsibility[J]. The Journal of Finance, 2017, 72（2）: 853-910.

[121] Lim, C. Y., Wang, J., Zeng, C. C. China's "mercantilist" government subsidies, the cost of debt and firm performance[J]. Journal of Banking & Finance, 2018, 86: 37-52.

[122] Lin, K. J., Tan, J. S., Zhao, L. M., et al. In the name of charity: political connections and strategic corporate social responsibility in a transition economy[J]. Journal of Corporate Finance, 2015, 32: 327-346.

[123] Lin, J. Y., Cai, F., Li, Z. Competition, policy burdens, and state-owned enterprise reform[J]. The American Economic Review, 1998, 88（2）: 422-427.

[124] Lindorff, M., Jonson, E. P., Mcguire, L. Strategic corporate social responsibility in controversial industry sectors: the social value of harm minimisation[J]. Journal of Business Ethics, 2012, 110（4）: 457-467.

[125] Liston-Heyes, C., Ceton, G. C. Corporate social performance and politics[J].

Journal of Corporate Citizenship, 2007, ( 25 ): 95-108.

[126] Liu, F., Zhang, L. Executive turnover in China's state-owned enterprises: government-oriented or market-oriented?[J]. China Journal of Accounting Research, 2018, 11( 2 ): 129-149.

[127] Liu, L., Shu, H., Wang, S., et al. The political cycle of corporate investments: new evidence from Chinese manufacturing firms[J]. Working Paper, 2016.

[128] Liu, W., Ngo, P. T. H. Elections, political competition and bank failure[J]. Journal of Financial Economics, 2014, 112( 2 ): 251-268.

[129] Loureiro, M. L., Hine, S. Discovering niche markets: a comparison of consumer willingness to pay for local ( colorado grown ), organic and GMO-free products[J]. Journal of Agricultural and Applied Economics, 2002, 34 ( 3 ): 477-487.

[130] Luoma, P., Goodstein, J. Research notes. stakeholders and corporate boards: institutional influences on board composition and structure[J]. Academy of Management Journal, 1999, 42( 5 ): 553-563.

[131] Lys, T., Naughton, J. P., Wang, C. Signaling through corporate accountability reporting[J]. Journal of Accounting and Economics, 2015, 60 ( 1 ): 56-72.

[132] Ma, D., Parish, W. L. Tocquevillian moments: charitable contributions by Chinese private entrepreneurs[J]. Social Forces, 2006, 85( 2 ): 943-964.

[133] Mackey, A., Mackey, T. B., Barney, J. B. Corporate social responsibility and firm performance: investor preferences and corporate strategies[J]. Academy of Management Review, 2007, 32( 3 ): 817-835.

[134] Malcomson, J. M. Work incentives, hierarchy and internal labor markets[J]. Journal of political economy, 1984, 92( 3 ): 486-507.

[135] Mallin, C., Michelon, G., Raggi, D. Monitoring intensity and stakeholders'

orientation: how does governance affect social and environmental disclosure?[J]. Journal of Business Ethics, 2013, 114 ( 1 ): 29-43.

[136] Manaktola, K., Jauhari, V. Exploring consumer attitude and behaviour towards green practices in the lodging industry in India[J]. International Journal of Contemporary Hospitality Management, 2007, 19 ( 5 ): 364-377.

[137] Manchiraju, H., Rajgopal, S. Does corporate social responsibility ( CSR ) create shareholder value evidence from the Indian companies act 2013[J]. Journal of Accounting Research, 2017, 55 ( 5 ): 1257-1300.

[138] Masulis, R. W., Reza, S. W. Agency problems of corporate philanthropy[J]. Review of Financial Studies, 2015, 28 ( 2 ): 592-636.

[139] Matten, D., Crane, A. Corporate citizenship: toward an extended theoretical conceptualization[J]. Academy of Management Review, 2005, 30 ( 1 ): 166-179.

[140] McGuinness, P. B., Vieito, J. P., Wang, M. Z. The role of board gender and foreign ownership in the CSR performance of Chinese listed firms[J]. Journal of Corporate Finance, 2017, 42: 75-99.

[141] Mcguire, J., Dow, S., Argheyd, K. CEO incentives and corporate social performance[J]. Journal of Business Ethics, 2003, 45 ( 4 ): 341-359.

[142] McWilliams, A., Siegel, D. Corporate social responsibility: a theory of the firm perspective[J]. Academy of Management Review, 2001, 26 ( 1 ): 117-127.

[143] Meng, R., Zhou, X. Managerial promotions: the determinants and incentive effects[J]. SSRN Working Paper, 2007.

[144] Menon, S., Kahn, B. E. Corporate sponsorships of philanthropic activities: when do they impact perception of sponsor brand?[J]. Journal of Consumer Psychology, 2003, 13 ( 3 ): 316-327.

[145] Meznar, M. B., Nigh, D. B. Buffer or bridge? environmental and

organizational determinants of public affairs activities in American firms[J]. The Academy of Management Journal, 1995, 38(4): 975-996.

[146] Ni, X., Zhang, H. Mandatory corporate social responsibility disclosure and dividend payouts: evidence from a quasi-natural experiment[J]. Accounting and Finance, 2019, 58(5): 1581-1612.

[147] O Dwyer, B. The case of sustainability assurance: constructing a new assurance service[J]. Contemporary Accounting Research, 2011, 28(4): 1230-1266.

[148] Ogden, S., Watson, R. Corporate performance and stakeholder management: balancing shareholder and customer interests in the U.K. privatized water industry[J]. Academy of Management Journal, 1999, 42(5): 526-538.

[149] Ovtchinnikov, A. V., Pantaleoni, E. Individual political contributions and firm performance[J]. Journal of Financial Economics, 2012, 105(2): 367-392.

[150] Park, S. H., Luo, Y. Guanxi and organizational dynamics: organizational networking in Chinese firms[J]. Strategic Management Journal, 2001, 22(5): 455-477.

[151] Peters, G. F., Romi, A. M. The association between sustainability governance characteristics and the assurance of corporate sustainability reports[J]. Auditing: A Journal of Practice & Theory, 2015, 34(1): 163-198.

[152] Petersen, M. A. Estimating standard errors in finance panel data sets: comparing approaches[J]. Review of Financial Studies, 2009, 22(1): 435-480.

[153] Petrovits, C. M. Corporate-sponsored foundations and earnings management[J]. Journal of Accounting and Economics, 2006, 41(3): 335-362.

[154] Pfeffer, J. Some evidence on occupational licensing and occupational

incomes[J]. Social Forces, 1974, 53（1）: 102.

[155] Pfeffer, J., Salancik, G. R. The external control of organizations: a resource dependence perspective[M]. New York: Harper & Row, G. R. 1978.

[156] Pflugrath, G., Roebuck, P., Simnett, R. Impact of assurance and assurer's professional affiliation on financial analysts' assessment of credibility of corporate social responsibility information[J]. Auditing: A Journal of Practice & Theory, 2011, 30（3）: 239-254.

[157] Piotroski, J. D., Zhang, T. Politicians and the IPO decision: the impact of impending political promotions on IPO activity in China[J]. Journal of Financial Economics, 2014, 111（1）: 111-136.

[158] Poncet, S. A fragmented China: Measure and determinants of Chinese domestic market disintegration[J]. Review of International Economics, 2005, 13（3）: 409-430.

[159] Pondeville, S., Swaen, V., De Rongé, Y. Environmental management control systems: the role of contextual and strategic factors[J]. Management Accounting Research, 2013, 24（4）: 317-332.

[160] Porter, M. E., Kramer, M. R. Strategy and society: the link between competitive advantage and corporate social responsibility[J]. Harvard business Review, 2007, 85（6）: 136-137.

[161] Posner, R. Theories of economic regulation[J]. Bell Journal of Economics, 1974, 5（2）: 335-358.

[162] Plumlee, M., Brown, D., Hayes, R. M., et al. Voluntary environmental disclosure quality and firm value: further evidence[J]. Joural of Accounting and Public Policy, 2015, 34（4）: 336-361.

[163] Qian, X., Xu, Y. Official turnover, political identity and the risk taking of private listed firms[J]. China Economic Quarterly, 2014, 13（4）: 1437-1460.

[164] Rajgopal, S., Tantri, P. Does mandated corporate social responsibility reduce

intrinsic motivation? evidence from India[J]. Working Paper, 2018.

[165] Reid, E. M., Toffel, M. W. Responding to public and private politics: corporate disclosure of climate change strategies[J]. Strategic Management Journal, 2009, 30(11): 1157-1178.

[166] Rodrigue, M., Magnan, M., Boulianne, E. Stakeholders' influence on environmental strategy and performance indicators: a managerial perspective[J]. Management Accounting Research, 2013, 24(4): 301-316.

[167] Roll, R., Schwartz, E., Subrahmanyam, A. Options trading activity and firm valuation[J]. Journal of Financial Economics, 2009, 94(3): 345-360.

[168] Ru, H. Government credit, a double-edged sword: evidence from the China development bank[J]. The Journal of Finance, 2018, 73(1): 275-316.

[169] Rupley, K. H., Brown, D., Marshall, R. S. Governance, media and the quality of environmental disclosure[J]. Journal of Accounting and Public Policy, 2012, 31(6): 610-640.

[170] Scherer, A. G., Palazzo, G. The new political role of business in a globalized world: a review of a new perspective on CSR and its implications for the firm, governance and democracy[J]. Journal of Management Studies, 2011, 48(4): 899-931.

[171] Schoenherr, D. Political connections and allocative distortions[J]. The Journal of finance, 2019, 74(2): 543-586.

[172] Schuler, D. A., Rehbein, K., Cramer, R. D. Pursuing strategic advantage through political means: a multivariate approach[J]. Academy of Management Journal, 2002, 45(4): 659-672.

[173] Servaes, H., Tamayo, A. The impact of corporate social responsibility on firm value: the role of customer awareness[J]. Management Science, 2013, 59(5): 1045-1061.

[174] Shleifer, A., Vishny, R. W. Politicians and firms[J]. The Quarterly Journal of

Economics, 1994, 109(4): 995-1025.

[175] Shleifer, A., Vishny, R. W. The grabbing hand: government pathologies and their cures[M].Harvard University Press, 1998.

[176] Siegel, D. S., Vitaliano, D. F. An empirical analysis of the strategic use of corporate social responsibility[J]. Journal of Economics & Management Strategy, 2007, 16(3): 773-792.

[177] Stigler, G. J. The theory of economic regulation[J]. Bell Journal of Economics, 1971, 2(1): 3-21.

[178] Stigler, G. J., Friedland, C. What can regulators regulate? the case of electricity[J]. Journal of Law & Economics, 1962, 5: 1-16.

[179] Stuebs, M., Sun, L. Business reputation and labor efficiency, productivity and cost[J]. Journal of Business Ethics, 2010, 96(2): 265-283.

[180] Tahoun, A. The role of stock ownership by US members of congress on the market for political favors[J]. Journal of Financial Economics, 2014, 111(1): 86-110.

[181] Tajfel, H. Social psychology of intergroup relations[J]. Annual Review of Psychology, 1982, 33(1): 1-39.

[182] Tullock, G. The politics of bureaucrac[M].Public Affairs Press, 1965.

[183] Ullmann, A. A. Data in search of a theory: a critical examination of the relationships among social performance, social disclosure and economic performance of U.S. firms.[J]. Academy of Management Review, 1985, 10 (3): 540-557.

[184] Valentine, S., Fleischman, G. Ethics programs, perceived corporate social responsibility and job satisfaction[J]. Journal of Business Ethics, 2008, 77 (2): 159-172.

[185] Waddock, S. A., Graves, S. B. The corporate social performance-financial performance link[J]. Strategic Management Journal, 1997, 18(4): 303-319.

[186] Wang, L., Kong, D., Zhang, J. Does the political promotion of local officials impede corporate innovation?[J]. Emerging Markets Finance and Trade, 2021, 57(4): 1159-1181.

[187] Wang, L., Menkhoff, L., Schröder, M., et al. Politicians' promotion incentives and bank risk exposure in China[J]. Journal of Banking & Finance, 2019, 99: 63-94.

[188] Wei, C., Hu, S., Chen, F. Do political connection disruptions increase labor costs in a government-dominated market? evidence from publicly listed companies in China[J]. Journal of Corporate Finance, 2020, 62: 101554.

[189] Werner, T. Gaining access by doing good: the effect of sociopolitical reputation on firm participation in public policy making[J]. Management Science, 2015, 61(8): 1989-2011.

[190] Wickert, C., Scherer, A. G., Spence, L. J. Walking and talking corporate social responsibility: implications of firm size and organizational cost[J]. Journal of Management Studies, 2016, 53(7): 1169-1196.

[191] Wood, D., Jones, R. Stakeholder mismatching: a theoretical problem in empirical research on corporate social performance[J]. International Journal of Organizational Analysis, 1995, 3(3): 229-267.

[192] Yan, J. Z., Chang, S. The contingent effects of political strategies on firm performance: a political network perspective[J]. Strategic Management Journal, 2018, 39(8): 2152-2177.

[193] You, J., Zhang, B., Zhang, L. Who captures the power of the pen?[J]. The Review of Financial Studies, 2018, 31(1): 43-96.

[194] Young, A. The razor's edge: distortions and incremental reform in the people's republic of China[J]. The Quarterly Journal of Economics, 2000, 115(4): 1091-1135.

[195] Yu, J., Zhou, L., Zhu, G. Strategic interaction in political competition:

evidence from spatial effects across Chinese cities[J]. Regional Science and Urban Economics, 2016, 57: 23-37.

[196] Zald, M. N. Political economy: a framework for comparative analysis[M]. Vanderbilt University Press, 1970.

[197] Zhang, L., Zhang, H., Jiang, H. Tournament incentives, internal promotion and corporate social responsibility: evidence from China[J]. The European Journal of Finance, 2021, （5）: 1-21.

[198] Zhang, M., M, L., Zhang, B., et al. Pyramidal structure, political intervention and firms' tax burden: Evidence from China's local SOEs[J]. Journal of Corporate Finance, 2016, 36: 15-25.

[199] Zheng, Y. Privatization with "vested interests" in China[J]. Socio-Economic Review, 2017, 1-25.

[200] Zhou, L. Career Concerns, Incentive Contracts and Contract Renegotiation in the Chinese Political Economy[D]. Stanford University, 2002